U0876869

党校名师 中央党校大讲堂

潘云良讲稿

中共中央党校出版社
The Central Party School Publishing House

图书在版编目（CIP）数据

潘云良讲稿/潘云良著．--北京：中共中央党校出版社，2019.4

（中央党校大讲堂）

ISBN 978-7-5035-6474-1

Ⅰ.①潘… Ⅱ.①潘… Ⅲ.①中国共产党-干部教育-学习参考资料 Ⅳ.①D262.3

中国版本图书馆 CIP 数据核字（2018）第 217539 号

潘云良讲稿

策划统筹 李瑞琪
责任编辑 任 典
版式设计 尉红民
责任印制 陈梦楠
责任校对 马 晶
出版发行 中共中央党校出版社
地 址 北京市海淀区长春桥路 6 号
电 话 （010）68929580（办公室） （010）68929899（发行部）
（010）68922815（总编室） （010）68929342（网络销售）
传 真 （010）68922814
经 销 全国新华书店
印 刷 北京柏力行彩印有限公司
开 本 700 毫米×1000 毫米 1/16
字 数 268 千字
印 张 16.25
版 次 2019 年 4 月第 1 版 2019 年 4 月第 1 次印刷
定 价 57.00 元

网 址：www.dxcbs.net 邮 箱：zydxcbs2018@163.com
微 信 ID：中共中央党校出版社 新浪微博：@党校出版社

版权所有·侵权必究

如有印装质量问题，请与本社发行部联系调换

出版说明

历经80多年的风雨，中央党校作为培训轮训党员领导干部，培养党的理论队伍，学习、研究、宣传马列主义、毛泽东思想、中国特色社会主义理论、习近平新时代中国特色社会主义思想的重要阵地和干部加强党性锻炼的熔炉，在党的干部教育方面一直发挥着重要作用。中央党校的教师们以他们独特的学术视角、深厚的理论功底和紧跟时代发展的观念意识，在课堂上传播智慧、启迪思想，其中一些教师还为中央政治局集体学习做过讲解。他们多年的研究成果和授课经验是十分难得的珍贵教学研究资料。

因此，我们选取了在中央党校有代表性的教授，将他们的讲稿进行精选和编辑整理，形成《中央党校大讲堂》丛书。丛书中收录了中央党校著名教师为中央党校各班次学员、地方党校学员以及政府机关和企事业单位培训授课的讲稿。这些讲稿在一定程度上展示了中央党校的教学风貌，反映了中央党校目前教学与研究的一流水平，也体现了中央党校在中高级党政领导干部教育方面所作的努力和贡献。

《中央党校大讲堂》第一批图书于2013年出版后，获得了学界和读者多方面好评，产生了较大的社会影响。在此基础上，我们特推出《中央党校大讲堂》第二批图书。

《中央党校大讲堂》第二批图书共10卷。讲稿作者既有学界著名专家，也有教学和科研成果显著的知名教师；讲稿内容涵盖马克思主义理论教育与研究的各个方面，包括哲学、经济学、文史、党史、党建、国际战略等各学科领域。

我们期望《中央党校大讲堂》第二批图书的出版，能够使读者了解中央党校厚重的历史；能够展现中央党校一贯的教学传统和求实的授课风格，反映出中央党校教学和研究的重要成果；能够使年轻教师从中深刻感悟作者们严谨治学的态度和直面现实问题的意识，传承光大教书育人的学理智慧；能够让各级领导干部和更多的读者从中受到马克思列宁主义理论的熏陶和新时代中国特色社会主义理论与实践成功经验的启迪。

2019 年 3 月

目　录

宏观篇

管理篇

目　录　CONTENTS

改革篇

宏观篇

以新发展理念引领中国经济发展新常态*

2014年5月，习近平总书记在河南考察时首次提出“新常态”概念；7月，他在党外人士座谈会上再提“新常态”；11月，他在APEC工商领导人峰会开幕式上首次全面阐释中国经济新常态。这一系列论述引起了国内外的极大关注。在《中共中央关于制定国民经济和社会发展第十三个五年规划的建议》起草的有关情况向全会作说明中再次要求各级领导干部正确认识新常态、适应新常态和引领新常态。

一、深刻认识经济发展新常态的大背景大逻辑

“明者因时而变，知者随世而制。”经济发展进入新常态，是我国经济发展阶段性特征的必然反映，是不以人的意志为转移的必然趋势。

从时间上看，新常态是我国不同发展阶段更替变化的结果。目前，我国经济发展进入新常态后，增长速度正从10%左右的高速增长转向7%左右的中高速增长，经济发展方式正从规模速度型粗放增长转向质量效率型集约增长，经济结构正从增量扩能为主转向调整存量、做优增量并举的深度调整，经济发展动力正从传统增长点转向新的增长点。这是我国经济发展阶段性特征的必然反映，是不以人的意志为转移的，也是不可违背的客观规律。在这一时期，我国经济正处于增长速度换挡

* 这是2007年9月21日在中央党校省部班的授课讲稿。

期、结构调整阵痛期叠加阶段，面临着跨越“中等收入陷阱”的严峻考验，发展中不平衡、不协调、不可持续问题依然突出，一些领域的潜在风险仍然较大，原有的经济发展方式难以为继。过去，粗放型经济的发展方式曾经在我国发挥了很大作用，“大兵团”作战加快了我国经济发展步伐，但现在再按照过去那种粗放型发展方式来做，不仅国内条件不支持，国际条件也不支持，是不可持续的，不抓紧转变，总有一天会走进死胡同。这一点，一定要认识到位。

从空间上看，经济新常态是国际分工及贸易格局的新变化。从2008年美国发生次贷危机，到国际金融危机以后，世界经济格局发生了很大变化，发达经济体经济复苏乏力，美国经济复苏缺乏内在动力，欧洲深陷欧债危机不能自拔，日本经济竞争力明显下降。

与世界经济不景气紧密联系的是，我国在继续发展开放型经济过程中将更多地受到贸易投资保护主义的干扰。一些贸易伙伴滥用贸易救济措施，对我国出口产品不断发起反倾销、反补贴调查，甚至一些发展中国家也对我国采取贸易壁垒措施。在各国竞争日渐激烈的同时，全球化进程却出现了波折。主要表现在：英国脱欧和特朗普签署退出跨太平洋伙伴关系协定后，全球市场将更加“碎片化”和新一轮贸易保护主义已经出现。尤其值得关注的是，美国贸易代表莱特希泽在2017年8月22日宣布，正式对中国发起“301调查”。美国贸易代表办公室同日发表声明称，要调查中国政府在技术转让、知识产权、创新等领域的实践、政策和做法是否不合理或具歧视性，以及是否对美国商业造成负担或限制。显而易见，我国发展的外部环境更趋复杂多变。我国出口优势和参与国际产业分工模式面临新挑战，经济发展新常态也是这种变化的体现。

从资源配置方式看，新常态是资源配置方式的新变化。人类历经了自然经济、计划经济、市场经济3种经济形态或3种资源配置体制。自然经济是相对分散的个体，在相对封闭的环境中分配有限的资源。计划经济体制基本上是在一国范围内，通过政府计划的方式分配资源，由于计划者的信息和知识有限，加之信息的时滞，以及人类追求自我利益的倾向与计划经济极端强调所谓全局利益的宗旨不太协调而难以调动广大人民群众的积极性和创造性，最终以低效而告终。现在看来，只有市场经济才是资源配置效率最好的经济体制。党的十八届三中全会审议通过的《中共中央关于全面深化改革若干重大问题的决定》指出："经济体制改革是全面深化改革的重点，核心问题是处理好政府和市场的关系，使市场在资源配置中起决定性作用和更好发挥政府作用。"这一表述不仅明确了未来全面深化改革的重点所在，更对市场的地位和作用进行了重新定位。这无疑是一场革命性的新变化。

从经济发展动力看，新常态是经济增长动力新变化。科技创新作为第一推动力将成为常态。过剩的产能已经不能支撑未来的发展，如果没有新的动力支撑，经济速度下降过快过急，恐怕就不是"常态"了。从应对国际金融危机的过程当中，从国际上来看，世界各国纷纷提出了重返制造业、振兴装备制造业、实行新的工业化发展计划等，各国的叫法不太一样，但是都出台了一系列的制造业发展的战略、规划、计划。从国内的情况来看，中国提出"中国制造 2025"并上升为国家战略，就是要改变过去我们长期在制造业价值链的低端发展，要向中高端发展去迈进。

从创新的主体看，大众创业、万众创新将成为常态。现代经济增长理论研究认为，决定经济增长效率的最关键要素是拥有具备专业知识和技能的人，拥有核心关键技术以及全球化视野的管理机制创新。可见，激发主体活力才是创新的第一推动力。国务院于 2015 年 6 月颁布的《关于大力推进大众创业万众创新若干措施的意见》，是培育和催生经济社会发展新动力的必然选择，是扩大就业、实现富民之道的根本举措，是激发全社会创新潜能和创业活力的有效途径。

二、深刻认识"四个没有变"的大趋势

习近平总书记曾深刻指出，"十三五"及今后一个时期，我国仍处于发展的重要战略机遇期，经济发展长期向好的基本面没有变，经济韧性好、潜力足、回旋空间大的基本特质没有变，经济持续增长的良好支撑基础和条件没有变，经济结构调整优化的前进态势没有变。

这是对中国经济形势的重大判断。

其一，经济发展长期向好的基本面没有变。最新数据显示，2017 年经济增速平稳，上半年我国经济保持中高速增长，GDP 同比增长 6.9%，与一季度持平，经济增速连续八个季度保持在 6.7%～6.9%的

区间；就业形势持续向好。上半年城镇新增就业 735 万人，同比多增了 18 万人，完成了年度目标的 66.8%。城镇调查失业率总体走低。根据国家统计局的调查，2017 年 6 月全国城镇调查失业率已经连续两个月保持在 5%以下，31 个大城市的城镇调查失业率连续 4 个月低于 5%。农村外出务工劳动力继续增加，物价形势总体稳定。上半年全国居民消费价格同比上涨了 1.4%，与一季度基本持平；扣除食品和能源的核心 CPI 基本稳定，上半年核心 CPI 同比上涨 2.1%。国际收支继续改善，货物贸易继续保持顺差。上半年货物贸易的进出口相抵，实现了顺差 1.28 万亿元。人民币小幅升值，外汇储备连续回升。6 月末人民币汇率的中间价是 1 美元兑 6.77 元人民币，比 3 月末升值了 1.84%。外汇储备于 2017 年 6 月达到 30568 亿美元，连续 5 个月回升。

其二，经济韧性好、潜力足、回旋空间大的基本特质没有变。我国已经建立起了完整的国民经济体系，奠定了较为厚实的物质和技术基础，形成了较强的抗风险能力。潜力足是因为我国经济有着庞大的内需市场和投资前景，在外部环境持续疲软的情况下，内需将继续成为推动中国经济增长的主要动力。回旋空间大是由中国人口众多、地域面积广、区域差异大、消费层次多等因素决定的。

其三，经济持续增长的良好支撑基础和条件没有变。一是新型经济彰显市场动力。二是国家战略增添市场活力。三是创新驱动激发市场潜力。

其四，经济结构调整优化的前进态势没有变。从需求结构看，过去，我国经济高速增长主要依靠大规模投资和大量出口，消费动力相对不足，经济发展易受外需市场波动影响。当前，我国个性化、多样化的消费模式逐渐兴起，养老家政、旅游休闲等新的消费热点加速形成，特别是网络消费、定制消费等异军突起，电子金融、电子医疗等新产品、新业态、新商业模式方兴未艾。

三、坚持以提高发展质量和效益为中心

认清了新常态的大局与大势，还必须以时不我待的紧迫感、殚精竭虑的责任感，因势而谋、应势而动、顺势而为，真正担当起引领新常态的重任。2016 年底召开的中央经济工作会对 2017 年工作提出了多个方

面要求和任务，可以说是适应把握引领新常态工作的方法论、实践论。比如，强调坚持稳中求进工作总基调、坚持以提高发展质量和效益为中心等，都蕴含着更好适应把握引领我国经济发展新常态思维和方法。稳是主基调，稳是大局。毫无疑问，在世界经济阴晴不定、中国经济进入新常态的大背景下，中国经济只有稳定才能为发展创造前提和基础；经济社会平稳，才能为调整经济结构和深化改革开放创造稳定宏观环境；调整经济结构和深化改革开放取得实质性进展，才能为经济社会平稳运行创造良好预期。“稳”的重点要放在稳住经济运行上，确保增长、就业、物价不出现大的波动，确保金融不出现区域性系统性风险。

在稳的前提下要在关键领域有所进取，在把握好度的前提下要“撸起袖子加油干”。“进”的重点要放在调整经济结构和深化改革开放上，确保转变经济发展方式和创新驱动发展取得新成效。

当下，推动经济发展，要更加注重提高发展质量和效益。发展是解决中国所有问题的关键。随着经济总量不断增大，我国发展的环境、条件、任务、要求等都发生了新的变化，特别是经济发展进入新常态，向形态更高级、分工更优化、结构更合理阶段演化的趋势更加明显，同时资源环境的硬约束日益凸显，人民群众对经济发展、生态环境、文化建设、生活质量等有更高要求。面对这些时代课题，过去那种低效率的、不符合经济规律的、造成资源过快耗竭、生态环境破坏、产能过剩的增长方式再也走不下去了。新常态下，经济增长的质量比速度更重要，结构比 GDP 总量更重要。我们唯有以更坚定的决心、更大的勇气、更多的智慧，加快完善社会主义市场经济体制，才能为推进经济转型升级提供制度保障，促进经济持续健康发展。衡量发展质量和效益，就是投资有回报、产品有市场、企业有利润、员工有收入、政府有税收、环境有改善，这才是我们要的发展。

四、以新理念把握和引领经济发展

“十三五”规划提出了创新、协调、绿色、开放、共享的发展理念，并以这五大发展理念为主线进行谋篇布局。这五大发展理念，是“十三五”乃至更长时期我国发展思路、发展方向、发展着力点的集中体现，也是改革开放30多年来我国发展经验的集中体现，反映出我们党对我国发展规律的新认识。

第一，坚持创新发展。可以从3个方面来理解。第一个方面，我们现在讲创新是把它放在国家发展基点的高度来认识。通过理论创新、制度创新、科技创新和文化创新，形成引领。这次公报突出的特点是创新引领经济发展。第二个方面，大家都在关注的新型科技革命方兴未艾，比如美国提出再工业化，德国工业4.0，中国要紧跟形势，提出“中国制造2025”。我们怎么能在产业特别是制造业中达到中高端水平？第三次工业革命方兴未艾。新的技术生产力的发展要求我们把科学技术作为经济发展的引擎。第三个方面是大家都在关注的，大众创业、万众创新。如何形成这么一个局面？创新是各行各业都关注的事情。我们提出的制造业强国、网络强国都与大家息息相关。创新就是解决发展动力的问题。

第二，坚持协调发展、着力形成平衡发展结构，从推动区域协调发展、推动城乡协调发展、推动物质文明和精神文明协调发展、推动经济建设和国防建设融合发展。首先，协调是持续健康发展的内在要求。我国发展不协调，是一个长期存在的问题，突出表现在区域、城乡、经济和社会、物质文明和精神文明、经济建设和国防建设等关系上。如果说在经济发展水平落后的情况下，一段时间的主要任务是要跑得快，但跑过一定路程后，就要注意调整关系，注重发展的整体效能，否则“木桶”效应就会愈加显现，一系列社会矛盾会不断加深。其次，协调发展也是全面建成小康社会的必然要求，“小康”讲的是发展水平，“全面”讲的是发展平衡性、协调性、可持续性。如果到2020年我们在总量和速度上完成了任务，但发展不平衡、不协调、不可持续问题更加严重，短板更加突出，就算不上真正实现了目标。

第三，坚持绿色发展、着力改善生态环境，从促进人与自然和谐共生、加快建设主体功能区、推动低碳循环发展、全面节约和高效利用资源、加大环境治理力度、筑牢生态安全屏障。随着对发展规律认识的不断深化，越来越多的人意识到，绿水青山就是金山银山，保护生态环境就是保护生产力，改善生态环境就是发展生产力。绿色循环低碳发展，是当今时代科技革命和产业变革的方向，是最有前途的发展领域，我国在这方面的潜力相当大，可以形成很多新的经济增长点，为经济转型升级添加强劲的“绿色动力”。抓住绿色转型机遇，推进能源革命，加快能源技术创新，推进传统制造业绿色改造，不断提高我国经济发展绿色水平，我们完全可以实现经济发展与生态改善的双赢。

第四，坚持开放发展、着力实现合作共赢，从完善对外开放战略布局、形成对外开放新体制、推进“一带一路”建设、深化内地和港澳以及大陆和台湾地区合作发展、积极参与全球经济治理、积极承担国际责任和义务。开放既是大势所趋，也是中国经济增长的动力所在。今天的中国已进入与世界深度互动阶段。作为全球第一大出口国和第二大进口国、世界第一大吸引外资国和第三大对外投资国，中国的发展离不开世界，世界的繁荣同样离不开中国。

第五，坚持共享发展、着力增进人民福祉，从增加公共服务供给、实施脱贫攻坚工程、提高教育质量、促进就业创业、缩小收入差距、建立更加公平更可持续的社会保障制度、推进健康中国建设、促进人口均衡发展。让人民群众共享改革发展成果，这是社会主义的本质要求，是社会主义制度优越性的集中体现，也是我们党坚持全心全意为人民服务根本宗旨的必然选择。党的十八届五中全会提出共享发展的理念，注重的是解决社会公平正义问题，也揭示了当代中国发展进步的根本出发点和落脚点。

推荐阅读书目：

1. 吴敬琏、厉以宁、林毅夫等著：《读懂新常态》，中信出版集团2016年版。

2. 张占斌主编：《中国经济新常态》，人民出版社2015年版。

3. 徐以升著：《中国经济新常态：从涨潮到退潮》，中国经济出版社2013年版。

备课参考书目：

1. 刘鹤著：《两次全球大危机的比较研究》，中国经济出版社2013年版。

2. 〔美〕杰里米·里夫金著，张体伟、孙豫宁译：《第三次工业革命》，中信出版社2012年版。

3. 〔英〕维克托·迈尔-舍恩伯格、肯尼思·库克耶著，盛杨燕、周涛译：《大数据时代》，浙江人民出版社2013年版。

4.〔美〕丹尼斯·梅多斯等著，李涛、王智勇译：《增长的极限》，机械工业出版社2013年版。

5.潘云良：《遵循大逻辑奋力新作为》，《经济日报》2017年2月1日。

宏观经济形势与未来发展*

2018 年是决胜全面建成小康社会、实施“十三五”规划承上启下的关键一年。未来，中国还要基本实现社会主义现代化，全面建成社会主义现代化强国。发展任务艰巨、情况复杂，更需要冷静地看大局、明大势，坚持稳中求进工作总基调。

一、深刻认识十九大后我国经济发展面临的严峻挑战

目前对总判断，全球经济面临着较大的不确定性。联合国此前作出一个总的判断：今明两年中国经济将企稳，每年增长 6.5%。全球经济仍面临低增长和贸易萎缩等问题，预计 2017 至 2018 年全球经济增速为 2.7%、2.9%。全球化遇到的挑战仍然不少：美国的加息、减税政策给中国 2018 年经济发展带来不利因素。中国必然会经历一个加息、减税的过程，这个过程对中国挑战巨大。

与世界经济不景气紧密联系的是，我国在继续发展开放型经济过程中将更多地受到贸易投资保护主义的干扰。一些贸易伙伴滥用贸易救济措施，对我国出口产品不断发起反倾销、反补贴调查，甚至一些发展中国家也对我国采取贸易壁垒措施。在各国竞争日渐激烈的同时，全球化进程却出现了波折，表现在：英国脱欧和特朗普签署退出跨太平洋伙伴

* 这是 2018 年 9 月 18 日在全国党校师资班的授课讲稿。

关系协定后，全球市场将更加“碎片化”和新一轮贸易保护主义已经出现。尤其值得关注的是，美国贸易代表莱特希泽2017年8月22日宣布，正式对中国发起“301调查”。美国贸易代表办公室同日发表声明称，将调查中国政府在技术转让、知识产权、创新等领域的实践、政策和做法是否不合理或具歧视性，以及是否对美国商业造成负担或限制。显而易见，我国发展的外部环境更趋复杂多变。

我国出口优势和参与国际产业分工模式面临新挑战。欧洲国家则面临着债务、难民、恐怖袭击等一系列问题。新兴国家（俄罗斯、巴西、南非等）则遭遇经济低迷。

中国已经到了日本1970年之后10年的阶段，维持6%～7%的速度有10年至15年的转型期。一个国家的工业化到达顶端，没有新的产业支撑，经济真的可能就会一路下滑。如果没有新的产业出现，我们的经济也会“L形”平行下移，一路下滑。美国拥有人力资源红利和强大的科技创新能力，即便如此，美国的经济增长目前也只有2%左右。

我国经济发展进入新常态后，增长速度正从10%左右的高速增长转向7%左右的中高速增长，经济发展方式正从规模速度型粗放增长转向质量效率型集约增长，经济结构正从增量扩能为主转向调整存量、做优增量并举的深度调整，经济发展动力正从传统增长点转向新的增长点。这是我国经济发展阶段性特征的必然反映，是不以人的意志为转移的，也是不可违背的客观规律。在这一时期，我国经济正处于增长速度换挡期、结构调整阵痛期叠加阶段，面临着跨越“中等收入陷阱”的严峻考验，发展中不平衡、不协调、不可持续问题依然突出，一些领域的潜在风险仍然较大，原有的经济发展方式难以为继。过去，粗放型经济发展方式曾经在我国发挥了很大作用，“大兵团”作战加快了我国经济的发展步伐，但现在再按照过去那种粗放型发展方式来做，不仅国内条件不支持，国际条件也不支持，是不可持续的，不抓紧转变，总有一天会走进死胡同。这一点，一定要认识到位。

二、深刻认识“四个没有变”的大趋势

党的十九大报告指出，我国仍处于发展的重要战略机遇期。这是因为我国经济发展长期向好的基本面没有变，经济韧性好、潜力足、回旋

空间大的基本特质没有变，经济持续增长的良好支撑基础和条件没有变，经济结构调整优化的前进态势没有变。这是对中国经济形势的重大判断。

2017年前三季度，中国经济增长6.9%，多家机构预测，根据10月最新公布的数据和发展趋势判断，预计全年增长在6.8%左右，增速将比上年回升0.1个百分点，全年GDP总量将超过80万亿元大关。中国银行的报告指出，尽管仅回升0.1个百分点，但是信号意义重大，表明中国经济扭转了放缓趋势。报告指出，近几年中国经济增速比较稳定，没有大起大落，看似“风平浪静”，但从结构转变角度看成效显著。高新技术、装备制造等行业蓬勃发展，工业机器人、民用无人机、集成电路以及现代物流、信息服务、文化旅游等产业快速增长。特别是经过若干年的转型升级，广东、浙江、上海等一些经济发达省份的创新发展模式已经初步形成，经济增速回升，不仅引领着全国未来经济转型发展的方向，也对稳定全国经济增长发挥了基础性作用。

中国人民大学国家发展与战略研究院的报告也指出，2017年中国宏观经济在2016年触底企稳的基础上呈现弱复苏的态势，但经济改善超出市场预期。

其一，经济发展长期向好的基本面没有变。最新数据显示，2017年经济增速平稳，上半年我国经济保持中高速增长，GDP同比增长6.9%，与一季度持平，经济增速连续8个季度保持在6.7%～6.9%的区间。就业形势持续向好。上半年城镇新增就业735万人，同比多增了18万人，完成了年度目标的66.8%。城镇调查失业率总体走低。根据国家统计局的调查，6月全国城镇调查失业率已经连续两个月保持在5%以下。31个大城市的城镇调查失业率连续4个月低于5%。农村外出务工劳动力继续增加，物价形势总体稳定。上半年全国居民消费价格同比上涨了1.4%，与一季度基本持平；扣除食品和能源的核心CPI基本稳定，上半年核心CPI同比上涨2.1%；国际收支继续改善。货物贸易继续保持顺差。上半年货物贸易的进出口相抵，实现了顺差1.28万亿元。人民币小幅升值，外汇储备连续回升。6月末人民币汇率的中间价是1美元兑6.77元人民币，比3月末升值了1.84%。外汇储备6月达到30568亿美元，连续5个月回升。

其二，经济韧性好、潜力足、回旋空间大的基本特质没有变。我国已经建立起了完整的国民经济体系，奠定了较为厚实的物质和技术基础，形成了较强的抗风险能力。潜力足是因为我国经济有着庞大的内需市场和投资前景，在外部环境持续疲软情况下，内需将继续成为推动中国经济增长的主要动力。回旋空间大是由中国人口众多、地域面积广、区域差异大、消费层次多等因素决定的。

其三，经济持续增长的良好支撑基础和条件没有变。一是新型经济彰显市场动力。二是国家战略增添市场活力。三是创新驱动激发市场潜力。

其四，经济结构调整优化的前进态势没有变。从需求结构看，过去，我国经济高速增长主要依靠大规模投资和大量出口，消费动力相对不足，经济发展易受外需市场波动影响。当前，我国个性化、多样化的消费模式逐渐兴起，养老家政、旅游休闲等新的消费热点加速形成，特别是网络消费、定制消费等异军突起，电子金融、电子医疗等新产品、新业态、新商业模式方兴未艾。

三、未来发展要把握三个重点

党的十九大报告中提出的六大战略举措，值得企业高度关注与研究。一是深化供给侧结构性改革以推动产业结构、产品结构转型升级。二是加快建设创新型国家，以自主创新的技术带动质量效益提高。三是实施乡村振兴战略。四是区域协调发展战略，以解决经济发展不平衡、不充分问题，释放经济发展新动能。五是加快完善社会主义市场经济体制，建立有利于提高经济发展质量和改善生态环境的体制机制，增强经济发展活力。六是推动形成全面开放新格局，更好地利用全球市场和资源。对未来发展，我们要把握 3 个重点：

第一，未来几年，供给侧结构性改革一定是一条主线，围绕这一主线，我们要对照“三去一降一补”，主动作为。转变的方向在哪里？无论从党的十九大报告，还是从近期召开的中央政治局会议部署可以看出，供给侧结构性改革将是明年经济工作的重中之重，考虑到当前消费已经成为拉动经济的第一抓手，结构性改革的实施要与当前消费需求相匹配。思路是：一方面，要加快培育和发展新业态、新模式、新技术、新产品，在中高端消费、创新引领、绿色低碳、共享经济、现代供应链、人力资本服务等领域培育新增长点；另一方面，要立足生产和生活消费升级的需要，推动传统产业提高核心竞争力和产品附加值，向质量提升、绿色低碳、服务优化、品牌高端等方面发展。

第二，加快建设创新型国家。习近平总书记在党的十九大报告中指出，“加快建设创新型国家”，明确“创新是引领发展的第一动力，是建设现代化经济体系的战略支撑”。显而易见，加快创新型国家建设是全球竞争的大势所趋。只有真正用好科学技术这个最高意义上的革命力量和有力杠杆，才能走出一条从人才强、科技强到产业强、经济强、国家强的发展路径。未来企业发展一定要以科技实力做支撑。

第三，加快完善社会主义市场经济体制。党的十九大报告指出：“我国经济已由高速增长阶段转向高质量发展阶段，正处在转变发展方式、优化经济结构、转换增长动力的攻关期，建设现代化经济体系是跨越关口的迫切要求和我国发展的战略目标。”一方面，这一重大判断意味着我国经济发展由传统强调数量规模转向注重质量、效益和规模，通过经济体制改革解决过去在发展中所积累的一些错综复杂的结构性矛盾；另一方面，建设现代化经济体系是一项长期艰巨复杂的任务，迫切需要创造良好的制度环境。党的十九大报告明确了深化经济体制改革的重点是完善产权制度和要素市场化配置。“着力构建市场机制有效、微观主体有活力、宏观调控有度的经济体制，不断增强我国经济创新力和竞争力。”

经济发展新常态与供给侧结构性改革*

推进供给侧结构性改革，是以习近平同志为核心的党中央深刻把握我国经济发展进入新常态后作出的战略部署，是“十三五”时期的发展主线，本讲结合对习近平总书记系列讲话的学习谈一谈体会。

一、深刻认识经济发展新常态的大背景

“明者因时而变，知者随世而制。”经济发展进入新常态，是我国经济发展阶段性特征的必然反映，是不以人的意志为转移的必然趋势。

从时间上看，新常态是我国不同发展阶段更替变化的结果。目前，我国经济发展进入新常态后，增长速度正从10%左右的高速增长转向7%左右的中高速增长，经济发展方式正从规模速度型粗放增长转向质量效率型集约增长，经济结构正从增量扩能为主转向调整存量、做优增量并举的深度调整，经济发展动力正从传统增长点转向新的增长点。这是我国经济发展阶段性特征的必然反映，是不以人的意志为转移的，也是不可违背的客观规律。在这一时期，我国经济正处于增长速度换挡期、结构调整阵痛期叠加阶段，面临着跨越“中等收入陷阱”的严峻考验，发展中不平衡、不协调、不可持续问题依然突出，一些领域的潜在风险仍然较大，原有的经济发展方式难以为继。过去，粗放型经济发展

* 这是2017年3月29日在中央国家机关司局班的授课讲稿。

方式曾经在我国发挥了很大作用，大兵团作战加快了我国经济发展步伐，但现在再按照过去那种粗放型发展方式来做，不仅国内条件不支持，国际条件也不支持，是不可持续的，不抓紧转变，总有一天会走进死胡同。这一点，一定要认识到位。

从空间上看，从2008年发生美国次贷危机，以及国际金融危机以后，世界经济格局发生了很大变化，发达经济体经济复苏乏力，美国经济复苏缺乏内在动力，欧洲深陷欧债危机不能自拔，日本经济竞争力明显下降。

与世界经济不景气紧密联系的是：我国在继续发展开放型经济过程中将更多地受到贸易投资保护主义的干扰。一些贸易伙伴滥用贸易救济措施，对我国出口产品不断发起反倾销、反补贴调查，甚至一些发展中国家也对我国采取贸易壁垒措施。在各国竞争日渐激烈的同时，全球化进程也出现了波折。表现在：英国脱欧和特朗普签署退出跨太平洋伙伴关系协定后，全球市场将更加“碎片化”和新一轮贸易保护主义已经出现。我国发展的外部环境更趋复杂多变，我国出口优势和参与国际产业分工模式面临新挑战，经济发展新常态也是这种变化的体现。

二、深刻认识“四个没有变”的大趋势

习近平总书记曾深刻指出，“十三五”及今后一个时期，我国仍处于发展的重要战略机遇期，经济发展长期向好的基本面没有变，经济韧性好、潜力足、回旋空间大的基本特质没有变，经济持续增长的良好支撑基础和条件没有变，经济结构调整优化的前进态势没有变。这是对中国经济形势的重大判断。

第一，经济发展长期向好的基本面没有变。最新数据显示，2016年我国GDP同比增长6.7%，国民经济运行缓中趋稳、稳中向好，实现了“十三五”良好开局。我们应该看到，作为拉动世界经济发展的动力和引擎，中国经济仍然处在适度较快的发展区间，对世界经济的贡献和占比越来越大。而且，这一经济发展成就是在中国经济进入新常态，由重速度向重质量和效益、由重数量向重结构调整和转型的关键阶段实现的，殊为不易。随着中国经济体量不断增大，6%～7%的经济增量已相当可观，在目前世界上仍属较高增长水平。

第二，经济韧性好、潜力足、回旋空间大的基本特质没有变。我国已经建立起了完整的国民经济体系，奠定了较为厚实的物质和技术基础，形成了较强的抗风险能力。潜力足是因为我国经济有着庞大的内需市场和投资前景，在外部环境持续疲软的情况下，内需将继续成为推动中国经济增长的主要动力。回旋空间大是由中国人口众多、地域面积广、区域差异大、消费层次多等因素决定的。

第三，经济持续增长的良好支撑基础和条件没有变。一是新型经济彰显市场动力。二是国家战略增添市场活力。三是创新驱动激发市场潜力。如果做两个极端的归类，传统的、旧的发展方式指的是一组发展方式集合：资本、劳动密集型的，政府驱动型的，外需拉动型的，投资驱动型的，出口带动型的，外延粗放型的，而现代的、新的发展方式指的是另一组方式集合：技术密集型的，市场导向型的，内需驱动型的，消费驱动型的，创新驱动型的。

从资源配置方式看，人类历经了自然经济、计划经济、市场经济 3 种经济形态或 3 种资源配置体制。自然经济是相对分散的个体，在相对封闭的环境中分配有限的资源。计划经济体制基本上是在一国范围内，通过政府计划的方式分配资源，由于计划者的信息和知识有限，加之信息的时滞，以及人类追求自我利益的倾向与计划经济极端强调所谓全局利益的宗旨不太协调而难以调动广大人民群众的积极性和创造性，最终以低效而告终。现在看来，只有市场经济才是资源配置效率最好的经济体制。党的十八届三中全会审议通过的《中共中央关于全面深化改革若干重大问题的决定》指出："经济体制改革是全面深化改革的重点，核心问题是处理好政府和市场的关系，使市场在资源配置中起决定性作用和更好发挥政府作用。"这一表述不仅明确了未来全面深化改革的重点所在，更对市场的地位和作用进行了重新定位。这无疑是一场革命性的新变化。

从经济发展动力看，科技创新作为第一推动力将成为常态。过剩的产能已经不能支撑未来的发展，如果没有新的动力支撑，经济速度下降过快过急，恐怕就不是"常态"了。从应对国际金融危机的过程当中，从国际上来看，世界各国纷纷提出了重返制造业、振兴装备制造业、实行新的工业化发展计划等，各国的叫法不太一样，但是都出台了一系列的制造业发展的战略、规划、计划。从国内的情况来看，中国提出"中国制造2025”并上升为国家战略，就是要改变过去我们长期在制造业价值链的低端发展，要向中高端发展去迈进。

从创新的主体看，大众创业、万众创新将成为常态。现代经济增长理论研究认为，决定经济增长效率的最关键要素是拥有具备专业知识和技能的人，拥有核心关键技术以及全球化视野的管理机制创新。可见，激发主体活力才是创新的第一推动力。国务院于2015年6月颁布的《关于大力推进大众创业万众创新若干措施的意见》，是培育和催生经济社会发展新动力的必然选择，是扩大就业、实现富民之道的根本举措，是激发全社会创新潜能和创业活力的有效途径。

第四，经济结构调整优化的前进态势没有变。从需求结构看，过去，我国经济高速增长主要依靠大规模投资和大量出口，消费动力相对不足，经济发展易受外需市场波动影响。当前，我国个性化、多样化的消费模式逐渐兴起，养老家政、旅游休闲等新的消费热点加速形成，特别是网络消费、定制消费等异军突起，电子金融、电子医疗等新产品、新业态、新商业模式方兴未艾。

三、坚持以提高发展质量和效益为中心

认清了新常态的大局与大势，还必须以时不我待的紧迫感，殚精竭虑的责任感，因势而谋、应势而动、顺势而为，真正担当起引领新常态的重任。去年底召开的中央经济工作会对2017年工作提出了多个方面要求和任务，可以说是适应把握引领新常态工作的方法论、实践论。比如，强调坚持稳中求进工作总基调、坚持以提高发展质量和效益为中心等，都蕴含着更好适应把握引领我国经济发展新常态思维和方法。

稳是主基调，稳是大局。毫无疑问，在世界经济阴晴不定、中国经济进入新常态的大背景下，中国经济只有稳定才能为发展创造前提和基础；经济社会平稳，才能为调整经济结构和深化改革开放创造稳定宏观环境；调整经济结构和深化改革开放取得实质性进展，才能为经济社会平稳运行创造良好预期。“稳”的重点要放在稳住经济运行上，确保增长、就业、物价不出现大的波动，确保金融不出现区域性系统性风险。

在稳的前提下要在关键领域有所进取，在把握好度的前提下要“撸起袖子加油干”。“进”的重点要放在调整经济结构和深化改革开放上，

确保转变经济发展方式和创新驱动发展取得新成效。

当下，推动经济发展，要更加注重提高发展质量和效益。发展是解决中国所有问题的关键。随着经济总量不断增大，我国发展的环境、条件、任务、要求等都发生了新的变化，特别是经济发展进入新常态，向形态更高级、分工更优化、结构更合理阶段演化的趋势更加明显，同时资源环境的硬约束日益凸显，人民群众对经济发展、生态环境、文化建设、生活质量等有更高要求。面对这些时代课题，过去那种低效率的、不符合经济规律的、造成资源过快耗竭、生态环境破坏、产能过剩的增长方式再也走不下去了。新常态下，经济增长的质量比速度更重要，结构比 GDP 总量更重要。我们唯有以更坚定的决心、更大的勇气、更多的智慧，加快完善社会主义市场经济体制，才能为推进经济转型升级提供制度保障，促进经济持续健康发展。衡量发展质量和效益，就是投资有回报、产品有市场、企业有利润、员工有收入、政府有税收、环境有改善，这才是我们要的发展。

四、供给侧结构性改革要做好“加减法”

在新常态下保持经济中高速增长，必须以推进供给侧结构性改革为主线。生产力决定生产关系，经济基础决定上层建筑。这一社会发展的基本规律决定了要以经济体制改革为先导，发挥其牵引作用，为全面深化改革创造条件、提供动力。今后一个时期，供给侧结构性改革就是一场关系全局、关系长远的攻坚战。

供给侧结构性改革重点应做好“加”和“减”两篇大文章。

首先，做好“减”这篇大文章，考验着宏观调控和深化改革的能力，决定着中国经济转型升级的前景。压减产能不是动动嘴皮子那么简单，整个过程较为艰难，涉及企业债务、职工安置、转型升级等一系列问题。特别是在中国经济步入新常态后，如果这个问题不解决，去杠杆、去库存等其他问题也难以取得实际效果。实际上，过去出台的《国务院关于化解产能严重过剩矛盾的指导意见》已经对减产能作出明确部署，就是按照“消化一批、转移一批、整合一批、淘汰一批”的途径，加快化解产能过剩。现在需要做的就是怎样把政策落实。从中央层面，关键要加大政策力度引导产能主动退出。要研究制定务实有效的激励政策措施，鼓励有条件的企业通过多种渠道主动压减产能。一是根据市场情况和自身发展的需要，调整企业发展战略，主动退出过剩产能。二是实施跨行业、跨地区、跨所有制减量化兼并重组，退出部分产能。三是实施转型转产或减量化环保搬迁。四是结合实施“一带一路”倡议，通过开展国际产能合作，带动优势产能“走出去”。

其次，关于“加”这篇大文章，供给侧改革要解决的核心问题是矫正要素配置扭曲，优化资源配置，具体作用于3个层面的对象：一是企业内部要素配置。这要靠企业家精神、靠企业科学管理实现，调动人们的积极性，进而提高产出。二是企业间要素配置。就是使资源更多配置到优质企业、有竞争力的企业、有创新精神的企业。20世纪90年代对国有经济进行战略性调整，抓大放小，解决的就是企业间资源配置问题。如果要素被“僵尸企业”长期占用，甚至劣币驱逐良币，资源在企业间错配，就是效率的最大损失。三是产业间要素配置。这就是通常说的产业结构调整优化，资源更多流向有需求、有前途、效益高的产业和经济形态，从农业流向非农产业、从工业流向服务业、从传统产业流向新兴产业、从传统业态流向新业态、从虚拟经济流回实体经济，等等。

当然，供给侧结构改革也亟须补齐短板。关于“补短板”，可以从不同角度看短板。从不同收入群体看，全面建成小康社会的最大短板是农村贫困人口；从产业看，现代农业、新兴产业，现代服务业是短板；从产品看，绿色产品和生态产品是短板；从质量和数量看，高品质产品是短板；从资本看，相对于物力资本，人力资本是短板；从生产要素看，相对于资本和劳动，创新特别是颠覆性创新是短板等。

推荐阅读书目：

1. 吴敬琏、厉以宁、林毅夫等：《读懂新常态》，中信出版集团2016年版。

2. 张占斌主编：《中国经济新常态》，人民出版社2015年版。

3. 徐以升：《中国经济新常态：从涨潮到退潮》，中国经济出版社2013年版。

备课参考书目：

1. 刘鹤：《两次全球大危机的比较研究》，中国经济出版社2013

年版。

2.〔美〕杰里米·里夫金：《第三次工业革命》，中信出版社 2012 年版。

3.〔英〕维克托·迈尔-舍恩伯格、肯尼思·库克耶著，盛杨燕、周涛译：《大数据时代》，浙江人民出版社 2013 年版。

4.〔美〕丹尼斯·梅多斯等著，李涛、王智勇译：《增长的极限》，机械工业出版社 2013 年版。

5. 潘云良：《遵循大逻辑奋力新作为》，《经济日报》2017 年 2 月 1 日。

贯彻新发展理念，建设现代化经济体系*

学十九大报告要在学懂弄通上下功夫，首先就应该思考，这个标题为什么这样写，用意何在？很显然，贯彻新发展理念是管总的，建设现代化经济体系一定要按照新发展理念的要求去推进。所以，要建设现代化经济体系，一定得把新发展理念的时代意义和要求弄明白。

一、深刻理解新发展理念的时代意义、深刻内含

从历史的坐标看，新发展理念是中国共产党执政思想的新突破，是党和人民实践经验和集体智慧的结晶，是我们党领导国家发展事业更加成熟更有经验的体现，也是习近平新时代治国理政思想的重要方面。总的来看，贯彻新发展理念侧重于观念层面，是指导和引领，是各级领导干部今后工作的总抓手，它涉及范围和领域更广，时间跨度更大；而建设现代化经济体系侧重于战略层面，是新理念的具体贯彻和实施，它更具体和有针对性，时间跨度更具有阶段性。

（一）新发展理念的时代意义

毛泽东带领中国人民站起来，是用马克思的革命理论进行武装，通过革命方式实现的。因此，我们党当时是革命党，坚持的是革命发展

---

* 这是 2018 年 4 月 26 日在干部进修学院全国党校系统师资班的授课讲稿。

观。我们党执政后，继续用革命的理论指导社会主义建设，于是形成阶级斗争发展观。改革开放后，邓小平根据形势的变化，及时扭转这一执政思想，用“以经济建设为中心”取代“以阶级斗争为纲”，强调扭住经济建设这个中心，扭住就是不摇摆、不放松，由此形成重点发展观，即围绕经济建设这一重点谋发展搞建设。在这一过程中，出现一些重点与非重点之间、城乡之间、地区之间、经济发展与环境、社会、生态之间以及不同群体之间不协调现象，因此我们党进一步形成科学发展观。今天，我国经济发展进入新常态，如果不能及时提出新发展理念，不能用新发展理念去指导实践，就容易丧失发展动力，就可能出现中等收入阶段并发症。因此，党的十九大报告站在新的历史起点上，高瞻远瞩、审时度势，对建设现代化经济体系作出全面部署，为我们做好当前和今后的经济工作指明了方向、明确了目标，具有十分重要的理论指导意义。

（二）五大发展理念的深刻内含

第一，坚持创新发展，就是把创新摆在国家发展全局的核心位置，解决发展动力问题。历史发展经验表明，一旦“后发优势”“比较优势”等红利渐趋用尽，一国进入到更加成熟的发展阶段，创新能力不强就会成为制约经济增长的“阿喀琉斯之踵”（注：阿喀琉斯，是凡人珀琉斯和美貌仙女忒提斯的宝贝儿子。忒提斯为了让儿子炼成“金钟罩”，在他刚出生时就将其倒提着浸进冥河，遗憾的是，阿喀琉斯被母亲捏住的脚后跟却不慎露在水外，全身留下了唯一一处“死穴”。后来，阿喀琉斯被帕里斯一箭射中了脚踝而死去。后人常以“阿喀琉斯之踵”比喻这样一个道理：即使是再强大的英雄，他也有致命的死穴或软肋）。经济学家约瑟夫·熊彼特在《经济发展理论》一书中提出了“创新理论”：技术不断创新，产业不断变迁，出现所谓的“创造性破坏”，是现代经济增长的最重要本质。十八届五中全会把创新摆在如此重要的位置，势必会引起利益关系调整和体制机制变革。经济发展进入新常态的中国，急需一次思想和模式的深刻变革。同样，理论、制度、文化创新，也将是一场建立“中国叙事”的变革——终结西方“元叙事”，打破西方价值体系垄断，使不同的制度、文化、文明互鉴共存。

第二，坚持协调发展，就是实现辩证发展、系统发展、整体发展，解决发展不平衡问题。一段时间以来，我国城市化发展迅速，但农村现代化进程相对缓慢，农村仍有大量贫困人口；在唯GDP时代，经济实现了高速增长，但引发了各种社会问题和矛盾；世界第二大经济体的“硬实力”背后，是软实力的相对不足，国民素质和文明程度有待进一步提高。协调发展，就是要改变单一发展偏好，打破路径依赖，实现整体发展。

第三，坚持绿色发展，就是在中国发起一次生态革命，解决经济发展外部性问题。正外部性就是行为人实施的行为对他人或公共的环境利益有溢出效应，让环境更美好、更绿色、更可持续。反之，负外部性就是行为人实施的行为对他人或公共的环境利益有减损效应，消耗资源、破坏环境。随着对发展规律认识的不断深化，越来越多的人意识到，绿水青山就是金山银山，保护生态环境就是保护生产力，改善生态环境就是发展生产力。绿色循环低碳发展，是当今时代科技革命和产业变革的方向，是最有前途的发展领域，我国在这方面的潜力相当大，可以形成很多新的经济增长点，为经济转型升级添加强劲的“绿色动力”。抓住绿色转型机遇，推进能源革命，加快能源技术创新，推进传统制造业绿色改造，不断提高我国经济发展绿色水平，我们完全可以实现经济发展与生态改善的双赢。

第四，坚持开放发展、着力实现合作共赢，从完善对外开放战略布局、形成对外开放新体制、推进“一带一路”建设、深化内地和港澳以及大陆和台湾地区合作发展、积极参与全球经济治理、积极承担国际责任和义务。开放即是大势所趋，也是中国经济增长的动力所在。今天的中国已进入与世界深度互动阶段。作为全球第一大出口国和第二大进口国、世界第一大吸引外资国和第三大对外投资国，中国的发展离不开世界，世界的繁荣同样离不开中国。

第五，坚持共享发展、着力增进人民福祉，从增加公共服务供给、实施脱贫攻坚工程、提高教育质量、促进就业创业、缩小收入差距、建立更加公平更可持续的社会保障制度、推进健康中国建设、促进人口均衡发展。让人民群众共享改革发展成果，这是社会主义的本质要求，是社会主义制度优越性的集中体现，也是我们党坚持全心全意为人民服务根本宗旨的必然选择。党的十八届五中全会提出共享发展的理念，注重的是解决社会公平正义问题，也揭示了当代中国发展进步的根本出发点和落脚点。

二、建设现代化经济体系面临的挑战与机遇

（一）面临的挑战

这个问题可以从国际国内两个方面分析。从国际看，全球经济不确定性增加，全球化遇到挑战，全球贸易保护主义增加了贸易摩擦的风险，欧洲国家面临债务危机、难民潮、恐怖袭击风险，新兴国家经济低迷，地缘政治面临挑战。这一国际环境是我们建设现代化经济体系的一个大背景，构成一定挑战。

从国内看，我们要清醒认识和高度警惕中等收入阶段并发症。这一并发症主要表现为经济增长停滞，金融体系脆弱，民生乱象，社会公共服务短缺，贫富分化，就业困难，腐败多发，社会动荡，过度城市化，信仰缺失等。对这些潜在挑战做好预防，提前应对，可以避免陷入中等收入陷阱，避免收入陷阱演变为社会陷阱。同时，系统性金融风险也提出挑战，主要表现在两个方面：一个是类似存款、债券等大面积债权无法得到兑付；一个是众多金融机构无法从事其他业务，如银行不再发放贷款或证券公司卖不出去产品等。党中央对金融安全一直高度重视，中共中央政治局第四十次集体学习时强调，必须充分认识金融在经济发展和社会生活中的重要地位和作用，切实把维护金融安全作为治国理政的一件大事，扎扎实实把金融工作做好。此外，2018 年以来，我国发展面临一些新挑战，包括投资依然存在不确定性，上半年我国投资增速中仍相当一部分来自于政府和国有企业投资；地方政府隐性债务上升；企业负债增加导致金融风险加大；财政赤字增加；隐性失业增加等。

（二）面临的机遇

这个问题仍然可以从国际国内两个方面看。就国际而言，西方国家正在陷入自冷战结束以来最大的萧条。美国的国际影响力在下降，西方国家深陷债务危机，世界多极化以及全球共治趋势不断强化，中国经济发展势头较好。就国内而言，总的来看，中国经济发展长期向好的基本面没有变，经济韧性好、潜力足、回旋余地大的基本特征没有变，持续

增长的良好支撑基础和条件没有变，经济结构调整优化的前进态势没有变。“四个没有变”是党中央对中国经济形势的重大判断。我们看到，2018年上半年经济发展出现一些亮点：固定资产投资增速有所回升，国家统计局发布数据显示，2018年前三季度国内生产总值同比增长6.9%。今年第一季度消费开始回升，消费增速超过名义GDP增速，原因在于老百姓可支配收入的增速超过GDP的增速，农村居民纯收入的增速继续超过城镇居民收入的增速。去杠杆进展比较顺利，整个非金融部门杠杆率有所下降，企业税务负担下降等。“一带一路”倡议也为建设现代化经济体系提供难得机遇，有利于国内过剩产能（而非落后产能）走出去，把我们的能力转化为沿线国家的动力。

三、建设现代化经济体系应抓住重点

党的十九大报告提出六大举措。深化供给侧结构性改革，加快建设创新型国家，实施乡村振兴战略，实施区域协调发展战略，加快完善社会主义市场经济体制，推动形成全面开放新格局。其中需要注意，“贯彻新发展理念，建设现代化经济体系”是一个复合型标题，这些举措都是贯彻新发展理念的具体部署。

习近平总书记指出，中国社会主要矛盾已经转化为人民日益增长的美好生活需要和不平衡不充分的发展之间的矛盾。为有效解决不平衡不充分的发展问题，必须运用科学的思路和方法来指导经济工作，加快建设现代化经济体系，不断增强我国经济创新力和竞争力。

要坚持把提质增效放在首要位置，加快推动质量变革。习近平总书记强调，建设现代化经济体系，要把提高供给体系质量作为主攻方向，显著增强我国经济质量优势。当前，我国发展不平衡不充分的问题，在经济领域主要表现为结构性问题，实体经济结构性供需失衡、金融和实体经济失衡、房地产和实体经济失衡这“三大失衡”矛盾尤为突出。面对这些问题，必须在供给侧上下功夫，向结构优化找出路，用改革的办法，着力加快建设实体经济、科技创新、现代金融、人力资源协同发展的产业体系，促进我国产业迈向全球价值链中高端，扩大优质增量供给，提高供给体系质量效率。

要坚持完善社会主义市场经济体制，加快推动效率变革。习近平总书记强调，要着力构建市场机制有效、微观主体有活力、宏观调控有度的经济体制。当前，我国社会主义市场经济体制不断优化，但还存在不少束缚市场主体活力、阻碍市场和价值规律充分发挥作用的弊端。这就要求，一方面，使市场在资源配置中起决定性作用，以完善产权制度和要素市场化配置为重点，加快形成统一开放、竞争有序的市场体系，实现产权有效激励、要素自由流动、价格反应灵活、竞争公平有序、企业优胜劣汰；另一方面，更好发挥政府作用。切实转变政府职能，深化简政放权，放管结合并重、优化服务，创新监管方式，不断创新和完善宏观调控，发挥国家发展规划的战略导向作用，健全财政、货币、产业、区域等经济政策协调机制，不断增强政府公信力和执行力。

要坚持创新驱动，加快推动动力变革。习近平总书记强调，创新是引领发展的第一动力，是建设现代化经济体系的战略支撑。从近几年我国经济发展的实践看，低成本资源和要素投入形成的驱动力明显减弱，传统比较优势日益减弱，经济发展面临动力转换节点，依靠增加要素投入和出口拉动的粗放型发展模式已经行不通，发展动力必须转向创新驱动，形成先发新优势，实现创新引领发展，为经济持续健康发展打造新引擎、构建新支撑。为此，必须在推动发展的内生动力和活力上来一个根本性转变，加快建设创新型国家，强化国家创新体系建设，加快形成以创新为主要引领和支撑的经济体系和发展模式。

要坚持稳中求进，保持战略定力。习近平总书记强调，稳中求进是治国理政的重要原则和经济工作的方法论。建设现代化经济体系既是持久战，也包括攻坚战，关键是要保持战略定力，应势而谋。一方面，要把该“稳”的稳住，在国内外环境深刻复杂变化的背景下，必须维护好经济平稳运行的大局，统筹把握改革的力度、发展的速度和经济社会可承受的程度，稳定宏观政策、稳定经济运行、稳定社会预期、稳守风险底线，为更好地“进”提供稳定的宏观环境；另一方面，要在“进”上取得积极进展。建设现代化经济体系不仅需要量的积累，更重质量和效益的提升，必须要在改革攻坚、结构调整等关键领域勇于进取，促进产业转型升级、提质增效，大力提高全要素生产率，推动我国经济向形态更高级、分工更优化、结构更合理的阶段演进。

附件一　习近平论经济发展新常态

十八大以来，在习近平公开发表的文章和讲话中，迄今为止，“新常态”被提及了160余次。

——摘自《中国经济发展的大逻辑（习近平治国理政关键词（18）》，《人民日报（海外版）》2016年3月12日。

◆ 经济新常态的提出及背景

以经济建设为中心是兴国之要，发展仍是解决我国所有问题的关键。只有推动经济持续健康发展，才能筑牢国家繁荣富强、人民幸福安康、社会和谐稳定的物质基础。中央政治局分析认为，综合判断，虽然国际经济形势依然错综复杂、充满变数，但我国发展仍然具备难得的机遇和有利条件，同时我国发展仍面临不少风险和挑战，不平衡、不协调、不可持续问题依然突出，有些还相当尖锐。我们要保持清醒头脑，增强忧患意识，深入分析问题背后的原因，因势利导，顺势而为，紧紧抓住并切实用好我国发展的重要战略机遇期。

——摘自《习近平关于社会主义经济建设论述摘编》，中央文献出版社2017年版，第3页。

去年，中央作出一个判断，即我国经济发展正处于增长速度换挡期、结构调整阵痛期、前期刺激政策消化期“三期叠加”阶段。今年年中，在中央政治局会议上，我对“三期叠加”进一步作了分析，强调经济工作要适应经济发展新常态。不久前，在北京亚太经合组织工商领导人峰会上，我概要分析了我国经济发展新常态下速度变化、结构优化、动力转换三大特点。这里，我想用对比的方法，谈谈我国经济发展新常态带来的几个趋势性变化。

第一，从消费需求看，过去，我国消费具有明显的模仿型排浪式特征，你有我有全都有，消费是一浪接一浪地增长。现在，“羊群效应”没有了，模仿型排浪式消费阶段基本结束，消费拉开档次，个性化、多样化消费渐成主流，保证产品质量安全、通过创新供给激活需求的重要性显著上升。随着我国收入水平提高和消费结构变化，供给体系进行一些调整是必然的，但我国有十三亿多人，总体消费水平还不高、余地还很大。我们必须采取正确的消费政策，释放消费潜力，使消费继续在推动经济发展中发挥基础作用。

第二，从投资需求看，过去，投资需求空间巨大，只要有钱敢干，投资都有回报，投资在经济发展中扮演着重要角色。现在，经历了三十多年高强度大规模开发建设后，传统产业、房地产投资相对饱和，但基础设施互联互通和一些新技术、新产品、新业态、新商业模式的投资机会大量涌现，对创新投融资方式提出了新要求。我国总储蓄率仍然较高。我们必须善于把握投资方向，消除投资障碍，使投资继续对经济发展发挥关键作用。

第三，从出口和国际收支看，国际金融危机发生前，国际市场空间扩张很快，只要有成本优势，出口就能扩大，出口成为拉动我国经济快速发展的重要动能。现在，全球总需求不振，我国低成本比较优势也发生了转化。同时，我国出口竞争优势依然存在，多少年打拼出来的国际市场也是重要资源。高水平引进来、大规模走出去正在同步发生，人民币国际化程度明显提高，国际收支双顺差局面正在向收支基本平衡方向发展。我们必须加紧培育新的比较优势，积极影响国际贸易投资规则重构，使出口继续对经济发展发挥支撑作用。

第四，从生产能力和产业组织方式看，过去，供给不足是长期困扰我们的一个主要矛盾，现在传统产业供给能力大幅超出需求，钢铁、水泥、玻璃等产业的产能已近峰值，房地产出现结构性、区域性过剩，各类开发区、工业园区、新城新区的规划建设总面积超出实际需要。在产能过剩的条件下，产业结构必须优化升级，企业兼并重组、生产相对集中不可避免。互联网技术加快发展，创新方式层出不穷，新兴产业、服务业、小微企业作用更加凸显，生产小型化、智能化、专业化将成为产业组织新特征。

第五，从生产要素相对优势看，过去，我们有源源不断的新生劳动力和农业富余劳动力，劳动力成本低是最大优势，引进技术和管理就能迅速变成生产力。现在，人口老龄化日趋发展，劳动年龄人口总量下降，农业富余劳动力减少，在许多领域我国科技创新与国际先进水平相比还有较大差距，能够拉动经济上水平的关键技术人家不给了，这就使要素的规模驱动力减弱。随着要素质量不断提高，经济增长将更多依靠人力资本质量和技术进步，必须让创新成为驱动发展新引擎。

第六，从市场竞争特点看，过去，主要是数量扩张和价格竞争。现在，竞争正逐步转向质量型、差异化为主的竞争，消费者更加注重品质和个性化，竞争必须把握市场潜在需求，通过供给创新满足需求。企业依赖税收和土地等优惠政策形成竞争优势、外资超国民待遇的方式已经难以为继，统一全国市场、提高资源配置效率是经济发展的内生性要求。我们必须深化改革开放，加快形成统一透明、有序规范的市场环境，为市场充分竞争创造良好条件。

第七，从资源环境约束看，过去，能源资源和生态环境空间相对较大，可以放开手脚大开发、快发展。现在，环境承载能力已经达到或接近上限，难以承载高消耗、粗放型的发展了。人民群众对清新空气、清澈水质、清洁环境等生态产品的需求越来越迫切，生态环境越来越珍贵。我们必须顺应人民群众对良好生态环境的期待，推动形成绿色低碳循环发展新方式，并从中创造新的增长点。

第八，从经济风险积累和化解看，过去，经济高速发展掩盖了一些矛盾和风险。现在，伴随着经济增速下调，各类隐性风险逐步显性化，地方政府性债务、影子银行、房地产等领域风险正在显露，就业也存在结构性风险。这些风险，有的来自经济结构调整中政府行为越位，有的来自市场主体在经济繁荣时的盲目投资，有的来自缺乏长远考虑而过度承诺，有的则与国际金融危机冲击有直接关系。综合判断，我们面临的风险总体可控，但化解以高杠杆和泡沫化为主要特征的各类风险将持续一段时间。我们必须标本兼治、对症下药，建立健全化解各类风险的体制机制，通过延长处理时间减少一次性风险冲击力度，如果有发生系统性风险的威胁，就要果断采取外科手术式的方法进行处理。

第九，从资源配置模式和宏观调控方式看，过去，总需求增长潜在空间大，实行凯恩斯主义的办法就能有效刺激经济发展；经济发展中的短板很清楚，产业政策只要按照“雁行理论”效仿先行国家就能形成产业比较优势。现在，从需求方面看，全面刺激政策的边际效果明显递减；从供给方面看，既要全面化解产能过剩，也要通过发挥市场机制作用探索未来产业发展方向。我们必须全面把握总供求关系新变化，科学进行宏观调控，适度干预但不盲目，必要时在把握好度的前提下坚定出手，平衡好增强活力和创造环境的关系，真正形成市场和政府合理分工、推动发展新模式。

以上这些趋势性变化说明，在“三期叠加”这个阶段，经济发展速度必然会下降，但也不会无限下滑；经济结构调整是痛苦的，却是不得不过的关口；前期政策消化是必需的，但可以通过有效引导减缓消化过程中各类风险的影响。这也说明，我国经济正在向形态更高级、分工更复杂、结构更合理的阶段演化。这些趋势性变化，既是新常态的外在特征，又是新常态的内在动因，有的可能进一步强化，有的则可能发生变化。

——摘自《习近平关于社会主义经济建设论述摘编》，中央文献出版社 2017 年版，第 74—79 页。

总起来说，我国经济发展进入新常态后，增长速度正从百分之十左右的高速增长转向百分之七左右的中高速增长，经济发展方式正从规模速度型粗放增长转向质量效率型集约增长，经济结构正从增量扩能为主转向调整存量、做优增量并举的深度调整，经济发展动力正从传统增长点转向新的增长点。我国经济发展进入新常态，是我国经济发展阶段性特征的必然反映，是不以人的意志为转移的。认识新常态，适应新常态，引领新常态，是当前和今后一个时期我国经济发展的大逻辑。

——摘自《习近平关于社会主义经济建设论述摘编》，中央文献出版社 2017 年版，第 79—80 页。

对我国经济发展新常态，要深化理解、统一认识。把经济发展仅仅理解为数量增减、简单重复，是形而上学的发展观。大家要把思想和行动统一到中央认识和判断上来，增强加快转变经济发展方式的自觉性和主动性。如果看不到甚至不愿承认新变化、新情况、新问题，仍然想着过去的粗放型高速发展，习惯于铺摊子、上项目，就跟不上形势了。用老的办法，即使暂时把速度抬上去了也不会持久，相反会使发展中的矛盾和问题进一步积累、激化，最后是总爆发。

——摘自《习近平关于社会主义经济建设论述摘编》，中央文献出版社 2017 年版，第 80 页。

我们提出要准确把握、主动适应经济发展新常态，就是适应国际国内环境变化、辩证分析我国经济发展阶段性特征作出的判断。准确把握我国不同发展阶段的新变化新特点，使主观世界更好符合客观实际，按照实际决定工作方针，这是我们必须牢牢记住的工作方法。

——摘自《习近平关于社会主义经济建设论述摘编》，中央文献出版社 2017 年版，第 33—34 页。

我们看中国经济，不能只看增长率，中国经济体量不断增大，现在增长百分之七左右的经济增量已相当可观，集聚的动能是过去两位数的增长都达不到的。中国经济体量大、韧性好、潜力足、回旋空间大、政策工具多。中国将主动适应和引领经济发展新常态，坚持以提高经济发展质量和效益为中心，把转方式调结构放到更加重要位置，更加扎实地推进经济发展，更加坚定地深化改革开放，更加充分地激发创造活力，更加有效地维护公平正义，更加有力地保障和改善民生，促进经济社会平稳健康发展。

——摘自《迈向命运共同体，开创亚洲新未来——在博鳌亚洲论坛 2015 年年会上的主旨演讲》，《人民日报》2015 年 3 月 29 日。

“十三五”规划作为我国经济发展进入新常态后的第一个五年规划，必须适应新常态、把握新常态、引领新常态。新常态下，我国经济发展表现出速度变化、结构优化、动力转换三大特点，增长速度要从高速转向中高速，发展方式要从规模速度型转向质量效率型，经济结构调整要从增量扩能为主转向调整存量、做优增量并举，发展动力要从主要依靠资源和低成本劳动力等要素投入转向创新驱动。这些变化不依人的意志为转移，是我国经济发展阶段性特征的必然要求。制定“十三五”时期经济社会发展建议，必须充分考虑这些趋势和要求，按照适应新常态、把握新常态、引领新常态的总要求进行战略谋划。

——摘自《关于〈中共中央关于制定国民经济和社会发展第十三个五年规划的建议〉的说明》，《求是》2015 年第 22 期。

◆ 首次提及“新常态”

我国发展仍处于重要战略机遇期，我们要增强信心，从当前我国经济发展的阶段性特征出发，适应新常态，保持战略上的平常心态。在战术上要高度重视和防范各种风险，早作谋划，未雨绸缪，及时采取应对措施，尽可能减少其负面影响。

——摘自《习近平关于社会主义经济建设论述摘编》，中央文献出版社 2017 年版，第 73—74 页。

◆ 首次系统阐述“新常态”

在题为《谋求持久发展　共筑亚太梦想》的主旨演讲中，习近平总书记阐述了什么是经济新常态、新常态的新机遇、怎么适应新常态等关键点。

中国经济呈现出新常态，有几个主要特点。一是从高速增长转为中高速增长。二是经济结构不断优化升级，第三产业、消费需求逐步成为主体，城乡区域差距逐步缩小，居民收入占比上升，发展成果惠及更广大民众。三是从要素驱动、投资驱动转向创新驱动。新常态将给中国带来新的发展机遇。

第一，新常态下，中国经济增速虽然放缓，实际增量依然可观。经过 30 多年高速增长，中国经济体量已今非昔比。2013 年一年中国经济的增量就相当于 1994 年全年经济总量，可以在全世界排到第十七位。即使是 7%左右的增长，无论是速度还是体量，在全球也是名列前茅的。

第二，新常态下，中国经济增长更趋平稳，增长动力更为多元。有人担心，中国经济增速会不会进一步回落、能不能爬坡过坎。风险确实有，但没那么可怕。中国经济的强韧性是防范风险的最有力支撑。我们创新宏观调控思路和方式，以目前确定的战略和所拥有的政策储备，我们有信心、有能力应对各种可能出现的风险。我们正在协同推进新型工业化、信息化、城镇化、农业现代化，这有利于化解各种“成长的烦恼”。中国经济更多依赖国内消费需求拉动，避免依赖出口的外部风险。

第三，新常态下，中国经济结构优化升级，发展前景更加稳定。今年前 3 个季度，中国最终消费对经济增长的贡献率为 48.5%，超过投资；服务业增加值占比 46.7%，继续超过第二产业；高新技术产业和装备制造业增速分别为 12.3%和 11.1%，明显高于工业平均增速；单位国内生产总值能耗下降 4.6%。这些数据显示，中国经济结构正在发生深刻变化，质量更好，结构更优。

第四，新常态下，中国政府大力简政放权，市场活力进一步释放。简言之，就是要放开市场这只“看不见的手”，用好政府这只“看得见的手”。比如，我们改革了企业登记制度，前 3 个季度全国新登记注册市场主体 920 万户，新增企业数量较去年增长 60%以上。

同时，我们也清醒认识到，新常态也伴随着新矛盾新问题，一些潜在风险渐渐浮出水面。能不能适应新常态，关键在于全面深化改革的力度。

——摘自《谋求持久发展，共筑亚太梦想》，《人民日报》2014 年 11 月 10 日。

◆ 经济新常态的内涵和特征

对新常态怎么看？明确我国经济发展进入新常态，是我们综合分析世界经济长周期和我国发展阶段性特征及其相互作用作出的重大判断。各国普遍认同我们提出的新常态，国际货币基金组织明确提出，随着中国经济发展进入新常态，全球经济发展都已进入新常态。我们一定要顺势而为。在“三期叠加”背景下，看新常态要把握好以下几点。

第一，必须统一思想、深化认识。“物之所在，道则在焉。”我国经济正从粗放向集约、从简单分工向复杂分工的高级形态演进，这是客观要求。我们不论主观上怎么想，但不能违背客观规律。粗放型经济发展方式曾经在我国发挥了很大作用，大兵团作战加快了我国经济发展步伐，但现在再按照过去那种粗放型发展方式来做，不仅国内条件不支持，国际条件也不支持，是不可持续的，不抓紧转变，总有一天会走进死胡同。这一点，一定要认识到位。要发挥我国经济巨大潜能和强大优势，必须加快转变经济发展方式，加快调整经济结构，加快培育形成新的增长动力。通过转变经济发展方式实现持续发展、更高水平发展，是中等收入国家跨越“中等收入陷阱”必经的阶段。我多次讲，我们要注意跨越“修昔底德陷阱”“中等收入陷阱”。前一个是政治层面的，就是要处理好同美国等大国的关系。后一个是经济层面的，就是要提高我国经济发展质量和效益。提高经济发展质量和效益，是这次五中全会突出强调的一点，针对的就是要加快转变经济发展方式、调整经济结构。大家要加深对“三期叠加”和经济发展新常态的认识和理解，彻底抛弃用旧的思维逻辑和方式方法再现高增长的想法，切实把思想和行动统一到党中央重大判断和决策部署上来。

第二，必须克服困难、闯过关口。我们看问题，要坚持辩证法，一分为二。一方面，我国经济发展基本面是好的，潜力大，韧性强，回旋余地大，新动力正在强化，新业态不断出现，很多地区很多产业都在发生可喜变革，前景是光明的。另一方面，我们也面临着很多困难和挑战，特别是结构性产能过剩比较严重。新中国成立后，我们党就大力推进工业化，虽然困难重重，但我国早就形成了一定的工业化基础。改革开放以来，我国各方面产能井喷式增长，其中相当多产能是在世界经济增长黄金期面向国外需求以及国内高速增长阶段形成的，为了应对国际金融危机冲击，一些产能又有所扩大。现在，技术变革加快、消费结构升级、国际市场增长放缓同时发生，相当部分生产能力达到峰值，许多生产能力无法在市场实现，加上社会生产成本上升，导致实体经济边际利润率和平均利润率下滑。这种情况，不仅我们遇到了，其他国家也遇到了。正是由于这个原因，大量资金流向虚拟经济，使资产泡沫膨胀，金融风险逐步显现，社会再生产中的生产、流通、分配、消费整体循环不畅。这是一个绕不过去的历史关口。如果我们加快改革创新，抓紧做好工作，就能顺利过关。如果我们不能抓住时机进行战略性调整，不能破旧立新，就很难渡过这个关口，问题积重难返，就会影响整个战略目标的实现。

第三，必须锐意改革、大胆创新。我们面临的困难和问题，确实同国际金融危机这一外因的影响有直接关系，但内因是起决定性作用的，内因就是我们正面对着深刻的供给侧、结构性、体制性矛盾。我们要解放思想、实事求是、与时俱进，按照创新、协调、绿色、开放、共享的发展理念，在理论上作出创新性概括，在政策上作出前瞻性安排，加大结构性改革力度，矫正要素配置扭曲，扩大有效供给，提高供给结构适应性和灵活性，提高全要素生产率。由于目前的问题主要不是周期性的，不可能通过短期刺激实现 V 形反弹，我国经济可能会经历一个 L 形增长阶段。我们要做打持久战的准备，敢于经历痛苦的磨难，适当提高换挡降速容忍度，先筑底、后回升。要正视困难、明确方向、坚定信心、共同努力，强化体制动力和内生活力，把我国经济增长巨大潜力转变为现实，引领我国经济迈上新台阶。

——摘自《习近平关于社会主义经济建设论述摘编》，中央文献出版社 2017 年版，第 88—91 页。

“十三五”时期，我国经济发展的显著特征就是进入新常态。新常态下，我国经济发展的主要特点是：增长速度要从高速转向中高速，发展方式要从规模速度型转向质量效率型，经济结构调整要从增量扩能为主转向调整存量、做优增量并举，发展动力要从主要依靠资源和低成本劳动力等要素投入转向创新驱动。这些变化，是我国经济向形态更高级、分工更优化、结构更合理的阶段演进的必经过程。实现这样广泛而深刻的变化并不容易，对我们是一个新的巨大挑战。

“明者因时而变，知者随世而制。”谋划和推动“十三五”时期我国经济社会发展，就要把适应新常态、把握新常态、引领新常态作为贯穿发展全局和全过程的大逻辑。

——摘自《习近平关于社会主义经济建设论述摘编》，中央文献出版社 2017 年版，第 95—96 页。

在认识新常态上，要准确把握内涵，注意克服几种倾向。其一，新常态不是一个事件，不要用好或坏来判断。有人问，新常态是一个好状态还是一个坏状态？这种问法是不科学的。新常态是一个客观状态，是我国经济发展到今天这个阶段必然会出现的一种状态，是一种内在必然性，并没有好坏之分，我们要因势而谋、因势而动、因势而进。其二，新常态不是一个筐子，不要什么都往里面装。新常态主要表现在经济领域，不要滥用新常态概念，搞出一大堆“新常态”，什么文化新常态、旅游新常态、城市管理新常态等，甚至把一些不好的现象都归入新常态。其三，新常态不是一个避风港，不要把不好做或难做好的工作都归结于新常态，似乎推给新常态就有不去解决的理由了。新常态不是不干事，不是不要发展，不是不要国内生产总值增长，而是要更好发挥主观能动性、更有创造精神地推动发展。

——摘自《习近平关于社会主义经济建设论述摘编》，中央文献出版社 2017 年版，第 96—97 页。

新常态下，尽管我国经济面临较大下行压力，但“十三五”及今后一个时期，我国仍处于发展的重要战略机遇期，经济发展长期向好的基本面没有变，经济韧性好、潜力足、回旋空间大的基本特质没有变，经济持续增长的良好支撑基础和条件没有变，经济结构调整优化的前进态势没有变。我们要把握这些大势，坚持以经济建设为中心，坚持发展是硬道理的战略思想，变中求新、新中求进、进中突破，推动我国发展不断迈上新台阶。

——摘自《习近平关于社会主义经济建设论述摘编》，中央文献出版社 2017 年版，第 97—98 页。

◆ 经济新常态下应该怎么干

我国发展仍处于重要战略机遇期，我们要增强信心，从当前我国经济发展的阶段性特征出发，适应新常态，保持战略上的平常心态。在战术上要高度重视和防范各种风险，早作谋划，未雨绸缪，及时采取应对措施，尽可能减少其负面影响。

——摘自《习近平关于社会主义经济建设论述摘编》，中央文献出版社 2017 年版，第 73—74 页。

必须明确，说我国经济发展进入新常态，没有改变我国发展仍处于可以大有作为的重要战略机遇期的判断，改变的是重要战略机遇期的内涵和条件；没有改变我国经济发展总体向好的基本面，改变的是经济发展方式和经济结构。对发展条件的变化，我们必须准确认识、深入认识、全面认识，顺势而为、乘势而上，更加自觉地坚持以提高经济发展质量和效益为中心，大力推进经济结构战略性调整。要更加注重满足人民群众需要，更加注重市场和消费心理分析，更加注重引导社会预期，更加注重加强产权和知识产权保护，更加注重发挥企业家才能，更加注重加强教育和提升人力资本素质，更加注重建设生态文明，更加注重科技进步和全面创新。做到这些，关键在于全面深化改革、实施创新驱动发展战略、破解发展难题的力度，因此必须勇于推进改革创新，加快转变经济发展方式，切实转换经济发展动力，在新的历史起点上努力开创经济社会发展新局面。

——摘自《习近平关于社会主义经济建设论述摘编》，中央文献出版社 2017 年版，第 81—82 页。

现在，我国经济发展进入新常态，保持经济社会持续健康发展，必须转方式、调结构，必须实施创新驱动发展战略，必须推动新型工业化、信息化、城镇化、农业现代化同步发展。

——摘自《做焦裕禄式的县委书记》，中央文献出版社 2015 年版，第 10 页。

新常态怎么干？具体来说，要努力实现多方面工作重点转变。

第一，推动经济发展，要更加注重提高发展质量和效益。衡量发展质量和效益，就是投资有回报、产品有市场、企业有利润、员工有收入、政府有税收、环境有改善，这才是我们要的发展。合理的经济增长速度是要的，但抓经济工作、检验经济工作成效，要从过去主要看增长速度有多快转变为主要看质量和效益有多好。

第二，稳定经济增长，要更加注重供给侧结构性改革。目前，在“三期叠加”的大背景下，影响经济增长的突出问题有总量问题，但结构性问题更为突出。在有效供给不能适应需求总量和结构变化的情况下，稳增长必须在适度扩大总需求和调整需求结构的同时，着力加强供给侧结构性改革，实现由低水平供需平衡向高水平供需平衡的跃升。

第三，实施宏观调控，要更加注重引导市场行为和社会心理预期。宏观调控要注重引导社会心理，实现反周期目标。要善于把握消费和投资行为背后的市场预期和社会心理，考虑市场主体行为特点，增强政策透明度和可预期性，加强同市场行为主体的沟通融合，加强宏观政策国际交流，在提高宏观调控科学性的同时，提高宏观调控艺术性。

第四，调整产业结构，要更加注重加减乘除并举。在不少行业产能已达到峰值的条件下，产能不减、价格疲软，长此以往，优质企业也会被拖垮。要引导增量，培育新的增长动力；要主动减量，下大决心化解产能过剩，实现优胜劣汰；要发挥创新引领发展第一动力作用，实施一批重大科技项目，加快突破核心关键技术，全面提升经济发展科技含量，提高劳动生产率和资本回报率；要抓好职业培训，提高人力资本质量，优化人力资本结构。

第五，推进城镇化，要更加注重以人为核心。推进城镇化要回归到推动更多人口融入城镇这个本源上来，促进有能力在城镇稳定就业和生活的农业转移人口举家进城落户，这既可以增加和稳定劳动供给、减轻人工成本上涨压力，又可以扩大房地产等消费。这也是缩小城乡差距、改变城乡二元结构、推进农业现代化的根本之策。

第六，促进区域发展，要更加注重人口经济和资源环境空间均衡。既要促进地区间经济和人口均衡，缩小地区间人均国内生产总值差距，也要促进地区间人口经济和资源环境承载能力相适应，缩小人口经济和资源环境间的差距。要根据主体功能区定位，着力塑造要素有序自由流动、主体功能约束有效、基本公共服务均等、资源环境可承载的区域协调发展新格局。

第七，保护生态环境，要更加注重促进形成绿色生产方式和消费方式。保住绿水青山要抓源头，形成内生动力机制。要坚定不移走绿色低碳循环发展之路，构建绿色产业体系和空间格局，引导形成绿色生产方式和生活方式，促进人与自然和谐共生。

第八，保障改善民生，要更加注重对特定人群特殊困难的精准帮扶。要在经济发展基础上持续改善民生，特别是要提高教育、医疗等基本公共服务数量和质量，推进教育公平。要实施精准帮扶，把钱花在对特定人群特殊困难的针对性帮扶上，使他们有现实获得感，使他们及其后代发展能力得到有效提升。

第九，进行资源配置，要更加注重使市场在资源配置中起决定性作用。要重视和善于激发微观主体活力，政府要集中力量办好市场办不了的事，履行好宏观调控、市场监管、公共服务、社会管理、保护环境等基本职责。

第十，扩大对外开放，要更加注重推进高水平双向开放。要奉行互利共赢的开放战略，坚持内外需协调、进出口平衡、引进来走出去并重、引资引技引智并举，积极参与全球经济治理和公共产品供给，提高我国在全球治理中的制度性话语权。

总之，推进供给侧结构性改革，是适应和引领经济发展新常态的重大创新，是适应国际金融危机发生后综合国力竞争新形势的主动选择，是适应我国经济发展新常态的必然要求，希望同志们共同努力，把这件大事抓好。

——摘自《习近平关于社会主义经济建设论述摘编》，中央文献出版社 2017 年版，第 91—95 页。

◆ 新发展理念引领经济新常态

实施创新驱动发展战略，最根本的是要增强自主创新能力，最紧迫的是要破除体制机制障碍，最大限度解放和激发科技作为第一生产力所蕴藏的巨大潜能。面向未来，增强自主创新能力，最重要的就是要坚定不移走中国特色自主创新道路，坚持自主创新、重点跨越、支撑发展、引领未来的方针，加快创新型国家建设步伐。

——摘自《在中国科学院第十七次院士大会、中国工程院第十二次院士大会上的讲话》，人民出版社 2014 年版，第 8—9 页。

坚持稳中求进工作总基调，“稳”的重点要放在稳住经济运行上，确保增长、就业、物价不出现大的波动，确保金融不出现区域性系统性风险。“进”的重点要放在调整经济结构和深化改革开放上，确保转变经济发展方式和创新驱动发展取得新成效。“稳”和“进”要相互促进，经济社会平稳，才能为调整经济结构和深化改革开放创造稳定宏观环境；调整经济结构和深化改革开放取得实质性进展，才能为经济社会平稳运行创造良好预期。

——摘自《习近平关于社会主义经济建设论述摘编》，中央文献出版社 2017 年版，第 321 页。

面对经济社会发展新趋势新机遇和新矛盾新挑战，谋划“十三五”时期经济社会发展，必须确立新的发展理念，用新的发展理念引领发展行动。古人说："理者，物之固然，事之所以然也。"发展理念是发展行动的先导，是管全局、管根本、管方向、管长远的东西，是发展思路、发展方向、发展着力点的集中体现。发展理念搞对了，目标任务就好定了，政策举措也就跟着好定了。为此，建议稿提出了创新、协调、绿色、开放、共享的发展理念，并以这五大发展理念为主线对建议稿进行谋篇布局。这五大发展理念，是"十三五"乃至更长时期我国发展思路、发展方向、发展着力点的集中体现，也是改革开放三十多年来我国发展经验的集中体现，反映出我们党对我国发展规律的新认识。

——摘自《关于〈中共中央关于制定国民经济和社会发展第十三个五年规划的建议〉的说明》，《求是》2015 年第 22 期。

创新发展注重的是解决发展动力问题。我国创新能力不强，科技发展水平总体不高，科技对经济社会发展的支撑能力不足，科技对经济增长的贡献率远低于发达国家水平，这是我国这个经济大个头的"阿喀琉斯之踵"。新一轮科技革命带来的是更加激烈的科技竞争，如果科技创新搞不上去，发展动力就不可能实现转换，我们在全球经济竞争中就会处于下风。为此，我们必须把创新作为引领发展的第一动力，把人才作为支撑发展的第一资源，把创新摆在国家发展全局的核心位置，不断推进理论创新、制度创新、科技创新、文化创新等各方面创新，让创新贯穿党和国家一切工作，让创新在全社会蔚然成风。

——摘自《在党的十八届五中全会第二次全体会议上的讲话（节选）》，《求是》2016 年第 1 期。

协调发展注重的是解决发展不平衡问题。我国发展不协调是一个长期存在的问题，突出表现在区域、城乡、经济和社会、物质文明和精神文明、经济建设和国防建设等关系上。在经济发展水平落后的情况下，一段时间的主要任务是要跑得快，但跑过一定路程后，就要注意调整关系，注重发展的整体效能，否则"木桶"效应就会愈加显现，一系列社会矛盾会不断加深。为此，我们必须牢牢把握中国特色社会主义事业总体布局，正确处理发展中的重大关系，不断增强发展整体性。

——摘自《在党的十八届五中全会第二次全体会议上的讲话（节选）》，《求是》2016 年第 1 期。

绿色发展注重的是解决人与自然和谐问题。绿色循环低碳发展，是当今时代科技革命和产业变革的方向，是最有前途的发展领域，我国在这方面的潜力相当大，可以形成很多新的经济增长点。我国资源约束趋紧、环境污染严重、生态系统退化的问题十分严峻，人民群众对清新空气、干净饮水、安全食品、优美环境的要求越来越强烈。为此，我们必须坚持节约资源和保护环境的基本国策，坚定走生产发展、生活富裕、生态良好的文明发展道路，加快建设资源节约型、环境友好型社会，推进美丽中国建设，为全球生态安全作出新贡献。

——摘自《在党的十八届五中全会第二次全体会议上的讲话（节选）》，《求是》2016 年第 1 期。

开放发展注重的是解决发展内外联动问题。国际经济合作和竞争局面正在发生深刻变化，全球经济治理体系和规则正在面临重大调整，引进来、走出去在深度、广度、节奏上都是过去所不可比拟的，应对外部经济风险、维护国家经济安全的压力也是过去所不能比拟的。现在的问题不是要不要对外开放，而是如何提高对外开放的质量和发展的内外联动性。我国对外开放水平总体上还不够高，用好国际国内两个市场、两种资源的能力还不够强，应对国际经贸摩擦、争取国际经济话语权的能力还比较弱，运用国际经贸规则的本领也不够强，需要加快弥补。为此，我们必须坚持对外开放的基本国策，奉行互利共赢的开放战略，深化人文交流，完善对外开放区域布局、对外贸易布局、投资布局，形成对外开放新体制，发展更高层次的开放型经济，以扩大开放带动创新、推动改革、促进发展。“一带一路”建设是扩大开放的重大战略举措和经济外交的顶层设计，要找准突破口，以点带面、串点成线，步步为营、久久为功。要推动全球经济治理体系改革完善，引导全球经济议程，维护多边贸易体制，加快实施自由贸易区战略，积极承担与我国能力和地位相适应的国际责任和义务。

——摘自《在党的十八届五中全会第二次全体会议上的讲话（节选）》，《求是》2016 年第 1 期。

共享发展注重的是解决社会公平正义问题。“治天下也，必先公，公则天下平矣。”让广大人民群众共享改革发展成果，是社会主义的本质要求，是社会主义制度优越性的集中体现，是我们党坚持全心全意为人民服务根本宗旨的重要体现。这方面问题解决好了，全体人民推动发展的积极性、主动性、创造性就能充分调动起来，国家发展也才能具有最深厚的伟力。我国经济发展的“蛋糕”不断做大，但分配不公问题比较突出，收入差距、城乡区域公共服务水平差距较大。在共享改革发展成果上，无论是实际情况还是制度设计，都还有不完善的地方。为此，我们必须坚持发展为了人民、发展依靠人民、发展成果由人民共享，作出更有效的制度安排，使全体人民朝着共同富裕方向稳步前进，绝不能出现“富者累巨万，而贫者食糟糠”的现象。

——摘自《在党的十八届五中全会第二次全体会议上的讲话（节选）》，《求是》2016 年第 1 期。

这次全会强调，坚持创新发展、协调发展、绿色发展、开放发展、共享发展，是关系我国发展全局的一场深刻变革。这五大发展理念相互贯通、相互促进，是具有内在联系的集合体，要统一贯彻，不能顾此失彼，也不能相互替代。哪一个发展理念贯彻不到位，发展进程都会受到影响。全党同志一定要提高统一贯彻五大发展理念的能力和水平，不断开拓发展新境界。

——摘自《在党的十八届五中全会第二次全体会议上的讲话（节选）》，《求是》2016 年第 1 期。

推进经济结构性改革，是贯彻落实党的十八届五中全会精神的一个重要举措。要牢固树立和贯彻落实创新、协调、绿色、开放、共享的发展理念，适应经济发展新常态，坚持稳中求进，坚持改革开放，实行宏观政策要稳、产业政策要准、微观政策要活、改革政策要实、社会政策要托底的政策，战略上坚持持久战，战术上打好歼灭战，在适度扩大总需求的同时，着力加强供给侧结构性改革，着力提高供给体系质量和效率，增强经济持续增长动力，推动我国社会生产力水平实现整体跃升。

——摘自《习近平关于社会主义经济建设论述摘编》，中央文献出版社 2017 年版，第 87 页。

针对我国经济发展环境、条件、任务、要求等方面发生的新变化，党的十八届五中全会提出要树立和坚持创新、协调、绿色、开放、共享的发展理念。这五大发展理念，是在深刻总结国内外发展经验教训、深入分析国内外发展大势的基础上提出来的，集中反映了我们党对我国经济发展规律的新认识，同马克思主义政治经济学的许多观点是相通的。比如，马克思、恩格斯设想在未来社会“所有人共同享受大家创造出来的福利”，“人直接地是自然存在物”，“自然史和人类史就彼此相互制约”。同时，这五大发展理念也是对我们在推动经济发展中获得的感性认识的升华，是对我们推动经济发展实践的理论总结。我们要坚持用新的发展理念来引领和推动我国经济发展，不断破解经济发展难题，开创经济发展新局面。

——摘自《习近平关于社会主义经济建设论述摘编》，中央文献出版社 2017 年版，第 31—32 页。

全党同志要把思想和行动统一到新的发展理念上来，崇尚创新、注重协调、倡导绿色、厚植开放、推进共享，努力提高统筹贯彻新的发展理念能力和水平，确保如期全面建成小康社会、开启社会主义现代化建设新征程。

——摘自《习近平关于社会主义经济建设论述摘编》，中央文献出版社 2017 年版，第 32 页。

党的十八届五中全会提出创新、协调、绿色、开放、共享的发展理念，是针对我国经济发展进入新常态、世界经济复苏低迷开出的药方。新的发展理念就是指挥棒，要坚决贯彻。对不适应、不适合甚至违背新的发展理念的认识要立即调整，对不适应、不适合甚至违背新的发展理念的行为要坚决纠正，对不适应、不适合甚至违背新的发展理念的做法要彻底摒弃。同时，五大发展理念是不可分割的整体，相互联系、相互贯通、相互促进，要一体坚持、一体贯彻，不能顾此失彼，也不能相互替代。

——摘自《习近平关于社会主义经济建设论述摘编》，中央文献出版社 2017 年版，第 32—33 页。

把创新摆在第一位，是因为创新是引领发展的第一动力。发展动力决定发展速度、效能、可持续性。对我国这么大体量的经济体来讲，如果动力问题解决不好，要实现经济持续健康发展和“两个翻番”是难以做到的。当然，协调发展、绿色发展、开放发展、共享发展都有利于增强发展动力，但核心在创新。抓住了创新，就抓住了牵动经济社会发展全局的“牛鼻子”。

——摘自《习近平关于社会主义经济建设论述摘编》，中央文献出版社 2017 年版，第 33 页。

坚持创新发展，是我们分析近代以来世界发展历程特别是总结我国改革开放成功实践得出的结论，是我们应对发展环境变化、增强发展动力、把握发展主动权，更好引领新常态的根本之策。

——摘自《习近平关于社会主义经济建设论述摘编》，中央文献出版社 2017 年版，第 33—34 页。

党的十八届五中全会提出的共享发展理念，其内涵主要有四个方面。一是共享是全民共享。这是就共享的覆盖面而言的。共享发展是人人享有、各得其所，不是少数人共享、一部分人共享。二是共享是全面共享。这是就共享的内容而言的。共享发展就要共享国家经济、政治、文化、社会、生态各方面建设成果，全面保障人民在各方面的合法权益。三是共享是共建共享。这是就共享的实现途径而言的。共建才能共享，共建的过程也是共享的过程。要充分发扬民主，广泛汇聚民智，最大激发民力，形成人人参与、人人尽力、人人都有成就感的生动局面。四是共享是渐进共享。这是就共享发展的推进进程而言的。一口吃不成胖子，共享发展必将有一个从低级到高级、从不均衡到均衡的过程，即使达到很高的水平也会有差别。我们要立足国情、立足经济社会发展水平来思考设计共享政策，既不裹足不前、铢施两较、该花的钱也不花，也不好高骛远、寅吃卯粮、口惠而实不至。这四个方面是相互贯通的，要整体理解和把握。

——摘自《习近平关于社会主义经济建设论述摘编》，中央文献出版社 2017 年版，第 42 页。

创新、协调、绿色、开放、共享的发展理念，集中体现了“十三五”乃至更长时期我国的发展思路、发展方向、发展着力点，是管全局、管根本、管长远的导向。要抓住能够带动五大发展理念贯彻落实的重点工作，统筹推动五大发展理念贯彻落实。对每个发展理念，也要抓住重点，以抓重点推动每个理念在实践中取得突破。这就要求我们进行深入的调查研究，既总体分析面上的情况，又深入解剖麻雀，提出可行的政策举措和工作方案。新发展理念就是指挥棒、红绿灯。全党要把思想和行动统一到新发展理念上来，努力提高统筹贯彻新发展理念的能力和水平，对不适应、不适合甚至违背新发展理念的认识要立即调整，对不适应、不适合甚至违背新发展理念的行为要坚决纠正，对不适应、不适合甚至违背新发展理念的做法要彻底摒弃。

——摘自《习近平在中共中央政治局第三十次集体学习时强调准确把握和抓好我国发展战略重点 扎实把“十三五”发展蓝图变为现实》，《人民日报》2016 年 1 月 31 日。

附件二 遵循大逻辑 奋力新作为

——如何更好适应把握引领我国经济发展新常态

【编者的话】“明者因时而变，知者随世而制。”“十三五”时期，我国经济发展的显著特征就是进入新常态。谋划和推动经济社会发展，要把适应新常态、把握新常态、引领新常态作为贯穿发展全局和全过程的大逻辑，与时俱进、顺势而为，为如期全面建成小康社会，进而实现第二个百年奋斗目标、实现中华民族伟大复兴奠定坚实物质基础。

面对新常态，既要解决“怎么看”的问题，认清大局与大势；也要解决“怎么干”的问题，以时不我待的紧迫感应势而动。新年已至，遵循大逻辑，奋力新作为，见到新成效，正是我们肩头的重任和必然选择。

一、从时间和空间的大角度来审视

认识新常态，适应新常态，引领新常态，是当前和今后一个时期我国经济发展的大逻辑。全面认识和把握新常态，需要从时间和空间的大角度审视我国发展。

从时间上看，新常态是我国不同发展阶段更替变化的结果。目前，我国经济发展进入新常态后，增长速度正从高速增长转向中高速增长，经济发展方式正从规模速度型粗放增长转向质量效率型集约增长，经济结构正从增量扩能为主转向调整存量、做优增量并举的深度调整，经济发展动力正从传统增长点转向新的增长点。这是我国经济发展阶段性特征的必然反映，是不以人的意志为转移的，也是不可违背的客观规律。在这一时期，我国经济正处于增长速度换挡期、结构调整阵痛期叠加阶段，面临着跨越“中等收入陷阱”的严峻考验，发展中不平衡、不协调、不可持续问题依然突出，一些领域的潜在风险仍然较大，原有的经济发展方式难以为继。过去，粗放型经济发展方式曾经在我国发挥了很大作用，“大兵团作战”加快了我国经济发展步伐，但现在再按照过去那种粗放型发展方式来做，不仅国内条件不支持，国际条件也不支持，是不可持续的，不抓紧转变，总有一天会走进死胡同。这一点，一定要认识到位。

从空间上看，从 2008 年发生美国次贷危机及国际金融危机以后，世界经济格局发生了很大变化，发达经济体经济复苏乏力。与世界经济不景气紧密联系的是，我国在继续发展开放型经济过程中将更多地受到贸易投资保护主义的干扰。一些贸易伙伴滥用贸易救济措施，对我国出口产品不断发起反倾销、反补贴调查；甚至一些发展中国家也对我国采取贸易壁垒措施。在各国竞争日渐激烈的同时，全球化进程却出现了波折。表现在：英国脱欧和特朗普签署退出跨太平洋伙伴关系协定后，全球市场将更加“碎片化”和新一轮贸易保护主义已经出现。我国发展的外部环境更趋复杂多变，出口优势和参与国际产业分工模式面临新挑战。

二、深刻认识“四个没有变”的大趋势

习近平总书记曾深刻指出，“十三五”及今后一个时期，我国仍处于发展的重要战略机遇期，经济发展长期向好的基本面没有变，经济韧性好、潜力足、回旋空间大的基本特质没有变，经济持续增长的良好支撑基础和条件没有变，经济结构调整优化的前进态势没有变。这是对中国经济形势的重大判断。

其一，经济发展长期向好的基本面没有变。最新数据显示，2016 年我国 GDP 同比增长 6.7%，国民经济运行缓中趋稳、稳中向好，实现了“十三五”良好开局。应该看到，作为拉动世界经济发展的动力和引擎，中国经济仍然处在适度较快的发展区间，对世界经济的贡献和占比越来越大。而且，这一经济发展成就是在中国经济进入新常态，由重速度向重质量和效益、由重数量向重结构调整和转型的关键阶段实现的，殊为不易。随着中国经济体量不断增大，6%～7%的经济增量已相当可观，在目前世界上仍属较高增长水平。

其二，经济韧性好、潜力足、回旋空间大的基本特质没有变。我国已经建立起了完整的国民经济体系，奠定了较为厚实的物质和技术基

础，形成了较强的抗风险能力。潜力足是因为我国经济有着庞大的内需市场和投资前景，在外部环境持续疲软情况下，内需将继续成为推动中国经济增长的主要动力。回旋空间大是由中国人口众多、地域面积广、区域差异大、消费层次多等因素决定的。

其三，经济持续增长的良好支撑基础和条件没有变。一是新型经济彰显市场动力。二是国家战略增添市场活力。三是创新驱动激发市场潜力。

从资源配置方式看，人类历经了自然经济、计划经济、市场经济三种形态。自然经济是相对分散的个体在相对封闭的环境中分配有限的资源；计划经济体制基本上是在一国范围内、通过政府计划的方式分配资源；市场经济能够提高资源配置效率。党的十八届三中全会审议通过的《中共中央关于全面深化改革若干重大问题的决定》指出："经济体制改革是全面深化改革的重点，核心问题是处理好政府和市场的关系，使市场在资源配置中起决定性作用和更好发挥政府作用。"这一表述不仅明确了未来全面深化改革的重点所在，更对市场的地位和作用进行了重新定位。

从经济发展动力看，科技创新作为第一推动力将成为常态。在应对国际金融危机的过程中，从国际上来看，世界各国纷纷出台了一系列的制造业发展的战略、规划、计划。从国内的情况来看，中国出台《中国制造 2025》，部署全面推进实施制造强国战略，就是要改变过去我们长期在制造业价值链的低端发展的情况，向中高端发展迈进。

从创新的主体看，大众创业、万众创新将成为常态。现代经济增长理论研究认为，决定经济增长效率的最关键要素是拥有具备专业知识和技能的人，拥有核心关键技术以及全球化视野的管理机制创新。可见，激发主体活力才是创新的第一推动力。国务院颁布的《关于大力推进大众创业万众创新若干措施的意见》，对于培育和催生经济社会发展新动力，激发全社会创新潜能和创业活力具有重要作用。

其四，经济结构调整优化的前进态势没有变。从需求结构看，过去我国经济高速增长主要依靠大规模投资和大量出口，消费动力相对不足，经济发展易受外需市场波动影响。当前，我国个性化、多样化的消费模式逐渐兴起，养老家政、旅游休闲等新的消费热点加速形成，特别是网络消费、定制消费等异军突起，电子金融、电子医疗等新产品、新业态、新商业模式方兴未艾。

三、坚持以提高发展质量和效益为中心

认清了新常态的大局与大势，还必须因势而谋、应势而动、顺势而为，真正担当起引领新常态的重任。去年底召开的中央经济工作会对2017年工作提出了多个方面要求和任务，可以说是适应把握引领新常态工作的方法论、实践论。比如，强调坚持稳中求进工作总基调、坚持以提高发展质量和效益为中心等，都蕴含着更好适应把握引领我国经济发展新常态的思维和方法。

稳是主基调，稳是大局。毫无疑问，在世界经济阴晴不定、中国经济进入新常态的大背景下，中国经济只有稳定才能为发展创造前提和基础；经济社会平稳，才能为调整经济结构和深化改革开放创造稳定宏观环境；调整经济结构和深化改革开放取得实质性进展，才能为经济社会平稳运行创造良好预期。“稳”的重点要放在稳住经济运行上，确保增长、就业、物价不出现大的波动，确保金融不出现区域性系统性风险。

在稳的前提下要在关键领域有所进取，在把握好度的前提下要“撸起袖子加油干”。“进”的重点要放在调整经济结构和深化改革开放上，确保转变经济发展方式和创新驱动发展取得新成效。

当下，推动经济发展，要更加注重提高发展质量和效益。发展是解决中国所有问题的关键。随着经济总量不断增大，我国发展的环境、条件、任务、要求等都发生了新的变化，特别是经济发展进入新常态，向形态更高级、分工更优化、结构更合理阶段演化的趋势更加明显，同时资源环境的硬约束日益凸显，人民群众对经济发展、生态环境、文化建设、生活质量等有更高要求。面对这些时代课题，过去那种低效率的、不符合经济规律的、造成资源过快耗竭、生态环境破坏、产能过剩的增长方式再也走不下去了。新常态下，经济增长的质量比速度更重要，结构比GDP总量更重要。我们唯有以更坚定的决心、更大的勇气、更多的智慧，加快完善社会主义市场经济体制，才能为推进经济转型升级提供制度保障，促进经济持续健康发展。衡量发展质量和效益，就是投资有回报、产品有市场、企业有利润、员工有收入、政府有税收、环境有改善，这才是我们要的发展。

四、供给侧结构性改革要做好“加减法”

在新常态下保持经济中高速增长，必须以推进供给侧结构性改革为主线。生产力决定生产关系，经济基础决定上层建筑。这一基本规律决定了要以经济体制改革为先导，发挥其牵引作用，为全面深化改革创造条件、提供动力。今后一个时期，供给侧结构性改革就是一场关系全局、关系长远的攻坚战，重点应做好“加”和“减”两篇大文章。

首先，做好“减”这篇大文章，考验着宏观调控和深化改革的能力，决定着中国经济转型升级的前景。压减产能整个过程较为艰难，涉及企业债务、职工安置、转型升级等一系列问题。特别是在中国经济步入新常态后，如果这个问题不解决，去杠杆、去库存等其他问题也难以取得实际效果。实际上，过去出台的《国务院关于化解产能严重过剩矛盾的指导意见》已经对减产能作出明确的部署，就是按照“消化一批、转移一批、整合一批、淘汰一批”的途径，加快化解产能过剩。现在需要做的就是怎样把政策落实，关键要加大政策力度引导产能主动退出。要研究制定务实有效的激励政策措施，鼓励有条件的企业通过多种渠道主动压减产能。一是根据市场情况和自身发展的需要，调整企业发展战略，主动退出过剩产能。二是实施跨行业、跨地区、跨所有制减量化兼并重组，退出部分产能。三是实施转型转产或减量化环保搬迁。四是结合实施“一带一路”倡议，通过开展国际产能合作，带动优势产能“走出去”。

其次，关于“加”这篇大文章，供给侧改革要解决的核心问题是矫正要素配置扭曲，优化资源配置，具体作用于3个层面的对象：一是企业内部要素配置。这要靠企业家精神、靠企业科学管理来实现，通过调动人们的积极性，进而提高产出。二是企业间要素配置。就是使资源更多配置到优质企业、有竞争力的企业、有创新精神的企业。如果要素被“僵尸企业”长期占用，甚至劣币驱逐良币，资源在企业间错配，就是效率的最大损失。三是产业间要素配置。这就是通常说的产业结构调整优化，资源更多流向有需求、有前途、效益高的产业和经济形态。

当然，供给侧结构改革也亟须补齐短板。关于“补短板”，可以从不同角度看短板。从不同收入群体看，全面建成小康社会的最大短板是农村贫困人口；从产业看，现代农业、新兴产业，现代服务业是短板；

从产品看，绿色产品和生态产品是短板；从质量和数量看，高品质产品是短板；从资本看，相对于物力资本，人力资本是短板；从生产要素看，相对于资本和劳动，创新特别是颠覆性创新是短板等。

摘自《经济日报》2017年2月10日（作者：中央党校中国特色社会主义理论体系研究中心，执笔：潘云良）

管理篇

西方管理理论概论*

管理学是一门指导人们从事管理工作的科学。因此，有两个问题必须回答：首先，什么是管理？其次，管理管什么？前者属于认识论的问题，后者属于的方法论的问题。认识论是基础，方法论是目的。在不了解管理的概念、本质和特征的情况下，研究管理方法是舍本求末，是无法达到研究管理学的研究目的的。

一、管理的含义

管理作为一种社会活动，其产生具有悠久的历史。古代埃及的金字塔、中国的万里长城，都包含了人类早期的管理活动。但什么是“管理”，从不同的角度出发，可以有不同的理解。从字面上看，管理有“管辖”“处理”“管人”“理事”等意，即对一定范围的人员及事务进行安排和处理。但是这种字面的解释是不可能严格地表达出管理本身所具有的完整含义的。关于管理的定义，至今仍未得到公认和统一。长期以来，许多西方学者从不同的角度出发，对管理作出不同的解释，其中较有代表性的有：

1. 泰罗的《科学管理原理》。管理科学的初创阶段，始于19世纪末至20世纪初。首先，由美国工程师费雷德里克·泰罗创造出“标准

* 这是2001年3月27日和2001年4月26日在中央党校研究生班、民族班的授课讲稿。

劳动方法”和劳动定额，被称为“泰罗制”，并于1911年发表了他的代表作《科学管理原理》，泰罗被誉为“科学管理之父”。资本主义早期，商业经济的发展与生产的社会化，使企业逐步成为社会重要的经济组织形式，一方面，竞争成为经济发展的动力；另一方面，资本家把追逐利润最大化作为自己唯一的目标。那时人们关注的管理实质上是企业管理，而企业管理的本质是以最少的人力和物力来实现目标和任务。这就是说管理，具体到企业管理，它一开始的定位就是效率，即利润最大化。这自然需要研究效率问题。泰罗对这个问题的阐述更直接：“在科学管理上，劳资双方在思想上发生大的革命，这就是双方不再把注意力放在盈余的分配上，不再把盈余分配看成是最重要的事情。他们要将注意力转向盈利增加的数量上，使盈利增加到如何分配盈余的争论成为不必要。通过共同努力就能创造比过去大得多的盈余。”泰罗正是通过他提出的科学管理，以此提高企业的管理效率。由此我们可以看出，泰罗的管理就是谋求提高工作效率。

2. 法约尔的《工业管理和一般管理》。首创者是法国的法约尔。其主要管理思想是：

第一，对经营与管理作了区分。法约尔认为经营与管理是两个不同的概念，经营是指导和引导一个整体趋向一个目标，企业的经营有6种活动是不可缺少的，即：（1）技术活动，包括生产、制造、加工。（2）营业活动，包括采购、销售、交换。（3）财务活动，包括资金的筹集和运用。（4）安全活动，包括保护财产、设备和人员，预防偷盗、火灾和水灾，消除罢工和行凶等。（5）会计活动，包括资产目录、存货盘点、借贷对照表、成本核算、统计等。（6）管理活动，包括计划、组织、指挥、协调、控制等。其中管理活动只是经营6种活动中的一种。

第二，对管理的职能作出了科学的解释。法约尔认为管理活动包括5种要素，即管理的5个职能。每个职能又包含不同的内容：（1）计划，就是预测未来，制定行动方案。（2）组织，就是形成事业的物质和社会的双重结构，它包含有组织机构、活动和相互关系的规章制度，职工的招募、训练，人、财、物的结合等。（3）指挥，就是要全面考虑，使每一个人都履行自己所负的职责，从而使整个组织运转起来。（4）协调，就是协调各部门和各个职工的活动，引导他们走向一个共同的目标。（5）控制，检验每一项工作，发现问题，纠正偏差。

从法约尔对管理活动的职能划分看，他认为管理是计划、组织、指挥、协调、控制的过程。

3. 行为科学理论。从管理学的发展来看，对组织采取以人为中心的管理方法是在任务管理后提出来的。20 世纪 30 年代以后，管理学家们发现，提高人的积极性，发挥人的主动性和创造性对提高组织的效率更为重要。组织活动成果的大小是由领导方式与工作人员的情绪决定的，由此管理学将研究的重点转向了管理中的人本身，这就是以行为科学为主要内容的人际关系理论。人际关系学家主张采取行为管理的方法，即通过分析影响人的行为的各种心理因素，采用一定的措施改善人际关系，以此提高工作人员的情绪和士气，从而能产出最大的成果，达到提高组织效率的目的。

在人际关系理论的推动下，对于组织的管理和研究便从原来以“事”为中心发展到以“人”为中心，由原来对“纪律”的研究发展到对行为的分析，由原来的“监督”管理发展到“自主”管理，由原来的“独裁式”管理发展到“民主参与式”的管理。管理者在管理中采取以工作人员为中心的领导方式，即实行民主领导，让职工参加决策会议，领导者经常考虑下属的处境、想法、要求和希望，与下属采取合作态度，管理中的问题通过集体讨论，由集体来做出决定，监督也采取职工互相监督的方式，等等。这样，职工在情感上容易和组织融为一体，对上司不是恐惧疏远而是亲切信任，他们的工作情绪也就可以保持较高的状态，从而使组织活动取得更大的成果。这种以人为中心的管理理论和方法也包含着一系列更为具体的管理方法，常用的主要有参与管理、民主管理、工作扩大化、提案制度和走动管理等。

行为科学理论认为，管理是通过他人使事情办成的方法与艺术。

4. 决策理论。创始人是美国著名的管理学家、经济学家赫伯特·A. 西蒙，西蒙认为，管理决策置身于管理的全过程，是管理的中心，管理就是决策。

5. 现代管理过程理论。学界普遍认为这个学派的首创者是法国的法约尔，该学派早期的代表人物还有美国的管理学家亚历山大·丘奇。现代管理过程学派的代表人物有美国的管理学家哈罗德·孔茨、詹姆斯·穆尼、奥唐纳和韦里克等人，其中尤以孔茨最为著名。孔茨认为，管理就是通过别人来使事情做成的过程。管理人员的职能有计划、组织、人事、指挥、控制五项，并按此来分析、研究、阐明管理理论。

6. 系统管理理论。创始人是美国华盛顿大学教授卡斯特、罗森茨韦克和约翰逊等。系统管理学派的管理思想基础是一般系统理论。他们把一般系统理论应用于工商企业管理，系统地阐述了系统观点、系统分析、系统管理三者的关系，侧重以系统理论的术语、方法分析和考察企业的组织结构模式及各项管理职能。系统管理理论认为，管理就是组织与环境的适应与平衡。

7. 经验主义理论。该理论形成于第二次世界大战之后，它以向资本主义大企业的经理提供管理企业的成功经验和科学方法为目标。这一学派是一个比较庞杂的学派，有管理学家、经济学家、社会学家、统计学家、心理学家，大企业的董事长、总经理及其顾问等，其中最主要的代表人物有彼得·德鲁克。经验主义学派认为，过去各种管理理论如科学管理理论、古典组织理论、行为科学理论、管理过程理论等均存在不同程度的缺陷，或注重基层管理，或侧重人际关系，或忽视管理实践。因此，经验主义学派主张管理不应是理性的推理或分析，而必须从企业管理实践出发，在企业管理成败的各种实例中概括出理论性的原理或方法。该学派系统阐述了管理的性质与任务、管理者的职责与技能、目标管理、管理的组织结构及高层管理问题。

8. 管理科学理论。该学派的形成始于 1939 年，有英国曼彻斯特大学教授布莱克特领导的运筹学小组。管理科学学派实际是泰罗的“科学管理”的继续与发展，他们都是企图摒弃凭经验、凭直觉、凭主观判断来进行管理，主张采用科学的方法，探索有效的工作方法或最优方案，以达到最高的工作效率。但管理科学学派的研究，已经突破了泰罗的操作方法、作业层次的范围，向整个组织的所有活动方面扩展。所采用的手段广泛应用现代技术，形成了一系列新的组织管理方法和手段。具体概括为以下几个方面：

第一，管理科学学派的特点是：（1）从系统观点研究各种功能关系。（2）应用多种学科交叉配合的方法。（3）应用模型化和定量化来解决问题。（4）随着情况的变化而修改模型，求出新的最优解。

第二，该学派解决问题的步骤是：（1）观察与分析。（2）确定问题。（3）建立一个代表所研究系统的模型。（4）从模型得出解决方案。（5）对模型和得出的解决方案进行验证。（6）建立对解决方案的控制。

(7) 把解决方案付诸实践。

第三，该理论常用的方法和手段是：(1) 盈亏平衡分析。(2) 库存控制模型。(3) 决策理论。(4) 计划评审法和关键线路法。(5) 线性规划。(6) 运输方法。(7) 动态规划。(8) 马尔可夫分析。(9) 排队论。(10) 模拟。(11) 对策论，又叫博弈论或竞赛理论。(12) 概率论。(13) 整数规划。(14) 目标规划。

9. 权变理论。该理论是 20 世纪 70 年代以后，在系统管理理论基础上形成的一种管理理论。主要代表人物是美国的管理学者约翰·莫尔斯、杰伊·洛希和弗莱德·E. 菲德勒等。权变理论学派基本的管理思想是：在企业管理中，没有一成不变、普遍适用的"最好的"管理理论和管理方法，企业管理必须随着企业所处的内外条件变化而随机应变。

10. 战略管理理论。该理论开始于 20 世纪 60 年代，主要代表人物及著作有：美国工商历史学家阿尔弗雷德·钱德勒的《战略与结构》(1962 年)；美国圣地亚哥国际大学教授伊文尔·安索夫的《公司战略》(1965 年)、《战略管理》(1979 年)；美国哈佛商学院的教授麦克尔·波特的《竞争战略》(1980 年)、《竞争优势》(1985 年)；曾做过日本首相中曾根康弘顾问的大前研一的《战略家的思想》(1975 年在日本出版，1982 年在美国出版)；法国枫丹白露大学的管理教授亨利·明茨伯格的《战略计划的兴衰》(1994 年) 等。

战略管理理论学派认为，在现代管理活动中，复杂多变的经济、政治环境要求管理主体必须高瞻远瞩，把握事物的未来发展趋势；必须胸有全局，把握事物内部与外部的本质联系。

上述定义可以说是从不同的侧面、不同的角度揭示了管理的含义，或者是揭示了管理某一方面的属性，但都不是管理的全部。正如盲人摸象一样，摸到的的确是大象的腿、大象的身子、大象的耳朵、大象的尾巴，但都不能代表大象。

事实上，管理是一个具有广泛意义的概念，几乎每一个人都对管理有自己的解释，而且，现代管理思想自从它诞生的那一天起，就因其所具有的适应性而被它的创立者、解释者和应用者根据各自的需要形成了新的适当理论，变成了一种能被大众广泛接受的智慧。几乎可以这样说，社会分工有多广，管理的外延就有多宽。在管理前加政府，就变成政府管理，加企业就是企业管理，加教育就是教育管理，加医院就是医院管理。

就组织内部来说，组织分工有多细，管理的内含就有多丰富。管理前加财务就变成财务管理，加培训就是培训管理，加生产就是生产管理，加营销就是营销管理。

正如斯图尔特·克雷纳在《管理百年——20世纪管理思想与实践的批判性回顾》一书中强调的，由于管理的变革属性以及管理的宽泛属性，人们越想说清管理是什么，结果越说不清管理的含义，管理只有永恒的提问，没有终结的答案。

那么，该如何理解管理的含义呢？我认为管理是人类的一种实践活动，它涉及时间、空间、环境、人、组织、目标等多维变量。管理方法随着时间、空间、环境、人、组织、目标的变化而变化。

所以，对“管理”下定义必须能够全面概括管理这个概念的内涵和外延以及管理要素的变化。据此，管理概念的一般表述是：管理是指特定组织中的管理者在特定环境下，通过管理职能分工来协调他人实现特定目标的活动。

在上述概念中，特定组织是变量，它可以是政府、企业、学校、军队、政党。组织性质不同目标不同，管理的过程和方法手段也不同；特定环境也是变量，它包括特定时间、空间、特定环境要素（如社会人文环境、政治环境、经济环境、市场环境等）；人也是特定变量，人的能力、素质不同管理方式方法不同；最后，特定目标也是变量，目标不同管理的手段不同。

上述特点决定了管理具有艺术的性质，世界上没有两个同样的人，世界上也没有两个同样的企业。因此，管理永远是具体的。正因如此，德鲁克才说：“管理是实践的艺术。”但这并不是说管理不是科学。

一般来说，任何一门学问，只要同时坚持如下原则，就可以成为一门通常意义上的科学。

第一，采用了科学的研究方法。从科学管理理论开始，寻求管理定量化、标准化、最优化的努力一直没有停止过。随着计算机和信息技术的发展，各种科学方法的引进，现代管理科学学派可以说把这种追求发挥到了极致。由于在管理活动中有对物的管理、对技术的管理，所以在这些方面可以进行定量化研究，寻求最优化的努力是可能的。

第二，坚持用人们在社会实践中获得的客观规律、从可控制实验中获得的各种“机理”、通过逻辑思维过程得出的各种“原则”作为解释自然现象和文化现象的理论依据。

第三，坚持以人们可以共同感知的、可共同把握的实验数据、观察结果、基本事实、基本事件、历史记录等作为研究的起点。

可以说，现在的管理学完全遵守了上述原则，自然是一门科学。从管理学学科门类划分来看，建立在管理的四维结构的基础上。

第一，管理要素维：管理主体、管理客体、管理环境、管理目标、管理方法。

第二，管理领域维：经济管理、科技管理、教育管理、文艺管理、卫生保健管理、行政管理，等等。

第三，管理空间维：宏观管理、中观管理、微观管理。

第四，管理时间维：过去的管理、现代的管理、未来的管理。

在管理学科的分类上，四维结构的诸维是结合在一起考虑的。某一管理学科，相当于四维结构空间中的一个点，或一条线、一个面。例如，有宏观经济管理学、微观经济管理学、管理思想发展史学、管理组织未来学、现代科技管理学、现代企业管理技术学，等等。

必须指出的是，管理是实践，管理的四维永远是变化的，因此管理这门科学的性质不同于纯自然科学。由于人们的认识是有限的，因而许多客观规律、“机理”和原则在很大程度上也只是相对可靠的。同样，大量的实验数据、观察结果、基本事实、基本事件、历史记录本身也会因人的解释的不同而只是相对可靠的。但这并不要紧，这些东西发展或变化了，科学本身也会发展和变化。这也就不妨碍我们把坚持上述原则“作”出的学问当作科学。

二、现代管理理论演变的基本线索

现代管理理论，门类众多，学派林立，尤其是20世纪90年代以后发展更加迅速，新观点、新思想迭出纷呈，令人目不暇接。为了使领导干部提纲挈领地了解现代管理理论，掌握其理论演变的基本脉络，我们把现代管理理论概括为：五个代、十大派、三个维度、五大要素。

（一）五个代

现代管理理论或管理科学，也就是资本主义国家的管理理论或管理科学，其演变是一个历史过程，其产生的起点在哪里，中间经过了哪些阶段或几代，无论是国外还是国内都没有统一说法。

1997 年 10 月是《哈佛商业评论》创刊 75 周年。该杂志特别聘请了一位信息业专家，将美国管理界过去 75 年发生的重要事项，以哈佛商业评论为中心，有系统地整理出来，制成一幅近 7 尺长的彩图，标题是："哈佛商业评论走过七十五年——管理的理性和实物。"然后，请管理学界的专家进行评选。专家们将西方管理按时间顺序划分为 5 个年代，即：1922—1933 年称为科学管理的年代，1934—1946 年为政府管制的年代，1947—1959 年为营销与多元化的年代，1960—1971 年为策略和社会变迁的年代，90 年代以后为第五代。

国内学者对西方管理理论的划分是按阶段划分的，具体分为五个代。

第一代，古典管理理论，这一时期从 19 世纪末 20 世纪初。标志是：科学管理代替经验管理。

第二代，行为科学理论，20 世纪 20 至 40 年代。标志是：对人的认识由"经济人"到"社会人"的飞跃。

第三代，现代管理理论，第二次世界大战以后至 70 年代末。标志是：现代科学成果、现代技术手段在管理中的广泛运用，使管理理论焕然一新。

第四代，企业文化理论，70 年代末至 80 年代末。标志是：管理向软化发展。

第五代，是指 20 世纪 90 年代以后在西方出现的管理理论。它是西方发达国家的优秀企业家面对挑战，对经济背景和社会环境发生巨大变化做出的积极的、成功的回应；也是西方的管理大师们为适应知识经济时代的要求，对管理理论的总结、升华与创新。标志是：非理性管理、知识管理、全球化管理、虚拟管理、创新管理成为时代主流趋势。

（二）十大派

资本主义管理理论发展到现代阶段，到底有多少个学派，目前尚无一致的说法。孔茨在1961年12月发表的《管理理论丛林》中指出，在西方，只是到了本世纪，特别是到了40年代，才对管理进行系统的研究。最早的一批著作都是由一些富有实际经验的管理人员写出来的，如泰罗、法约尔、穆尼、阿尔文·布朗、谢尔登、厄威克等人。可是，到了60年代初期，管理方面的学术论著却如雨后春笋般地出现，带来了众说纷纭、莫衷一是的混乱局面。比较成熟的、有较大影响的管理理论流派主要有以下10个。

1. 古典学派。这个学派是19世纪末20世纪初在西方一些国家形成的。在这一时期，管理活动主要围绕如何提高企业的劳动生产率进行试验和研究，提出了一系列科学管理的原则和管理方法，从而完成了从经验管理到科学管理的转化，为管理革命建立了不朽的功勋。古典学派主要代表理论是：美国泰罗的科学管理理论、法国法约尔的一般管理理论和德国马克斯·韦伯的行政组织理论。

2. 行为科学理论学派。这个学派产生于20世纪20—30年代。随着资本主义的发展和工会力量的日益强大，工人由不自觉地对资本家进行怠工，发展成为有组织地同资本家进行罢工斗争。一方面，为了改善劳资关系，调和劳资矛盾，迫使西方学者开始注意研究人与人的关系；另一方面，随着科学技术的发展，生产规模的扩大，人在生产中的地位越来越重要，也推动了对“人的因素”的深入研究。这一流派认为，管理是通过他人使事情办成的一种方法和艺术。

行为科学理论包括人际关系理论、个体行为理论、团体行为理论、组织行为理论等。

3. 社会系统学派。这个学派的创始人是切斯特·欧文·巴纳德。社会系统学派管理思想的核心是把一定目的的群体关系或行为，都看成是一个人在意见、力量、愿望和思想等方面广泛协作的社会系统，以此为基点论述企业内部平衡和外部适应问题。

4. 决策理论学派。这个学派的创始人是美国著名的管理学家、经济学家赫伯特·A. 西蒙。西蒙决策理论的主要思想是：

第一，西蒙认为，决策不是一瞬间的行动，而是一个漫长而复杂的过程。这一过程包括6个步骤：（1）确认问题。（2）提出各种可供选择的方案。（3）搜索信息。准确、可靠的信息是决策的重要保证。（4）选择备选方案。（5）拟定实施计划，并执行已经制定的决策。（6）对决策执行情况进行评估和审查。

第二，西蒙认为，管理决策置身于管理的全过程，是管理的中心，管理就是决策。

第三，西蒙强调，在决策中用“最令人满意”的准则代替“最优化原则”。

第四，西蒙把企业的决策分为程序化决策和非程序化决策，并对这两种决策的产生和作用进行了系统分析。

5. 管理过程学派。普遍认为这个学派的首创者是法国的法约尔，该学派早期的代表人物还有美国的管理学家亚历山大·丘奇。现代管理过程学派的代表人物有美国的管理学家哈罗德·孔茨、詹姆斯·穆尼、奥唐纳和韦里克等人。其中，尤以孔茨最为著名。孔茨认为，管理就是通过别人来使事情做成的过程。管理人员的职能有计划、组织、人事、指挥、控制五项，并按此来分析、研究、阐明管理理论。

6. 系统管理学派。这个学派的创始人是美国华盛顿大学教授卡斯特、罗森茨韦克和约翰逊等。系统管理学派的管理思想基础是一般系统理论。该学派把一般系统理论应用于工商企业管理，系统地阐述了系统观点、系统分析、系统管理三者的关系，侧重以系统理论的术语、方法分析和考察企业的组织结构模式及各项管理职能。

7. 经验主义学派。该理论形成于第二次世界大战之后，它以向资本主义大企业的经理提供管理企业的成功经验和科学方法为目标。这一学派是一个比较庞杂的学派，有管理学家、经济学家、社会学家、统计学家、心理学家、大企业的董事长、总经理及其顾问等。其中最主要的代表人物有彼得·德鲁克、艾尔费雷德·斯隆、欧内斯特·戴尔、威廉·纽曼等。经验主义学派认为，过去各种管理理论如科学管理理论、古典组织理论、行为科学理论、管理过程理论等均存在不同程度的缺陷，或注重基层管理，或侧重人际关系，或忽视管理实践。因此，经验主义学派主张管理不应是理性的推理或分析，而必须从企业管理实践出发，在企业管理成败的各种实例中概括出理论性的原理或方法。该学派系统阐述了管理的性质与任务、管理者的职责与技能、目标管理、管理的组织结构及高层管理问题。

8. 管理科学学派。该学派的形成始于 1939 年由英国曼彻斯特大学教授布莱克特领导的运筹学小组，管理科学学派实际是泰罗的“科学管理”的继续与发展，它们都是企图摒弃凭经验、凭直觉、凭主观判断来进行管理，主张采用科学的方法，探索有效的工作方法或最优方案，以达到最高的工作效率。但管理科学学派的研究，已经突破了泰罗的操作方法、作业层次的范围，向整个组织的所有活动方面扩展。所采用的手段广泛应用现代技术，形成了一系列新的组织管理方法和手段。

9. 权变理论学派。该理论是 20 世纪 70 年代以后，在系统管理理论基础上形成的一种管理理论。主要代表人物是美国的管理学者约翰·莫尔斯、杰伊·洛希和弗莱德·E. 菲德勒等。权变理论学派基本的管理思想是：在企业管理中，没有一成不变、普遍适用的“最好的”管理理论和管理方法，企业管理必须随着企业所处的内外条件变化而随机应变。

10. 战略管理理论。该理论开始于 20 世纪 60 年代，战略管理理论学派认为，在现代管理活动中，复杂多变的经济、政治环境要求管理主体必须高瞻远瞩，把握事物的未来发展趋势；必须胸有全局，把握事物内部与外部的本质联系。只有这样，才能适应日益剧烈的竞争和快速多变的环境的需要。

（三）三个维度

现代管理主要围绕三大主轴：环境管理、组织目标管理、人力资源管理（如图 1 所示）。

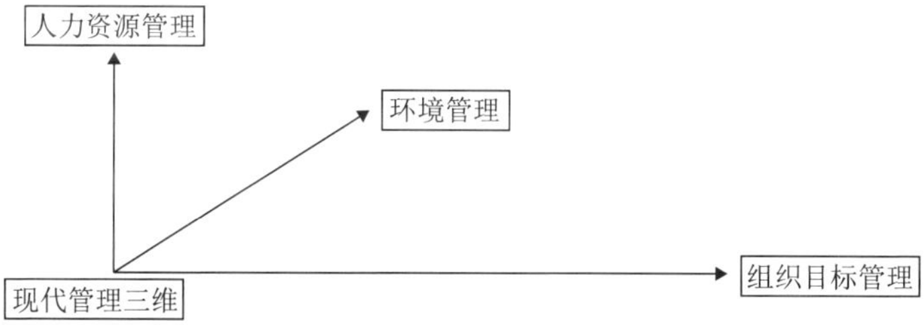

图 1　现代管理三大主轴

说现代管理是围绕环境、组织和人展开的根据是什么呢?

首先，从管理者必须具备的素质看。关于企业家应具备的素质，国外的研究先走了一步，较为深入，颇有启发和借鉴价值。

1. 美国管理学会的意见。美国管理学会在 20 世纪 70 年代花了 5

年时间，对在事业上取得成功的 1812 名主管人员进行了调查和研究，发现成功的主管人员一般具有以下能力：

（1）工作效率高。

（2）有主动进取精神，总想不断改进工作。

（3）逻辑思维能力强，善于分析问题。

（4）有概括能力。

（5）有很强的判断能力。

（6）有自信心。

（7）能帮助别人提高工作能力。

（8）能以自己的行为影响别人。

（9）善于用权。

（10）善于调动别人的积极性。

（11）善于利用谈心做工作。

（12）热心关心别人。

（13）能使别人积极而又乐观地工作。

（14）能实行集体领导。

（15）能自我克制。

（16）能自行做出决策。

（17）能客观地听取各方面的意见。

（18）对自己有正确评价，能以他人之长补己之短。

（19）勤俭。

（20）具有技术和管理的知识。

2. 哈佛的企业家素质清单。

（1）创造性思考问题的能力：能突破传统的框框和常规思维方式，进行创造性的思维活动；敢于创新，能辨识事物的规律和形式，能举一反三，从个别事例中引出一般性的结论；既能把握局部，又能控制全局。

（2）解决问题的能力：在研究问题时，以应用所学的概念、理论、方法、发挥创造性，运用判断能力，找出问题的症结所在，并能设计出恰当的解决方案。

（3）综合能力：能认识并综合一项工作或一个问题的两个不同的方面，认知它们之间的关联及对整体的影响，学会从整体考虑问题。

（4）严密推理的能力：能在理论指导下运用逻辑分析，立假设，摆论据，定出明确的评估标准；能综合不同的观点，所得的结论能经得起逻辑推理和实践检验。

（5）表达能力和谈判能力：能有效地进行谈判。能筛选、组织各种纷繁的信息，能在口头和文字上清晰地表达自己，能简洁地解释复杂的问题；能据理服人，在谈判时能建设性地与对方对话，有效地引导两方共同解决问题。

（6）领导才能：能制定和表达自己的目标和理想；能鼓舞和激励别人；能创造条件给予他人排除困难、争取成功的动力。

（7）团队精神：能以成员和领导的身份与各种不同的群体一起有效地、有创造性地工作；能理解他人不同的背景和看待事物不同的角度，能理解他人的动机感情和所关心的问题；善于识辨他人的才能；善于获取他人的支持、合作和尊重；善于影响群体和社会。

（8）企业家精神：目光远大，能构想未来，能认识并创造机会，而且不受条件的限制去追求这些机会，能担负起促变的责任。

（9）知识结构：精通至少一种专业，对工商企业分工有全面的、系统的基本知识，充分理解各个专业的作用和它们相互间的关系；对工商企业活动的各种环境和层面有明确的认识。懂得并致力于技术的生产性应用，懂得产品技术工作和它的应用，以及它们对工商企业、社会所产生的普遍影响。

（10）道德准则：坚持基本道德准则，身体力行；对工商环境和商策中涉及的道德问题有敏锐的认识；对个人、企业、社会有义不容辞的责任感；用对别人一样的标准来要求自己。

（11）超越自我的能力：努力提高和超越自我，保持求知欲，尊重知识和学习，不怕承认缺点和无知；能作自我反省，也能省察他人；关心社会，关心自然环境；善于实践和从经验中学习；能锲而不舍地为寻找正确答案而努力。

3. 德国关于企业家素质的观点。德国的戈延格教授提出，新世纪的企业家应具备 10 个方面的素质：

（1）开阔视野，要具有全球性眼光。

（2）要向前看，改进战略性思想。

（3）将远见卓识和具体目标结合起来。

(4) 要有适应新的形势，不断变革的能力。

(5) 要具有较强的协调和沟通的能力和知识。

(6) 具有管理各种不同人物和各种不同资源的能力。

(7) 要能不断改进质量、成本、生产程序和新品种。

(8) 要具有创造性管理的才能。

(9) 要善于掌握情况、各种信息，并通晓决策过程。

(10) 具有准确的判断力，富于创新精神，并能造就社会新的变革。

4. 日本关于企业家素质的观点。日本的企业异军突起，备受世人瞩目，他们认为优秀企业家应具备的素质包括“十项品德”和“十项能力”。

十项品德是：

(1) 使命感，非要完成任务不可。

(2) 信赖感，上下左右相互信任和支持。

(3) 诚实，在上下级和周围关系中，都能以诚相待。

(4) 忍耐，不随便发脾气。

(5) 热情，对人热情体贴，对工作专心负责。

(6) 责任感，对工作敢于负责任，能充分发挥主观能动性。

(7) 积极性，以主人翁精神主动做任何工作。

(8) 进取心，不满足现状，积极上进。

(9) 公平，对人对事秉公处理，不徇私情。

(10) 勇气，对于危险的工作能亲自处理，有向困难挑战的勇气。

十项能力是：

(1) 思维、决策能力。

(2) 规划能力。

(3) 判断能力。

(4) 创造能力。

(5) 洞察力。

(6) 劝说能力。

(7) 对人的理解能力。

(8) 解决问题的能力。

(9) 培养下级的能力。

(10) 调动积极性的能力。

我们把上述研究进行综合从中不难发现，这些素质要求基本是围绕环境、人和目标展开的。在美国管理协会的二十条中，(3)、(4)、(5)、(20) 是环境维度要求的素质；而 (6)、(7)、(8)、(9)、(10)、(11)、(12)、(13)、(14)、(17)、(19) 则全是人的维度要求的素质；(2)、(14)、(16)、(17)、(20) 是目标维度要求的素质。

从日本关于企业家素质的观点看可能更直观，(1) 是目标维度；(2)、(3)、(4)、(5) 是环境维度；(6)、(7)、(8)、(9)、(10) 是人的维度。

其次，从理论视角看。我们不妨把十大派做一下分类，放在三维坐标下可以看出理论研究的关注面，如图 2 所示。

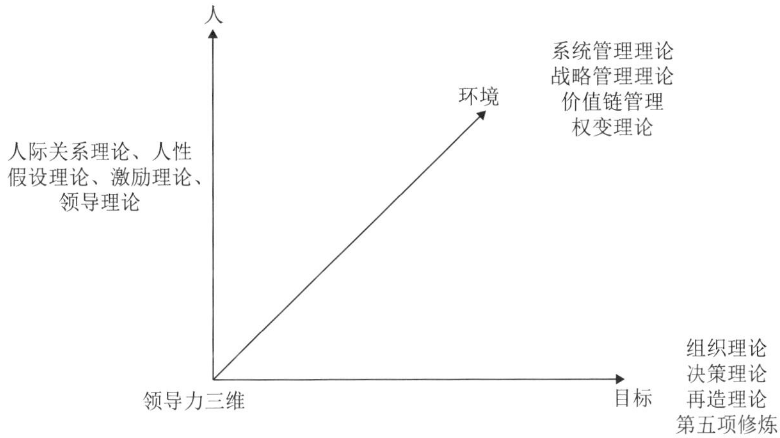

图 2　十大派理论研究关注面

从管理环境来说，任何组织都不是独立存在、完全封闭的。因此，要进行管理，就需要对组织的环境进行研究，包括政治因素、经济因素、文化因素、社会因素。比较有代表性的理论有系统管理理论、战略管理理论、价值链管理理论、权变理论等。

从管理目标来说，在实际管理工作中，它是管理的出发点和归属点，也是指导和评价管理活动的基本依据。在目标维度，现代管理要解决的问题是如何构建一个利益共同体，如何构筑一个命运共同体。对各级领导来说，核心是权力模式、科学决策。比较有代表性的理论有组织理论、决策理论、再造理论、第五项修炼理论等。

从人的维度来说，工业时代管理以物质资源为主体，强调“制度+

控制”使人勤奋地工作；知识经济以人为主体，强调双向互动，激发人的潜能。为此，人的管理既有目标、任务、制度等“硬”管理，也有关心、关爱、激励等“软”管理。通常的说法叫制度管人，领导管心。比较有代表性的理论有人性假设理论、需求层次理论、激励理论、领导理论等。

（四）五大要素

无论是宏观还是微观，也无论哪个部门、哪个行业，只要是管理，都由下列5个基本要素构成，即管理主体、管理客体、管理目的、管理环境、管理方法与艺术。

管理主体。是指在管理过程中具有主动、支配和影响作用的要素。它可以是单个管理者，也可以是由管理者群体组成的机构。就管理主体来说，管理要解决的主要问题是：（1）管理者如何树立正确的管理观念，来指导自己的管理活动。（2）如何科学地确定组织的目标，使组织有一个明确的发展方向。（3）如何调动下属的积极性，从组织成员那里获得必要的服务。（4）如何提高自身素质和管理水平，使自己成为学习型组织的教练。

管理客体。是指管理主体为达到预期目的所发挥管理职能于其上的对象物，主要包括人员、资金、技术、物资、组织、信息等。就管理客体来说，管理要解决的主要问题是：（1）内部各要素之间的匹配与整合，使组织成为一个有机的动态系统。（2）组织内部与外部环境的良性循环。（3）组织目标与个人利益的有效结合。（4）人力资源管理。（5）生产过程的计划、组织、指挥、协调与控制。

管理目的。是指管理活动要达到的最终目标，它包括组织目的和个人目的。组织目的是指一个组织要实现或完成的任务，是组织存在的原因，是组织中每个人努力的方向。个人目的是指参加组织的个人所要达到的效果。二者既统一又有所区别。对于管理目的，管理所要解决的主要问题是：（1）组织目标的先进性与现实性，后者是重点。（2）组织目标的科学性与灵活性。（3）组织目标与个人目标的有机结合。

管理环境。是指管理活动所涉及的空间要素，它具有两层含义，对内指某组织的状态、结构和气氛；对外则表现为该组织在社会中的地位、市场状况和公共关系等。在管理环境方面，管理要解决的主要问题是：(1) 组织内部良好的文化氛围与和谐的人际关系。(2) 在社会中的良好形象。(3) 组织对于环境的适应能力。

管理方法与艺术。是指人们根据管理的一般规律，研究总结出的管理的一般原理、原则、程序和方法，以及管理者在实践中对这些原理、原则、方法的创造性运用和发挥。在管理办法与艺术方面管理要解决的主要问题是，管理者如何吸取和借鉴前人的经验与教训，遵循科学的原理、原则、程序和方法进行管理，同时，又能够在实践中灵活运用，加以创新。

三、若干重要线索

前面介绍了管理理论演变的 5 个发展阶段、主要流派、代表人物、著作及主要观点，从中我们可以得出一些重要线索。

(一) 西方管理理论对人的看法是：从经济人、社会人、复杂人、文化人到自我实现的人的演变

1. 第一代管理理论对人的假设是“经济人”。美国心理学家和行为科学家埃德加·沙因把经济人假设归纳为以下 4 点：

第一，人是由经济诱因来引发工作动机的，其目的在于获得最大的经济利益。

第二，经济诱因在组织的控制之下，因此，人被动地在组织的操纵、激励和控制之下从事工作。

第三，人以一种合乎理性的、精打细算的方式行事。

第四，人的感情是非理性的，会干扰人对经济利益的合理追求，组织必须设法控制个人的感情。

与之相对应的管理办法是：把金钱作为主要激励手段，把惩罚作为有效的管理方式；在管理制度上采用科学的工作标准、严格的等级制度、严明的组织纪律和严厉的惩罚。

2. 管理理论第二代，即人际关系——行为科学理论，对人的假设是“社会人”。这种假设认为人不但有经济方面和物质方面的需求需要得到满足，更重要的是人有社会方面和心理方面的需求需要得到满足。人际关系学说的这种认识正好与古典管理理论对人的本性的基本认识相

反。沙因把社会人假设归纳为以下 4 点：

第一，人基本上是由社会需求而引起工作动机的，人们最重视人与人之间的相互关系。

第二，现代工作的机械化程度愈高、分工愈细的结果，是使工作本身变得单调、枯燥乏味，因此，人们只能从社会关系上去寻求意义。

第三，工人对同事们的社会影响力要比对管理者所给予的经济诱因及其控制更重视。

第四，工人的生产效率决定于上司能满足他们社会需求的程度。换句话说，工人的社会需求的满足与否，决定其生产率的高低。

与之相对应的管理制度和办法是：要调动职工的积极性，就应该使职工的社会和心理方面的需求得到满足。为此必须坚持以下管理原则：（1）让员工体会到成功的喜悦。（2）对员工进行精神及物质奖励。（3）使员工感到自己重要。（4）要乐于捍卫部属的利益。（5）鼓励一定要真诚。（6）关心别人。（7）用员工乐于接受的方法进行批评。（8）同员工交朋友。（9）参与管理。（10）协调与下属人际关系。（11）了解下属之间的矛盾。

3. 第三代，即现代管理理论，对人的假设是“复杂人”。现代管理理论认为：

第一，人们是怀着许多不同的需要加入工作组织的，而且人们有不同的需要类型。有的人需要更正规化的组织结构和条例规章，而不需要参与决策和承担责任；有的人却需要更多的自治责任和发挥个人创造性的机会。

第二，不同的人对管理方式的要求也是不同的。如上述第一种人欢迎以科学管理理论为指导的管理方式，第二种人则欢迎以行为科学理论为指导的管理方式。

第三，组织的目标、工作的性质、职工的素质对组织结构和管理方式有很大影响。凡是组织结构和管理层次的划分、职工的培训和工作的分配、工资报酬和控制程度的安排等适合于工作性质和职工素质者，其效率就高；不适合者，其效率就低。

第四，当一个目标达到后，可以继续激起职工的胜任感，使之为达到新的更高的目标而努力。

4. 第四代，即企业文化理论，对人的假设是“文化人”。企业文化理论认为，人不仅仅是社会人，他还是一种文化人，即有自身的观念、信念、工具和语言。“每一个企业——实际上也是每一个组织——都有一种文化，而这种文化有力地影响着整个组织，直到它所做的每一件事。”为此，管理者必须通过支持和塑造文化进行领导。

5. 第五代管理，对人的假设是“自我实现的人”。尽管管理的人本性从行为科学开始就广泛受到重视，马斯洛的需要层次理论也说到人的最高层次的需要是自我实现的需要，但在美国企业管理的实践中从未做到这一点。“经济人”假设把管理重点放在物质因素上，重视生产任务的完成；“社会人”假设则把管理的重点放在人的因素上，重视人的作用和人际关系。尽管这两者的侧重点不同，但目的是相同的，那就是实现管理者的目的——获取利润。

值得注意的是，第五代管理理论的一些主张，如彼得·圣吉《第五项修炼》中的理论，其中一些观点反映了西方近几年来对人类自身的反思，正如劳伦斯·米勒所言：“赢取投资回报，作为一种目标，并不代表着我们灵魂中最尊贵的力量，人即使赢得全世界，却赔上灵魂，又有什么益处呢?”彼得·圣吉所倡导的“学习型组织”的使命是激发人们的创造性张力，让人不断超越自我，活出生命的意义。从一定意义上说，这是人类自我意识的真正觉醒。在这一时期，管理理论所倡导的既不是生产任务的完成，也不是人际关系，而是工作环境，是让管理者创造这样一种环境，使在这种环境下工作的人能展现他的才华、实现他心中的理想。企业的宗旨也不再仅仅是为了赚钱，而是对社会的贡献。

（二）五个代反映了西方管理理论发展的历史性、管理理论本身的系统性以及管理理论发展的综合性特点

第一，它反映了西方管理理论发展的历史性特点。从泰罗、法约尔、韦伯等人的古典管理理论到梅奥等人的行为科学理论，到巴纳德、西蒙等人为发端的现代管理理论，再进而到企业文化理论以及第五代管理理论，说明西方管理理论处于一个历史的进程中，具有动态性。各流派的产生是一个先后继起的过程，一个新的流派产生以后，老的流派并没有被取代，也没有消失，而仍然有它自身的生命力。

第二，每个流派都有自己研究问题的视角与侧重点，都部分反映了管理科学的一些特点。

第三，新流派的产生不仅吸收、综合了前一流派的成果，而且与其他多种学科交叉融合、取长补短、共同发展。如管理科学学派就吸收了泰罗“科学管理”的思想；管理过程学派则是法约尔管理五职能的演变；而社会系统学派、系统管理学派、战略管理理论学派则是社会系统理论、一般系统理论、战略学与管理的交叉融合的结果。

（三）五个代反映了管理目标由低到高、由内到外的变化过程

泰罗的科学管理主要局限于车间管理，着眼点也仅限于操作层次如何提高劳动生产率；行为科学的侧重点则主要是企业内部人与人之间的关系，即人的动机、需求、激励、领导等问题；到了现代管理理论阶段，管理理论的研究开始从局部转向整体，从内部转向外部，研究的侧重点也从车间提升到了决策、战略。管理主要围绕如何提高对外部环境的适应能力。

（四）五个代反映了西方管理从重视“硬管理”到重视“软管理”，再到两手抓、两手都要硬的演变过程

所谓的“硬”管理是指管理中的“硬”因素和“硬”技术，如战略、结构、制度、科技等；所谓“软”管理是指管理中的人员、作风、价值观、企业形象、企业精神等“软”因素。强调“硬”管理，他们主要从经济层面、技术层面来研究管理，崇尚理性主义的管理方式；重视“软”管理，更注重从社会层面、文化层面来研究管理，崇尚非理性主义的管理方式。

从其发展过程来看，演变的规律是硬（古典管理理论）——软（人际关系—行为科学理论）——硬（现代管理理论）——软（企业文化理论）——软硬两手抓、两手都硬（第五代管理理论）的发展过程。

（五）五个代反映了管理方式、方法、手段的不断变化

纵观西方管理理论与实践的发展过程，它是管理方式、方法、手段不断创新的过程。

第一，从管理主体这个层面来说，最初的管理主体就是资本家本人，资产的所有者与经营者是合二为一的，怎么生产、生产什么、生产

多少是资本家个人的“私事”。随着生产的社会化，资本家个人已经无法驾驭，从而导致了“生产的社会化与生产资料的私人占有”的矛盾，这时西方发生了具有划时代意义的“职业经理革命”，由职业经理人接过资本家手中的权力，所有权让位于经营权，使得本来是资本家“私事”的生产行为变为符合社会要求的“公事”。然而，伴随这一革命所带来的问题是，投资者不从事企业经营，却需承担经营后果，企业经营者参与创造利润，却不能参与剩余分配。由此带来了两个先天性的制度危险：一是委托人（股东）和代理人（董事会和总经理）因为各自利益不同存在行为目标差异，代理人行为目标是个人效用最大化，所有者的目标是企业利润最大化。在代理行为中，代理人可能会为追求自己利益而有意或无意造成对委托人利益的损害，而且由于信息不对称，委托人监督代理人的成本很高，事实上还很难监督。二是因为市场经济只承认竞争的权威，竞争既可能胜利，也可能失败，而失败的直接后果最终是由委托人承担的。为了解决上述问题，资本主义进行了二次制度创新，完善了法人治理结构和经营者的激励与约束问题。

第二，从管理者与被管理者的关系来看，在古典管理理论阶段体现的是一种雇佣关系，被管理者完全服从管理者的需要，起着工具的作用；到了现代管理理论阶段，管理者与被管理者是一种契约关系，管理者与被管理者是一个双向选择的过程，同时，所谓的资本家开始泛化、社会化。资本家、经营者与劳动者之间的关系是按照契约、合同的形式确定的，已经不完全是剥削与被剥削的关系；到了第五代管理理论阶段，知识资本开始占主导地位，传统意义上的资本已经退居次要地位，而这时的管理者与被管理者则是一种盟约关系，他们共同承担风险，共同参与利润分配。这时的资本主义已经由私人资本主义演化为社会资本主义。

第三，从管理的客体来看，古典管理理论以及行为科学理论所研究的客体基本上围绕如何降低成本、如何扩大规模展开；而到了 20 世纪 70 年代以后，管理所研究的客体，基本上是围绕质量、品牌、竞争力展开；90 年代以后，规模只是一个基础，质量只是进入市场的门票，速度才是取胜的关键。为此，管理围绕着速度展开。

第四，从管理方法、手段来看，随着现代科学技术在企业管理中的广泛采用，新的管理方法层出不穷。在经营决策方面，由于运筹学、博弈论等方法的采用，大大提高了企业的决策水平；在生产管理方面，生产流程的电脑化管理，不仅大大加速了生产速度，而且整个工艺流程实现了柔性生产；在营销方面，由于网络技术、电子商务技术的应用，完全改变了传统的营销方式。

上述情况表明，西方管理理论的演变尽管经历了近百年的历程，但目前仍处于发展阶段，对于管理的认识也是见仁见智。不过，对于我们的各级领导者和企业家来说，最重要的是能从西方管理理论中吸取对我们有用的方面。

科学管理理论*

弗雷德里克·泰罗（Frederick Taylor）于1856年出生于美国费城的一个律师家庭，他是世界上“第一位认真研究劳动的人”。1911年，泰罗的《科学管理原理》一书出版。该书的出版在西方管理思想史上具有划时代的意义，它标志着西方管理科学的正式产生，也标志着资本主义国家由经验管理向科学管理的根本转变。为此，泰罗被誉为“科学管理之父”。本讲系统介绍泰罗的科学管理理论。

一、科学管理理论产生的背景

泰罗所处的时代正值美国南北战争结束不久的资本主义蓬勃发展时期，生产力和经济组织形式都发生了很大的变化，但管理却仍然是家长式的行政制，单凭粗糙的传统经验办事，效率低，浪费大，企业潜力得不到发挥，工人怠工（俗称“磨洋工”）现象比比皆是。具体背景是：

1. 美国的工业化进程对管理提出了新的要求。19世纪末、20世纪初，美国完成了从农业国向工业国的转变，许多工厂发展成为生产多种产品的大企业，出现了巨型企业——铁路公司。在当时，这些大企业的管理还相当落后，美国的经济发展速度和企业中劳动生产率的水平远远落后于科学技术成就和经济条件所提供的可能性。为了继续发展生产

* 这是2014年11月17日在中央党校一年西藏班的授课讲稿。

力，就必须在管理方面有一个较大的突破。

2. 经济危机的出现引发了一系列的矛盾。从 1873 年到 1907 年，主要资本主义国家经历了 5 次世界性的经济危机，其中 3 次都是从美国开始爆发的，每次危机都使资本主义国家的生产急剧下降，大批企业破产，失业人数猛增，劳资矛盾激化。为了提高抗危机的能力，大企业不断出现，逐渐形成了垄断组织，管理职能的专门化的需求变得非常迫切。为此，需要建立有效的管理体制，来维护资本主义的社会关系。

3. 大量外来移民的涌入，既为美国提供了劳动力，也使培训和管理企业的员工成为人们必须面对的问题。随着美国经济的快速发展，来自世界各地的大批移民纷纷涌入美国，他们大多集中在沿海的工业城市，为美国的企业提供了劳动力来源。但这些移民大多来自农村，只会干体力活，无法适应大机器生产的要求。因此迫切需要一种新的管理方法，能在较短的时间内，把这些劳动力培养成适应工业生产需要的熟练工人。

4. 工业革命以来管理思想的积累为科学管理理论的产生提供了思想基础。阿克莱特等人发明和使用了一些在当时是先进的机器，并采用科学的方法进行管理；亚当·斯密在有关工作时间和工作方法问题上已经做了初步的考察，杜平、巴比奇等人又做了进一步的探讨，巴比奇还提出了进行作业研究的“观察制造业的方法”；麦卡勒姆和普尔对企业的组织结构和职能控制进行了研究。汤和哈尔西对工资及收益的分配做了分析和实验。

二、科学管理理论的主要内容

泰罗把科学引入管理实践，用科学研究和方法代替纯粹的个人经验，把传统管理中的感性上升为理性。他认为，管理学就是要发现组织活动中协调规律，利用这些规律，合理地安排业务活动和利用经济资源，最终实现组织的目标。

任何管理理论都有其基本的管理思想。泰罗的《科学管理原理》主要贯穿了以下三大管理思想：一是要节约全社会的资源必须提高劳动生产率，而提高劳动生产率要靠科学管理。二是实行科学管理的首要前提是劳资双方必须完成“一次完全的思想革命”，即由对立走向合作。三是实行科学管理的具体措施必须建立在科学研究的基础上，要用科学知识代替个人经验。

泰罗认为科学管理与旧的管理体制的最大区别在于它是通过科学研究来制定管理制度和管理方法、用科学知识来代替个人经验的。泰罗为科学管理制定了四项新任务，实际也是科学管理的 4 个基本要素：

第一，开发一门新的科学，以专门研究工人操作的每一个动作，并以此取代昔日粗糙的经验法则。

第二，科学地挑选人员，并进行培训和教育，使之成长。

第三，任意挑选自己的工作并尽最大可能地训练自己的情况。

第四，管理人员诚心诚意地与工人合作，以确保所有工作都可按照新开发的科学原理去做。

管理人员和工人之间在工作和职责上几乎是均分的。管理人员把自己比工人更胜任的那部分工作承揽下来，改变过去几乎把所有工作和职责都推到工人身上的情况。

能否做到以上 4 点，是衡量是否真正实行科学管理的重要标志。这 4 条原理是泰罗经过千辛万苦通过大量试验总结、验证出来的。为了寻求科学管理这个新的管理体制，泰罗亲自做了著名的“三大试验”，即搬运生铁块试验、铲具试验和金属切削试验。搬运生铁块试验通过改进工人的操作方法使生铁块的搬运量提高了 3 倍，并摸索出工人合理的标准日工作量，从而为实行定额管理奠定了基础。铲具试验系统地研究了铲上的负载多大时工作效率最高的问题，并研究了铲不同物料所需要的不同铲具的形状和规格，从而为实行工具标准化奠定了基础。在金属切削试验中，泰罗前后花了 26 年的时间，花费了 15 万到 20 万美元的费用，进行了 3 万多次的试验，80 万磅的钢铁被试验用的工具削成切屑。最后，终于研究出了车床、刨床、钻床或磨床一类的金属切削机床的最佳切削速度和最佳进刀量，从而为各种机床的高速切削和精密加工提供了科学依据。

科学管理理论的巨大成就除了其基本的管理思想及管理原理以外，更重要的是它包含了一系列行之有效的具体管理措施。归纳起来，泰罗的具体管理措施主要有以下 6 个方面：

1. 定额管理。针对当时美国企业中普遍存在的“磨洋工”现象，泰罗指出：“造成这种双方都受损失的主要原因是：雇主和领班对各种工作究竟需要多少时间去完成，胸中全然无数，这种无知在工人方面也居多。”为解决这个问题，泰罗认为必须通过工时和动作研究制定出有科学依据的工人的“合理的日工作量”。方法是选择合适且技术熟练的工人，把他们的每一项动作、每一道工序所使用的时间记录下来，加上必要的休息时间和其他延误时间，就得出完成该项工作所需要的总时间，据此定出一个工人“合理的日工作量”，这就是所谓工作定额原理。

由于实行了定额管理，许多企业的管理大为改观。正如泰罗所言：“就作者所了解，这个制定定额的基本制度，在过去10年中已经成功地在各种各样的工厂中实行。1883年当我在费城的米德维尔钢厂任车间领班时，我就发现先测定现场各项工作的时间，找出完成每项工作最快的时间，然后汇总每项工作所需的时间，这远比查阅过去的记录去估计适合的工资率简便得多。经过我利用一切可能的机会对此试行了一年后，证明这个制度是成功的。从此，作者就设立一个制定定额的机构，以后一直由这个机构提供计件工资率。”

2. 差别计件工资制。为了鼓励工人努力工作、完成定额，泰罗提出了一种叫做“差别计件工资制”的刺激性付酬制度，即对同一工作，设两个工资率。能够保质保量地完成定额者用较高的工资率计算工资，未能保质保量地完成定额者则按较低的工资率计算工资。例如，某项工作的定额是20件，每件完成给0.1元。又规定完成该项工作定额的工资率是125％，未完成定额的工资率为80％，那么，完成定额的人就可以拿到工资20×0.1×125％＝2.5元；未完成定额的人，例如完成了19件，只能得工资19×0.1×80％＝1.52元。这就迫使工人尽最大努力完成或超过工作定额。由于在这种制度下，工资支付的对象是工人而不是职位，即根据工人的实际工作表现而不是根据工作类别来支付工资，因而工人感到更加公平合理。这样不仅消除了“磨洋工”现象，而且极大地调动了工人的积极性，从而促使劳动生产率不断提高。

3. 挑选第一流的工人。泰罗认为为了提高劳动生产率，必须为工作挑选“第一流的工人”。所谓“第一流的工人”，就是指那些最适合于某种工作、又愿意干这种工作的人。泰罗指出：“每一种类型的工人都能找到某些工作使他成为第一流的，除了那些完全能做好这些工作而不愿做的人。”在制定工作定额时，泰罗是以“第一流的工人在不损害其健康的情况下维护较长年限的速度”为标准的。这种速度不是以突击活动或持续紧张为基础，而是以工人能长期维持正常速度为基础。泰罗指出：“健全的人事管理的基本原则是：使工人的能力同工作相配合，管理当局的责任在于为雇员找到最合适的工作，培训他成为第一流的工人，激励他尽最大的努力来工作。”在挑选第一流的工人时，泰罗强调不能像以前那样由工人自发地选择某项工作并自我培训，而是由管理人员主动地承担起这一责任，仔细研究每一个工人的性格、脾气和能力，为每一个工人找到最适合的工作。

4. 工具标准化和操作标准化。在经验管理的情况下，人们对工人在劳动中使用什么样的工具以及怎样操作机器缺乏科学的研究，没有统一的标准，一般是靠师傅将经验传授给徒弟或靠个人在实际中逐渐摸索。泰罗认为，在科学管理的情况下，必须实行工具标准化、操作标准化、劳动动作标准化、劳动环境标准化等一系列的标准化管理。这是因为只有实行标准化，才能使工人使用更有效的工具，采用更有效的工作方法，从而达到提高劳动生产率的目的；只有实现标准化，才能使工人在标准设备、标准条件下工作，才能对其工作成绩进行公正合理的衡量。泰罗不仅提出了实行各种标准化的主张，而且也为标准化的制定作出了杰出的贡献。泰罗在搬运生铁的试验中摸索出每人每日的标准搬运量是 47.5 吨；在铲具试验中，得出了每次铲物重 21 磅时劳动效率最高的结论；在长达 26 年的金属切削试验中找到了影响切割速度和进刀量的 12 个变数及其反映它们之间相互关系的数学公式，并发明了可以在不到半分钟内就能将数学公式予以求解的标准计算尺。

5. 计划职能与执行职能分开。以往的管理者似乎仅仅充当着监工的作用，工作责任几乎全部由工人来承担。而泰罗认为实行科学管理、提高生产效率必须“均分资方和工人之间的管理职责”。泰罗指出：“在老体制下，所有工作程序都由工人凭他个人的经验去干，而在新体制下，由资方按科学规律去办事。因为即使工人能十分适应于科学数据的使用，但要他同时在机器和写字台上工作，实际是不可能的。在大多数情况下，需要有一种人去预先做计划，而由另一种人去处理工作，这是不言自明的。”为此，泰罗主张明确划分计划职能与执行职能，由专门的计划部门来做一些“以前他们做梦也没有想到的”管理工作，包括：从事调查研究；为定额和操作方法提供科学依据；制定科学的定额和标准化的操作方法及工具；拟订计划并发布指示和命令；比较“标准”和“实际情况”；进行有效的控制等工作。至于现场的工人，则从事执行的职能，即按照计划部门制订的操作方法和指示，使用规定的标准工具，从事实际的操作，听从统一指挥，不得自行改变。

6. 在管理控制中实行例外原则。泰罗认为，规模较大企业的组织和管理，必须应用例外原则，即企业的高级管理人员把例行的一般日常事务授权给下级管理人员去处理，自己只保留对例外事项的决定和监督权。这种以例外原则为依据的管理控制原理，以后发展成为管理上的授权原则、分权化原则和实行事业部制管理体制。泰罗在《工厂管理》一书中对例外原则进行了阐述：经理只接受有关超出常规或标准的特别好和特别坏的例外情况、概括性的、压缩的及比较的报告，以便使他有时间考虑大政方针并研究他手下的重要人员的性格和合适性。

三、几点评价

《科学管理原理》一书发表以后，不仅在美国引起了极大的反响，而且在世界范围内得以传播和应用。列宁在《苏维埃政权的当前任务》一文中指出：“资本主义在这方面的最新发明——泰罗制——也同资本主义其他一切进步的东西一样，有两个方面，一方面是资产阶级剥削的最巧妙的残酷手段，另一方面是一系列的最丰富的科学成就。”而且他进一步指出：“应该在俄国研究与传授泰罗制，有系统地试行这种制度，并且使它适应下来。”1935 年，苏联在第二个五年计划执行期间利用泰罗原理开展了劳动竞赛。二战后，日本为了迅速恢复工业生产，在工业上普遍采用泰罗原理，取得了显著成绩。我国一些专家学者也受到泰罗原理的影响，如著名桥梁专家茅以升在建造钱塘江桥时就运用了泰罗原理。1984 年，中国社会科学出版社将泰罗的《计件工资制》（1895 年）、《车间管理》（1903 年）、《科学管理原理》（1911 年）、《在美国国会听证会上的证词》（1912 年）这 4 部文献合成一本书，冠以《科学管理原理》之名予以翻译出版。由此可见科学管理理论具有强大生命力。如今，海尔集团等著名企业都将科学管理理论作为企业管理的基础。

（一）创新性

泰勒的科学管理思想，奠定了现代管理理论的基础。现代管理科学学派可以说是科学管理思想的必然延伸，对现代管理理论产生了巨大的影响。

1. 首先采用实验方法确定管理问题，开创实证式管理研究先河。

2. 开创单个或局部工作流程的分析，为流程过程管理学奠定了基础。

3. 率先提出工作标准化的思想，是标准化管理的创始人。

4. 将管理者和被管理者的工作区分开来，使管理首次被视为一门可独立研究的科学。

5. 首次提出管理转变必须考虑人性。

（二）局限性

1. 科学管理理论的一个基本的假设就是，人是“经济人”。在泰勒和他的追随者看来，人最为关心的是自己的经济利益，企业家的目的是获取最大限度的利润，工人的目的是获取最大限度的工资收入，只要使人获得经济利益，他就愿意配合管理者挖掘出他自身最大的潜能。这种人性假设是片面的，因为人的动机是多方面的，既有经济动机，也有许多社会和心理方面的动机。

2. 科学管理理论的诸项原则在实际推行过程中，并没有得到很好的贯彻。科学管理的本意是应用动作研究和工时研究的方法来进行分析，以便发现和应用提高劳动生产率的规律，但很多企业的工时研究没有建立在科学的基础上，往往受到企业主和研究人员主观判断的影响，由此确定的作业标准反映了企业主追求利润的意图，为工人确定的工资率也是不公正的。此外，泰勒主张的职能工长制和差别计件工资制，也没有得到广泛的应用。

3. 泰勒对工会采取怀疑和排斥的态度。在他看来，工会的哲理和科学管理的哲理是水火不相容的，工会通过使工人和管理部门不和，加紧进行对抗和鼓励对抗，而科学管理则鼓励提倡利益的一致性。所以泰勒认为，如果工人参加工会，组织起来，就容易发生共谋怠工的情况。但实际上，在通过工时研究和动作研究来确定作业标准和定额以及工资时，如果没有工会的参与，很难建立起真正协调的劳资关系。

备课参考书目：

1. 〔美〕泰勒著，马风才译：《科学管理原理》，机械工业出版社2007年版。

2. 〔美〕泰罗著，蔡上国译：《科学管理原理》，上海科学技术出版社1982年版。

3. 〔美〕泰罗著，胡隆昶译：《科学管理原理》，中国社会科学出版社1984年版。

4. 李兴山、刘潮主编：《西方管理理论的产生与发展》，现代出版社1999年版。

社会系统理论与系统管理*

社会系统学派的代表人物是美国著名的管理学家切斯特·巴纳德。1938 年，他出版了《经理人的职能》一书。在这本著作中，他对组织和管理理论的一系列基本问题都提出了与传统组织和管理理论完全不同的观点。他认为组织是一个复杂的社会系统，应从社会学的观点来分析和研究管理的问题。由于他把各类组织都作为协作的社会系统来研究，后人把由他开创的管理理论体系称作社会系统学派。在西方管理理论丛林中，社会系统学派虽然算不上最有影响的学派，但其思想对我们当前加强社会管理却有重要的指导意义。概括起来，主要有以下 5 个方面：

一、组织的本质

巴纳德把组织定义为“两个或两个以上的人的有意识协调的活动或效力的系统”。这个定义包括以下基本含义：

1. 组织是由人的活动或效力即人的行为构成的系统。这就是说，巴纳德的组织概念不是探讨用组织系统表或部门化原理表现出来的部分，而是探讨组织的实质即人的行为。

2. 组织是一个系统，也就是说，是按一定的方法进行调整的人的活动和行为的相互关系。

---

* 这是 2015 年 6 月 17 日在中央党校在职研究生班、干部学院进修班的授课讲稿。

3. 组织是动态发展的。也就是说，当系统中的一个部分同其他部分的关系发生变化时，作为整体的系统也要发生变化。

4. 组织是协作系统的一个组成部分。但在通常情况下，两者糅合在一起时，有时界限不太明确。从严格的意义上说，协作系统由 4 个部分构成，即组织、物质子系统、人员子系统和社会子系统。

在协作系统中，组织是其中的一个组成部分，是一个子系统，但起着核心的作用。物质子系统是机械设备、材料等物质手段的系统，如企业中的生产系统。人员子系统是指由管理者和工人组成的人的集团，如企业中的人事系统。社会子系统是指一个协作系统同其他协作系统交换效用的系统，即交换系统，如企业中的采购系统和市场系统。协作系统以组织为核心，把物质子系统、人员子系统、社会子系统联结成为一个复合的整体。但是，组织同其他子系统以及整个协作系统之间是没有明确界限的。因为物质子系统、人员子系统和社会子系统是通过组织的活动而被组织起来并受到管理的，在这些子系统的内部也都有它们各种的组织或管理系统，因此，这些子系统构成的协作和组织的界限就不是很明确了。协作系统本身归根到底是指组织本身。

在西方管理理论中，巴纳德是第一个从人与人相互合作的角度来解释组织的人。如果承认这种解释的合理性，那么，组织的本质就不是像传统组织理论所描述的那样，是一种物质的或技术的系统，而是一种社会系统，这种社会关系不是人员的机械集合，而是人的行为的有机结合。巴纳德还认为，他有关组织的定义适用于军事的、宗教的、学术的、工商业的、互助会的以及其他各种类型的组织。各种类型组织之间的差异在于物质的和社会的环境、所包含成员的数量和种类、成员向组织提供贡献的基础。

按照社会系统理论中的组织定义，组织的本质表现为进行协作活动的人组成的系统。在这个系统中，存在着个人目标和组织目标，往往职工个人目标和正式组织的目标是不一致的。因此，需要用“效力”和“效率”这两条原则将它们联结起来。关于“效力原则”和“效率原则”，巴纳德是这样解释的。当正式组织运行正常而取得成功时，它的目标就能够实现。这时，这个正式组织是“有效力”的。反之，如果这个组织运行不正常而没有实现目标，它就是“没有效力”的，这个组织将崩溃瓦解。因此，组织的“效力”是组织存在的必要条件。而组织的

“效率”则不同，它是指组织中成员个人目标的实现程度。如果组织成员的个人目标得到满足，他们将积极参加组织，为组织作出贡献。满足的程度越大，他们为组织所作的贡献也越大，他们就会认为这个组织是有效率的，反之他们就不会支持甚至退出这个组织。所以，归根到底，一个组织的效率尺度就是它生存的能力，也就是它继续为其成员提供使他们的个人需要得到满足的诱导，以便集体目标得以实现的能力。如果一个组织是无效率的，它就不可能是有效力的，因而也就不可能存在。这样，巴纳德就把正式组织的目标与职工个人的目标联结起来了。这个论点被西方一些管理学者誉为管理思想发展中的里程碑，至今仍为许多人所信奉。

二、非正式组织的积极作用

巴纳德给非正式组织所下的定义是：不属于正式组织的一部分、且不受其管辖的个人联系和相互作用以及有关的人们集团的总和。与正式组织不同，非正式组织虽然是人与人相互之间发生社会作用的结果，但它是自发形成的，没有正式的组织结构，也没有自觉的共同目标，它包含着人们无意识、无规律的行动，也包含着人们的感情和习惯。非正式组织产生于同工作有关的联系，并从而形成一定的看法、习惯和准则。

正式组织和非正式组织有明显的区别，但它们之间又是相互联系的。正式组织的产生往往伴随着与正式组织有关的非正式组织的产生，而非正式组织的存在，又常常为正式组织的存在创造良好的条件。非正式组织可能对正式组织起某些不利的影响，但它对正式组织也产生积极的作用，其积极作用至少有以下3个：

1. 非正式组织具有促进信息传递的机能。它就一些易于引起争论、不便于在正式渠道提出的、难以确定的事情、意见、建议、怀疑等，在成员之间交换意见。

2. 非正式组织具有通过影响组织成员的协作意愿来维护正式组织内部团结的机能。

3. 非正式组织具有保护个人人格和自尊心的机能，并且能抵制正式组织在这方面的不利影响。巴纳德指出，当个人和组织之间发生冲突时，这些因素对维持一个组织的机能起着重要的作用。比如，一个人如果不能维持有关他个人人格和能自由作出抉择的感觉，就不能在一个协作系统中有效地起作用。因此，非正式组织是正式组织的不可缺少的部分，其活动能使正式组织更有“效率”，并促进其更有“效力”。

三、正式组织的三个基本要素

巴纳德认为，作为协作系统的正式组织，不论其级别高低、规模大小，都包含有三个基本要素，即协作的意愿、共同的目标、信息联系。这三个基本要素对于一切正式组织来说都是必需的。每一个正式组织的产生和存续只有通过这三个要素的结合才能实现。

1. 协作的意愿。所谓协作的意愿，就是组织成员愿意为组织的目标作出贡献的意志。没有协作的意愿，就无法把各个人的努力一致起来，也无法使各个人的努力持久下去。

巴纳德认为，在一个组织中，每一个成员的协作意愿的强度是不相同的，而且这种差别几乎是没有限度的，有的非常强烈，有的非常微弱，有的甚至是消极的。另外，每一个成员的协作意愿的强度也是不固定的，而是经常发生变化。这种情况的结果，导致组织的总体的协作意愿不稳定。研究中还发现，正式组织的规模愈大，其成员的协作意愿愈弱。反之，正式组织的规模愈小，其成员的协作意愿就愈强。组织成员的协作意愿的强度与组织的规模成反比。

巴纳德认为，对一个组织的成员来说，协作的意愿就是个人由于协作而得到的“诱因”同协作所付出的“牺牲”二者相比较后诱因的净效果；同时又是个人参加这一组织同不参加这一组织或参加其他组织二者相比较后诱因的净效果。这里所说的“诱因”，指的是组织为了补偿个人牺牲而提供的各种刺激，其中包物质（金钱等）、社会（威望、权力、参与决策等）。“牺牲”指的是个人为实现组织的目标而提供服务、时间等。一个组织的成员是按照能最大限度地满足他个人目标的原则来行动的、因此，其成员要把参加协作后带来的“牺牲”和“诱因”进行比较，比较后所得的净效果就是该成员协作的意愿。诱因的净效果愈大，该成员的协作意愿也愈大；当诱因的净效果趋于零甚至成为负数时，该成员的协作意愿也将趋于零，甚至将退出这一组织。同时，参加这一组织所造成的诱因的净效果还可以同参加其他组织或个人单干时所造成的净效果相比较，从而决定该成员是继续参加这一组织，或改而参加其他组织，或是单干。但是，衡量“牺牲”“诱因”和“净效果”的尺度并不是客观的，而是具有主观的色彩，由个人主观决定的。比如，有人更重视威望，有人更重视金钱等。

因此，为了获得组织成员的协作意愿，保证实现组织目标，组织必须采取两方面的措施：一方面，为组织成员提供充分的诱因，如金钱、威望、权力等，满足组织成员的需要；另一方面，通过说服教育来改变组织成员的主观态度，如培养组织成员的协作精神，号召他们忠诚、发扬团结精神、相信组织的目标等，以保证组织的存续与发展。

2. 共同的目标。共同目标是协作系统的第二个基本要素，是协作意愿的必要前提。协作意愿如果不是指一种想同别人联合的模糊感觉或愿望，而是准备付之实施的具体意愿，那么，没有共同的目标是发展不起来的。如果没有共同的目标，组织的成员就不知道组织要求他们干什么，以及从协作的结果中他们能得到一些怎样的满足，这样就无法从组织成员那里诱导出协作的意愿来。所以，必须有一个共同的目标，共同的目标对于组织来说是不可缺少的要素。

巴纳德认为，第一，一个组织的目标，除非被组织成员所接受，否则是不会导致协作活动的。因此，目标的被接受和协作意愿的产生几乎是同时发生的。

第二，每一个组织成员都具有组织人格和个人人格的双重人格。组织人格是指个人为了实现组织的共同目标而作合乎理性行动的一面。个人人格是指个人为了实现个人目标而作的行动的一面。对于组织成员来说，组织的共同目标是外在的、非个人的、客观的目标，而个人的目标是内在的、个人的、主观的目标。个人之所以对组织共同的目标作出贡献，并不是因为组织的共同目标就是他个人的目标，而是因为他觉得实现了组织的共同目标有利于他个人目标的实现。

第三，组织成员对组织的共同目标的理解，有协作性的理解和个人性的理解的区别。协作性理解是指组织成员脱离个人立场而站在组织的整体利益的立场上客观地理解组织的共同目标。个人性理解是指组织成员站在个人立场上主观地理解组织的共同目标。这两种理解往往会发生矛盾。当组织的目标是单一的、具体的时候，这两种理解很少发生矛盾；但当组织目标是复杂的、抽象的时候，这两种理解往往会发生矛盾。因此，组织中的管理人员的一项重要任务就是消除对组织目标的两种不同理解的矛盾，使组织目标与个人目标一致。

第四，组织的共同目标必须随着环境的变化而改变，这样才能保证组织适应环境的变化，继续生存下去。

3. 信息联系。巴纳德认为，组织的一端是共同的目标，另一端是参与组织的具有协作意愿的成员，因而只有通过信息联系把这两端连接起来，才能成为有机的整体。如果组织有共同目标，而组织成员对它一无所知，是没有意义的。因此，为了让组织成员了解共同的目标，就必须把这个目标传达给每一个成员。为了使组织的成员有协作的意愿，能合理地行动，也必须有良好的信息联系。

巴纳德为组织中的信息联系制定了七条原则：(1) 信息联系的渠道要被组织成员所了解。最重要的是要使信息联系的渠道惯例化，即尽可能使之固定化。(2) 组织中的每一个成员要有一个信息联系的明确的正式渠道，也就是说，每一个人必须同组织有明确的正式关系。(3) 信息联系的路线必须尽可能地直接或短捷。(4) 一个组织的机构一旦建立，就必须经常运用完整的信息联系路线，以免产生矛盾和误解。(5) 作为信息联系中的各级管理人员必须称职，要具有综合的工作能力。(6) 当组织在执行职能时，信息联系的路线不能中断。(7) 每一个信息联系都必须是有权威的。也就是说：人事信息联系的人必须是公认的实际上占据着有关的“权力”位置的人，这个位置包含有关的信息联系的类型，即在其职权的信息；而这个信息又的确是由这个机构发出的经过授权的信息。一个信息成为权威信息的过程，在这三个方面会由于组织的不同、条件和位置的不同而发生变化。

四、组织平衡论

组织一旦建立，组织的存续就成了组织的最终目标。组织平衡论就是研究组织如何存续的理论。在这方面，巴纳德提出了一个组织必须保证对内平衡和对外平衡的思想，并认为这是组织能否存续的条件。这是巴纳德的独创贡献。

1. 组织的对内平衡。组织的对内平衡，是指通过把创造出来的经济和非经济诱因有效地分配给各个成员，保持各个成员的“诱因”和

“牺牲”的平衡，从而确保成员协作积极性的过程。如果组织向其成员个人提供或分配的诱因同个人的牺牲相等或超过时，组织就能保持对内平衡，组织也就能够存续。反之，如果组织不能保持这种平衡，就会衰弱，并最终将消亡。因此，“诱因”和“牺牲”的平衡实质上就是组织的对内平衡，其关系由以下式子示之：

牺牲≤诱因→组织存续和发展

这个关系式的内在机制是：当组织提供和分配的诱因大于或等于组织成员提供的牺牲时，组织成员得到满足，为实现组织目标进行协作的积极性就高，组织的协作活动就能获得成功，组织的目标能得以实现，组织就能够存续。反之，如果组织提供或分配的诱因小于组织成员提供的牺牲，组织成员就不满，为实现组织目标进行协作的积极性就会丧失，组织的协作活动就无法顺利进行，组织目标就难以实现，组织也就不能存续。因此，组织能否为其成员提供充足的诱因，这对于组织的对内平衡，对于组织的存续来说，是至关重要的。

2. 组织的对外平衡。一个组织能否存续下去，不仅依赖于组织的对内平衡，而且主要依赖于组织的对外平衡。这是社会系统理论作出的重大贡献。所谓组织的对外平衡，是指组织作为一个整体不断适应外部环境变化的过程。这个外部环境主要包括社会、经济、技术等环境。巴纳德认为，组织的平衡归根到底是组织同组织外部的全部情况的平衡。可见，组织的对外平衡对于组织的存续具有重要的意义。

为了保证组织的对外平衡，使组织适应环境的变化，需要经常地改变原来的组织目标，不断地重新确立新的组织目标。如何改变组织的目标，确立新的组织目标，这是管理人员的重要职能之一。

五、经理人员的职能

在《经理人员的职能》一书中，巴纳德提出了经理人员的职能。他认为，在一个企业中，经理人员的作用就是作为一个信息相互联系的中心，并对组织中的各个成员的活动进行协调，以便使组织正常运转，实现组织的目标。他提出了经理人员需具有三项基本职能，分别是：

1. 建立和维持信息交流系统。巴纳德认为，正式组织的复杂性使得有必要建立一个信息交流系统。这是因为组织中的各个部分和要素必须联结为一个整体，共同的目标必须有明确的规定，并且让组织的成员都接受，使活动的进展维持正常的顺序，这些要求离开信息交流系统是不能很好地实现的。

2. 获取必要的服务。这项职能主要指的是以下内容：招募和选拔能力最好的、作出贡献并协调地进行工作的人员；采用巴纳德所说的维持组织的各种方法和手段。比如说士气的维持，诱因的维持，监督、监察、控制等的维持，通过这么多的维持，来保持组织系统的生命力。如果这些因素维持得不好的话，对组织的正常运转非常不利。

3. 提出和制定目标。巴纳德认为，规定组织的目标的职能由单个经理人员是不可能完成的，这样即使制定出来也是不会被成员所接受的，只有被接受的才能实现。

六、现实意义

在西方管理理论发展史上，《经理人员的职能》一书的作用是巨大的。

美国学者、经济学家 J. K. 加尔布雷思在《新产业国家》（1967 年）中认为：现代社会已经成为“组织的时代”，社会的主宰，已经依次完成了由支配土地、到支配资本、再到支配人力资源的变化。在组织的时代里，巴纳德“给组织提出了一个最有名的定义”。

日本学者占部都美认为：巴纳德是“现代管理理论之父”。但关于现代组织理论，“巴纳德只是开了个头，并不是到此结束，他的理论已由西蒙加以修正和发展”。

人际关系学派管理学家 F. J. 罗特利斯伯格说：“我的关于组织的想法受到了巴纳德的极大影响。”他还说：“巴纳德是一位而且也是唯一这样的一位经理（executive），他不仅能让一个组织成功地运转，而且还能明智地讨论在进程中它将要达到哪里。”

战略管理学派之设计派的代表人物 K. R. 安德鲁斯在《经理人员的职能》一书的 30 年周年版导言中说：“几乎所有论述到组织问题的文献目录中都要提到巴纳德。”安德鲁斯强调，《经理人员的职能》是一本需要反复阅读的书，“对于它的老读者来讲，仍然是重要的，并且继续在吸引着新的读者”。“我们的论点是，这本书之所以能够存续下去，不仅是由于它出版以后对组织理论文献的影响，而且更重要的是由于它继续提供重要的但不容易得到的洞察力。这本书将继续是重要的，因为巴纳德的未竟事业还没有完成，或者说，他的那一套概念还没有变得陈旧。他的主张仍然具有权威性，因为他的智慧来自领悟力同经验的结合，来自系统思考的习惯同经常表现出来的责任心和通过协作获得成果的必要性的结合。”“他的伟大来自他的抽象思考能力，来自他把理论应用于职业经验的本领，来自他对实践的敏感性和经验。在同时应用理论和实践这两种能力并发展这两者的综合能力方面，我认为没有人能够超过他。由于这些原因，《经理人员的职能》一书从它出版以来一直是专业经理人员写出的有关组织和管理的最能启发人的思想的著作。”

行为主义学派创始人、著名的管理学家爱尔顿·梅奥在哈佛商学院的课堂上，把巴纳德作为一个有着强烈的社会责任心的管理者的范例。

战略管理大师哈默尔对《经理人员的职能》评价说：“每一代人都曾错误地以为自己面对的问题是独一无二的。只要重读几遍巴纳德写于60年前的具有里程碑意义的著作，你很快就可以认识到，管理上的文本含义的变化（作为内涵的）比‘经理的职能’要吝惜得多。在我们拜倒于新思想之前，重温旧时代的智慧成果，有时的确是会有所助益的。”

1982年美国管理学家T.J.彼得斯和T.H.沃特曼在他们的畅销书《追求卓越》中对《经理人员的职能》评价说：“它的思想博大精深，一时难以理解；尽管如此，它仍是一座纪念碑。”

在西方管理理论丛林中，社会系统学派虽然算不上最有影响的学派，但其思想对我们当前加强社会管理却有重要的指导意义。

首先，社会管理要协调好人们的意愿。任何一个组织都是由许多具有社会心理需求的个人组成的，如果组织中的个人都不愿意相互协作，那么组织的目标就无法完成。好的组织是一个协作系统。组织成员有协作的意愿意味着个人要克制自己，交出自己的控制权、个人行为和非个人化等。没有这种意愿，就不可能将不同组织成员的行为有机地结合起来，协调一致地活动。例如，作为工厂的一名工人，就必须按时上班，严格按照工厂机器操作运转的规律进行，遵守工厂的各项制度，使个人行为变得非个人化。大多数时候，不同成员的协作意愿是不同的，同一个人不同时候的协作意愿的强度也是不同的，个人并不能自发地产生协作意愿。因此，组织要正常运转就必须协调人们的协作意愿。

其次，社会管理在于确立共同的目标。可以说协作的意愿如果没有共同的目标是发展不起来的。如果组织成员不了解组织要求他们做什么，做成功以后他们会得到什么样的回报，就不可能诱导出协作的意愿来。

对组织成员个人来说，组织的目标不一定是一种“个人”目的，但必须使他们看到这种共同目标对整个组织所具有的意义。组织动机和个人动机是不同的，而个人之所以为组织作出贡献，并不是因为组织动机就是他们的个人动机，而是因为他们感到，通过组织目标的实现，有助于实现他们的个人目标，并获得相应的满足。

最后，社会管理的关键是信息沟通。作为第三要素，它使前两个要素得以动态地结合。个人协作意愿和组织共同目标只有通过信息沟通才能联系和统一起来，内部信息交流是实现组织目标的基础。巴纳德规定了信息沟通的一些“原则”：信息交流的渠道要为组织成员明确了解。组织的每一个成员都有一个明确的、正式的信息交流渠道，即每一个成员必须向某个人作报告或从属于某人。信息交流的渠道必须尽可能地直接和简洁。

信息交流和信息传递有正式和非正式、书面与口头等不同的方式。很多情况下，信息往往要经过若干环节才能到达最终需要者手中，在这个传递的过程中，不管是有意还是无意，都可能会产生信息的失真和误导。管理者必须采用各种手段纠正信息失真，譬如让信息表达的清楚明了、缩短信息传递路线、采用先进的科学技术，等等。

备课参考书目：

1.〔美〕切斯特·I. 巴纳德著，王永贵译：《经理人员的职能》，机械工业出版社 2007 年版。

2. 李兴山主编：《西方管理理论的产生与发展》，中共中央党校出版社 2009 年版。

3. 孙耀君主编：《西方管理学名著提要》，江西人民出版社 1995 年版。

经验主义学派理论*

经验主义学派的代表人物德鲁克于 1909 年出生于奥匈帝国的维也纳，祖籍为荷兰人，2005 年去世。他对世人有卓越贡献及深远影响，被尊称为“大师中的大师”“现代管理之父”。

德鲁克于 1954 年出版《管理的实践》一书，从此将管理学开创成为一门学科，从而奠定了其管理大师的地位。

一、管理的性质与任务

（一）管理的性质

在西方管理学界颇为流行的《工商业组织与管理》一书的作者彼得森和普洛曼认为，管理是一个特定的人群团体用以确定、阐明和实现其目的和目标的技能。管理的具体概念随其实施的人群团体的类型而有所不同。例如：

1. 政府。虽然政府很少被认为是一种管理，但彼得森和普洛曼认为也完全适用于上述定义。

2. 公共事务管理是任何政府单位的组织及对这些单位中雇员行使权利和职责。

---

* 这是 2015 年 3 月 9 日在中央党校在职研究生班、全国党校教师进修学院进修班的授课讲稿。

3. 军队管理是一种特殊形式的公共事务管理，包括军事力量的组织和指挥。

4. 协会或俱乐部管理。职工团体也必须像一个政府单位那样组织和监督。

5. 工商业管理是同政府管理和公共事务管理大不相同的一种特殊形式管理。

6. 公营企业管理是一种特殊形式的工商业管理，它不仅必须包括工商业管理的正常职能，而且还包含政府管理和公共事业管理的问题和考虑。

上述6种类型的管理在外部表现上虽然有许多不同之处，但其基本原理不变。

德鲁克不同意彼得森和普洛曼两人对“管理”概念的这种广义的解释。他认为，管理只同生产商品和提供经济服务的工商企业有关。他认为管理学由管理一个工商企业的理论和实际的各种原则组成。管理的技巧、能力、经验不能移植并应用到其他机构中去。德鲁克还进一步指出，管理侧重于实际应用，而不是纯粹理论的研究。管理学如同医学、法律学、工程学一样，是一种应用学科，而不是纯知识的学科。德鲁克的上述观点也得到了许多人的赞同。

（二）管理的任务

按照德鲁克的观点，管理是对人进行管理的技巧，是一个特殊的、独立的活动和知识领域，管理主要有以下三项任务：

1. 取得经济效果。德鲁克认为，一个机构是为了某种特殊目的和使命、某种特殊的社会职能而存在的。在工商企业中，这就意味着经济上的成就。在整个社会这个大系统中，只有企业取得了经济效果，才能为发展教育、保健、防卫和科学研究提供物质条件。因此，企业经理人员在进行决策或进行日常管理中，必须将获取利润放在首位。

2. 使工作具有生产性，并使工作人员有成就。德鲁克认为，工商企业的资源可以分为三类：资本、人力、时间，但真正的资源只有一项：人。这对其他机构和组织来讲也是一样。因此，经理人员要使企业不断成长，从而使工作具有生产性，就必须重视人的作用，要以不同角度满足职工对责任、诱导、参与、激励、报酬、领导、地位及职能等方面的要求，从而把职工正确地组织起来，发挥每个人的作用。

3. 妥善处理企业对社会的影响和承担企业对社会的责任问题。这是因为，没有哪一个机构是为了自己而存在的，是以自身为目的的，每一个机构都是社会的器官，都是为了社会而存在的，企业也是这样。工商企业的存在，不是为了它自身，不是为了工人和管理者有就业机会，也不是为了股东能分得红利，而是为了对社会产生积极的影响，为了对顾客提供商品和劳务。因此，评定企业的好坏，不能由企业本身来定，而应该由它对社会的功用来评定。

上述三项任务常常是在同一时间和同一管理行为中去执行的，甚至不能讲某项任务占更优先的地位或要求更高的技巧或能力。取得经济效果之所以重要，是由于企业是一个经济组织；使工作具有生产性并使工作人员有成就之所以重要，就是因为不如此，就不能取得经济效果，职工没有工作上的满足，企业就不能发展；而承担企业对社会的责任之所以重要，就是因为企业是社会大系统的一部分，否则企业就会丧失社会的支持而导致企业的衰亡。

二、管理者的职责与技能

（一）管理者的职责

德鲁克认为，管理者有两项特殊的任务：第一项任务是创造出一个大于其各个组成部分的总和的真正的整体、一个富有活力的整体，它把投入于其中的各项资源转化为较各项资源的总和更多的东西。可以把它比喻为一个乐队的指挥。通过乐队指挥的努力、理解和指挥，各种各样的乐器演奏形成了有生命力的音乐演出的整体。但乐队指挥有作曲家的乐谱为蓝本，他只是一个解释者，而管理人员则既是作曲家，又是乐队指挥。管理人员的第二项特殊任务是：在其每一项决定和行动中协调当前和长远要求。他如果牺牲了当前要求和长远要求中的任何一项，就会使企业受到危害。

（二）管理的技能

德鲁克认为，管理是一项特殊的工作，因而需要以下一些特殊的技能：

1. 作出有效的决策。在德鲁克看来，管理者区别于其他人员的一个重要标志，就在于他是影响整体绩效和成果的决策者。而管理者是否称职的主要标志，又在于他能否作出有效的决策。为此，他提出决策的三条原则：

第一，注意的中心是确定问题而不是提供答案。

第二，把各种不同的看法都提出来，在达到协商一致以前不对答案进行讨论，而是探讨各种不同的看法和方法。

第三，注意的中心放在各种可供选择的方案上而不是放在“正确的答案”上。

此外，决策不单纯是一种智慧的运用，还需要动员整个组织的见识、力量和各种资源，以便采取有效的行动。

2. 在组织内部和组织外部进行信息交流。信息交流有以下四项基本原则：

第一，信息交流是知觉，必须在信息接收者的知觉范围以内。

第二，信息交流是期待。在进行信息交流以前必须知道信息接收者的期望是什么。

第三，信息交流提出要求，要信息接收者成为某样的人、做某种事、相信某种事。因此，信息交流要适应于信息接收者自己的愿望、价值观和目的。

第四，信息交流是人与人之间的交流，它与信息是不同的。

3. 正确运用核查、控制与衡量。德鲁克指出工商企业中的核查有三个主要特点：

第一，核查可能不是客观的或中性的，而是主观的、有倾向性的。

第二，核查必须把重点放在成果上。

第三，对所衡量的事件和不可衡量的事件都需要核查。

核查必须符合以下七项规范：符合经济性原则；必须是有意义的；核查必须适合于被衡量对象的特点和性质；衡量的尺度必须同被衡量的事件相称；核查必须适时；必须简单；必须是能被使用的；最后，核查制度必须同组织的最终控制相一致。

4. 正确运用管理科学这种分析工具。德鲁克强调运用管理科学，认为它是管理人员进行分析的工具。

三、目标管理

所谓目标管理，是使管理人员和广大职工在工作中实行自我控制并达到工作目标的一种管理技能和管理制度。这个概念是彼得·德鲁克于1954年提出来的，它是德鲁克在管理实践方面一个很大的贡献。它综合了以工作为中心和以人为中心的管理技能和管理制度，解决了泰罗制重视动作分解而忽视工人劳动兴趣，把计划与执行分开等问题；同时也避免了行为科学偏重于以人为中心，忽视同工作相结合的弊端。

目标管理的实施分为目标的制定、实施、检查、评价四个阶段。成功的企业实行目标管理的方法步骤是：

1. 高层管理人员的参加。总经理和其他高层领导人员积极参加制定和实施公司的战略目标和高级策略目标。

2. 下级人员积极参加目标的制订并为目标的实现承担责任。

3. 有充分的情报资料。各级管理人员不仅了解高层领导制定的目标，而且掌握有关成本、可用资源、同事及其他人的协作意愿、市场条件、自己的行为对企业内其他单位的影响等方面的情报资料。

4. 对实现目标的手段有控制权。

5. 对实行目标管理而带来的风险给予激励。

6. 充分信任职工。

需要指出的是，目标管理不是万能的。根据美国《幸福》杂志调查，在美国最大的500家工业公司中，有40%的公司采用了目标管理，这其中有的成功了，有的失败了。德鲁克总结实行目标管理失败的原因是：

1. 对目标管理理解上的偏差。目标管理只是一种管理方法，它的关键是管理，目标是为有效管理服务的。而有的企业以为有了目标，管理就可以上去了，其结果是制定的目标挂在墙上、写在纸上。这样的目标实际上只能妨碍而不是有助于管理。

2. 总目标与分目标之间缺乏沟通。作为总目标的制定者总经理，在确定公司总目标时，并没有与各职能部门充分协商，而是把总目标作为指令下达给各职能部门。职能部门的分目标与整体目标之间缺乏衔接。

3. 目标不具体，缺乏考核依据。目标是指管理活动所要求达到的成果，是企业在一定时期内努力奋斗的方向和希望达到的具体指标。所以目标具体、明确，是目标管理的关键，也是考核的标准。缺乏明确具体的目标，必然导致目标管理的失败。

4. 不与企业具体实际相结合，盲目采用目标管理。实行目标管理要求企业领导者必须具备民主的管理作风；要求管理者必须实行权、责、利相结合；要求企业具有奖惩分明的管理制度。而有些企业根本不具备这些条件，采用的是目标管理，实行的却是家长制管理作风，责、权、利不明确，制度混乱、奖惩不明。

5. 目标短期化、目标多元化，也是导致目标管理失败的一个重要原因。

四、管理的组织结构

德鲁克很重视企业管理组织结构问题。他认为，合理的组织结构是有效管理的保证。他总结了法约尔以来的经验，认为在构建组织结构时应有以下指导思想：

1. 组织结构不是自发演变的。自发演变的结果只能是混乱、摩擦、后果不良。因此，要组织结构合理，需要思考、分析和研究组织系统，进而设计和建立符合管理需要的组织结构。

2. 设计一个组织结构不是第一步，而是最后一步。第一步是确定和组织一个组织结构的基本构造单位，即那些必须包含在最后结构之内并承担已建成大厦的“结构负荷”的业务活动。

3. 战略决定结构。组织不是机械的，不是“装配件”，不能“预制”。组织是有机的，并且每一个企业或机构各有其特点。结构是实现一个机构的各种目标的一种手段。因此，有关结构的任何工作都必须从目标和战略出发。组织设计所应关心的，主要是那些关键活动或关键工作。

德鲁克认为，组织设计有以下一些形式上的规范：

1. 明确性。组织中的每一个管理部门、每一个人，都应该了解自身在组织中处于什么位置、归谁领导、应该到哪里去取得所需要的信息，同谁进行合作。

2. 经济性。用于控制、监督、引导人们取得成绩的力量应该保持在最低限度。组织结构应使人们能够自我控制和自我激励。

3. 远景方向。组织结构应该把每个管理部门和每个人的远景指引向取得整个企业的成绩。

4. 理解本身的任务和共同任务。一个组织应该使每个部门和每个人理解本身的任务，同时又理解共同的任务，了解如何使自己的任务适应整体的任务。因此，组织结构必须促进而不是阻碍信息联系。

5. 有利于决策。组织设计必须有利于由恰当的组织层次作出恰当的决策，并使决策转化为工作和成就。

6. 稳定性和适应性。一个组织需要有充分的稳定性，能在动乱的环境中进行工作，能有连续性并规划未来，但是，稳定性不是僵硬性，相反，组织结构要求有高度的适应性，能适应新的情况、新的要求、新的条件。

7. 永存性和自我更新。一个组织结构必须能够从内部产生未来的领导者，能够在一个层次上培养和考查每一个人担任更高一级职位的能力。一个组织结构还必须能够接受新思想并愿意和能够做新事情。

德鲁克对现存的五种组织结构类型进行了分析，分别指出了职能制结构、联邦分权制（事业部制）结构、矩阵结构、模拟分权制结构及系统结构的优缺点。他认为，并不存在着一种唯一正确或普遍适用的组织结构。每一个企业必须依据它的使命和战略来进行组织设计。

五、高层管理

高层管理是进行指挥、确定视野、制定标准的机构。德鲁克认为它有不同于一般管理的六项特殊任务。

1. 明确企业的性质，考虑确定企业的任务，进而确定一定时期内企业的目标，制订生产经营战略和计划。

2. 确定考核企业各方面工作的标准，提倡企业精神和树榜样。

3. 从本企业实际出发考虑和设计组织结构。

4. 建立对内对外合理的人际关系，制定正确的政策，确保同顾客、政府、金融界、供货者的正确关系，以及同企业职工的正确关系。

5. 代表企业处理礼节性活动。

6. 处理紧急事件或重大危机。

德鲁克认为，高层管理的工作除了上述任务外，须有其战略和高层管理班子。

六、现实意义

德鲁克认为，《管理的实践》一书的出版使人们有可能学会如何去管理。在这之前，管理似乎只是少数天才能做的事，凡人是无法做到的。“我坐下来花了些工夫，把管理变成了一门学科。”的确，该书面世60余年来，一直受到众多读者的追捧，影响了全世界无数经理人和管理学者，不愧为一部“管理的圣经”。正是《管理的实践》一书的出版，使管理真正成为一门学科。该书出版后，不但在美国一炮走红，在全球各地也都非常成功，包括欧洲、拉丁美洲，尤其在日本更是备受重视。日本人认为该书的观念奠定了他们经济成功和工业发展的基石。曾经有一位美国公司的经理写信向彼得·德鲁克报告说，他的经理班子对德鲁克发表的每一篇论文都要进行反复的探讨，并总结本企业可以从中得到的教益。对于管理学家来说，恐怕再也没有比这更高的奖赏了，毫无疑问，坚持这种做法的绝不仅限于上面提到的企业和它的经理班子。事实上，自从20世纪40年代管理学学术研究兴起以来，德鲁克的文章从来都是企业界，特别是一线经理们关注的焦点和对比学习的标尺，他也因此被誉为“美国公司总裁的导师”。

看看国内外专家、学者对该书的评价可以见证它的价值。

彼得·德鲁克经典经得起时间考验，值得一读再读，常读常新。它帮你理清思路，从任何新事变中发掘本质，找到历史渊源。——邵明路（彼得·德鲁克管理学院创办人德鲁克百年诞辰全球纪念活动共同主席）

本书让你能跳出企业，站在创造市场需求的外部来审视和解决企业内部存在的问题，进行整体的系统的而不是局部的孤立的管理，从而在驾驭企业从小到大的发展阶段中能够从成长走向成功。《管理的实践》指导你在实践中学会管理，并在成功的管理实践中得到升华。——张瑞敏（海尔集团董事局主席）

现代管理学的大厦就建立在这本书所提出的一系列思想的基础上。时下大部分流行的管理思想和管理实践都可以从这本书中找到根源，包括：目标管理、参与管理、知识员工管理、客户导向营销、业绩考核、职业生涯管理，事业部制分权管理，企业文化、自我管理团队，甚至最近非常流行的平衡计分卡都可以在这本书中找到根源。——赵曙明（南京大学商学院院长教授博士生导师）

德鲁克先生对于管理领域的贡献并不需要我们去做注释，但是对于中国的管理者来说，他的价值却难以估量。因为德鲁克先生，管理可以变得卓有成效；因为德鲁克先生，管理者释放了自己的价值。——陈春花（华南理工大学教授博士生导师）

全世界的管理者都应该感谢这个人，因为他贡献了毕生的精力，来理清我们社会中人的角色和组织机构的角色，我认为彼得·德鲁克比任何其他人都更有效地做到了这一点。——杰克·韦尔奇（通用电气前首席执行官）

在所有的管理学书籍中，德鲁克的著作对我影响最深。——比尔·盖茨（微软总裁）

德鲁克是我心中的英雄。他的著作和思想非常清晰，在那些狂热追求时髦的思想的人群中独树一帜。——安迪·格鲁夫（英特尔主席）

《管理的实践》一书的当代价值在于管理的务实研究，这应是今后我国管理研究的努力方向。管理是一门科学固然不错，但它与一般社会科学不同，是门应用科学，其本身具有很大的灵活性与艺术性。因此，这门科学的研究不能仅靠逻辑推理，也不能仅靠实验室中的试验，而主要应靠实践经验的总结。综观西方各管理理论流派，虽然各有特色，都从不同角度、不同侧面对管理问题进行了阐述，但这些学派都强调其理论体系的完整性，从而往往把其管理原理或方法绝对化，过分强调个别原理、原则或方法，从而难于同实践要求相吻合。与上述理论流派不同的是，德鲁克的经验主义理论自始至终都强调理论的实用性，在研究方法上的鲜明特点就是以企业经验作为研究对象，从活生生的现实中提炼出许多发人深省的问题，以便有助于管理者应付当代变化的管理实践。这种务实的精神，对于我国管理理论的研究尤为重要。目前在我国管理理论研究中突出的问题是联系实际不够，调查研究不够。这使得有些著作空洞无物、生搬硬套，各种版本相互转抄、内容雷同；另外，我国企业管理实践中涌现出大量的新鲜经验却没能得到及时总结与推广。因此，管理的务实研究应成为我国管理理论研究者努力的方向。

人力资源管理*

纵观当今世界，“物本管理”已经让位给“人本管理”，比较世界各国，几乎都把“人才”作为今后经济、科技、社会发展的“支撑点”，把人力资源作为第一资源。中国要想在21世纪实现现代化第三步战略目标，就必须把中国建成世界最大的学习型社会，把人口资源转化成人力资源。为此，各级领导都必须把人力资源管理作为一项战略任务来抓。本讲的着眼点就是以人为主线，把人力资源管理的理论精华浓缩为四部分，即人性假设理论、需要理论、激励理论、领导理论。

一、人性假设理论

人性是指人的属性，它是哲学、人类学、社会学、心理学及文学等许多学科研究的对象。纵观西方管理理论的产生与发展，如果从泰罗《科学管理原理》（1911年）问世算起，西方管理理论已经有近百年的历史。在这漫长的岁月中，先后有5个重要的发展阶段。沿着看似繁乱的管理理论丛林我们发现，不管管理的重点是人还是物，贯穿其中的主线就是对人的假设。对人性认识的深化与升华，是资本主义贡献给人类社会的重要文明成果，中国进行人力资源管理同样离不开人性假设这个前提。为此，有必要了解和借鉴西方管理的研究成果。

---

* 这是2014年在中央党校在职研究生班、全国党校教师进修学院进修班、世界职业经理人培训班、干部学习网上的授课讲稿。

（一）经济人假设

该假设最早由英国著名古典经济学家亚当·斯密提出，后成为经济学基本假设之一。在他看来，经济学中所考察的人都是经济人，每个人都具有利己主义的本性，都只关心个人的经济利益。其后，美国心理学家和行为科学家埃德加·沙因把经济人假设归纳为以下四点：

第一，人是由经济诱因来引发工作动机的，其目的在于获得最大的经济利益。

第二，经济诱因在组织的控制之下，因此，人被动地在组织的操纵、激励和控制之下从事工作。

第三，人以一种合乎理性的、精打细算的方式行事。

第四，人的感情是非理性的，会干扰人对经济利益的合理追求，组织必须设法控制个人的感情。

经济学和管理学上的“经济人”假设，其实质是把人看成一种具有理性的经济动物。与经济人假设相对应的是“物本管理”，即突出物在管理中的作用，把人与物同等对待。具体表现是：（1）重物轻人，把物的因素看作是具有决定性作用的因素，忽视人在管理中的作用。（2）把人当作机器的附属物，要求人去适应机器而不是机器去适应人。（3）把企业看作是一个创造物质财富的组织，企业的价值表现在物的价值上。（4）把人看作机器和劳动工具来管理，用人所创造的物质财富来判断和衡量人的价值，而忽视人本身所具有的价值。（5）对人主要实行物质刺激的金钱鼓励，缺少应有的人文关怀。即使被誉为“科学管理之父”的泰罗，也只是把人当作物和工具来管理，他并没有严格地区分对物的管理和对人的管理。在传统的泰罗管理模式中，最显著的特点也就是“物本管理”的理念，即只重视物的作用，忽视人的因素，把企业看作是一个大机器，而企业的员工则是这一机器中的具体零部件，把人当物来管理，把人看作只关心自己经济利益的“经济人”，从而忽视了人的社会属性。

（二）社会人假设

该假设最早由埃尔顿·梅奥在《工业文明中的人性问题》一书中首次提出。这种假设认为人不但有经济方面和物质方面的需求需要得到满足，更重要的是人有社会方面和心理方面的需求需要得到满足。工作条件和报酬并不是影响劳动生产率高低的第一位原因，人的思想更多的是由感情而不是由逻辑来引导的。因此，人不是以物质金钱为唯一动力的“经济人”，而是“社会人”，管理者必须注意从社会、心理层面来满足人的需要，通过提高人的士气来提高劳动生产率。人际关系学说的这种认识正好与古典管理理论对人的本性的基本认识相反。美国行为科学家埃德加·沙因在1965年出版的《组织心理学》中把社会人假设归纳为以下四点：

第一，人基本上是由社会需求而引起工作动机的，人们最重视人与人之间的相互关系。

第二，现代工作的机械化程度愈高、分工愈细，使工作本身变得单调、枯燥乏味，因此，人们只能从社会关系上去寻求意义。

第三，工人对同事们的社会影响力要比对管理者所给予的经济诱因及其控制更重视。

第四，工人的生产效率决定于管理者能满足他们社会需求的程度。换句话说，工人的社会需求的满足与否，决定其生产率的高低。

“社会人”的人性假设在实质上是试图在管理中建立一种比较和谐的人伦关系，它在某种程度上已经提出了被管理者作为组织成员在管理中的民主、平等、参与等问题，这显然比“经济人”假设前进了一大步。

（三）复杂人假设

复杂人假设最早由薛恩等人在20世纪70年代初提出。该假设通过对人的不同侧面考察后发现，在管理实践中，没有所谓纯粹意义上的“经济人”“社会人”，人是一个复杂的存在。无论是“经济人”还是“社会人”，其假设都有合理的一面，但并不适合所有的人，人并不是单纯的一种人。“复杂人”的人性假设认为：

第一，人们是怀着许多不同的需要加入工作组织的，而且人们有不同的需要类型。有的人需要更正规化的组织结构和条例规章，而不需要参与决策和承担责任；有的人却需要更多的自治责任和发挥个人创造性的机会。

第二，不同的人对管理方式的要求也是不同的。如上述第一种人欢迎“经济人”的管理方式，第二种人则欢迎“社会人”的管理方式。

第三，组织的目标、工作的性质、职工的素质对组织结构和管理方式有很大影响。凡是组织结构和管理层次的划分、职工的培训和工作的分配、工资报酬和控制程度的安排等适合于工作性质和职工素质者，其效率就高；不适合者，其效率就低。

第四，当一个目标达到后，可以继续激起职工的胜任感，使之为达到新的更高的目标而努力。

“复杂人”假设实际是对人性假设的一种综合，从某种程度上它揭示了管理的综合性与艺术性特点。

（四）文化人假设

20世纪70年代末、80年代初，在西方管理理论研究中出现了一种非理性主义倾向。他们向传统管理理论提出了挑战，强调管理中的“软”因素，提倡文化管理。企业文化理论认为，人不仅仅是社会人，他还是一种文化人，即有自身的观念、信念、工具和语言。每一个企业——实际上也是每一个组织——都有一种文化，而这种文化有力地影响着整个组织，直到它所做的每一件事。以企业为例：

第一，企业精神是企业文化的核心，是企业的灵魂和企业管理的指导思想。它是在一定的社会制度、生产力水平和文化背景下，由企业家积极倡导而培植形成的职工信念、意志、风格、行为准则的综合体现，是企业在生产经营活动中长期形成的，并为职工群众所认同激发企业活力、推动企业生产经营的一种群体意识和信奉的精神信念。企业精神具有鲜明的民族特点、时代特点和企业个性，是企业职工群体人格健康、向上心态的外化；是企业向心力和凝聚力，职工群众对企业的信任感、自豪感和荣誉感的集中表现形态。

第二，现代化的企业观念也是企业经营活动的总指导思想。诸如市场观念、竞争观念、创新观念、公平观念、质量观念、效率观念、效益观念、民主观念、法制观念、人才观念、科技观念、信息观念等，对组织观念都有重大影响。

第三，企业目标是企业文化以企业经营目标形式表现出来的一种观念形态文化，即企业的目标文化。企业目标作为一种意念、一种符号、一种信号传达给企业每一个人，从而指导企业的行为。

第四，企业制度文化是企业在长期的生产、经营和管理实践中生成和发育起来的一种文化现象，它与企业行为文化有着密不可分的联系。

良好的企业形象，对内可凝聚人心，使全体职工具有同企业荣辱与共的思想，人人关注企业的生产和经营，人人重视企业的效益，人人珍视企业的信誉，每个职工在各自的工作岗位上，以主人翁的姿态进行工作，发挥出最高的工作效率。对外则树立良好的声誉，从而增加顾客对企业的忠诚度。

“文化人”假设认为，任何一个企业、任何一个国家，其生存与发展，都是和它所在国的传统及周围的文化环境分不开的，人是“文化人”，为此，管理者必须通过支持和塑造文化进行领导。

（五）自我实现的人假设

“自我实现的人”的假设最初是由管理心理学家马斯洛提出来的。他认为人性具有充分发挥潜力的特征，每个人都渴望成为自己所希望的那种人。人具有“越变越为完美的欲望”，“自我实现”是人类需要的最高层次，理想的人就是自我实现的人。自我实现的人假设认为，人有自动的、自治的工作特性，能够自我管理。管理者既不是生产任务的指导者，也不是人际关系的协调者，而是一个采访者。由于环境往往给人发挥才智造成障碍，所以管理者应以采访者的身份采访环境。管理者的主要任务是寻找什么工作对什么人最具有挑战性，最能满足人自我实现的需求。自我实现的需要占支配地位的人具有以下特点：

第一，自我实现者充分地接受自己。他们知道自己有种种缺陷，和一个完善理想的人还差得很远，但他们毫不迟疑地将自己全盘接受下来。他们没有过分的自我防御，没有保护色和伪装，他们也厌恶其他人伪装自己。这就是说，自我实现的人比一般人更少焦虑。他们的行为坦率而自然，带有自发性，他们也尊重习俗传统，但在传统习俗妨害他们的坦率时，会立刻抛弃习俗。他们有自己独立的道德准则，恰恰这些东西是超前于时代的。自我实现的人具有自发性和率直的个性，使他们像孩子一样天真地看待世界，但这种天真和幼稚完全是两码事。

第二，以问题为中心。他们把自己的全部注意力都集中到解决某一个问题上，他们喜欢这么干。虽然有的任务他们并不满意，但一干起来，他们会全身心投入。一般来说，他们投身的工作往往不只关系到个人，而是关系到整个民族、国家和人类的利益。

第三，超然的独立性。自我实现者往往被正常人视为缺乏感情的人，他们总是用自己的头脑做决定，不受外界压力影响。他们可以离开大伙独立地生活。他们平时可能是沉默寡言的，他们站在世界之外观察这个世界，有时这种超然的态度会变得严峻和冷漠。这里，我们再一次看到，自我实现的人不是“以自我为中心”，而是“以整个世界为中心”的。这与自私自利、自我中心者完全不同。

第四，喜欢变化。自我实现者能反复欣赏变化着的事物，他们带着天真的情感看待这一切，而对于其他人，这些事物可能早已司空见惯了。

第五，具有更多的高峰体验。自我实现者更能体验到人生的乐趣，而这种乐趣集中表现在所谓的高峰体验上。高峰体验是一种在极度兴奋中自我超越或自我丧失的体验。我们在欣赏美好的音乐、艺术品、风景或做成了一件极想做、又做得很漂亮的工作时，都会体验到这种情感。马斯洛认为，对于不同人，高峰体验的次数和内容可能完全不同，但无论如何，高峰体验的次数越多，人就会变得越乐观、越坚定，他的人格就越统一。这是一种真、善、美的统一，一种自己与世界的融合统一。

第六，享受到更美满的爱情。自我实现者的防卫解除，使他们更懂得爱和如何去爱。他们的性体验也更自然，他们总是对自己的爱情和配偶惊叹不已，他们已经不是简单地只将漂亮、“舞跳得好”等当成吸引自己的东西，他们在对象的选择上讲究要合适、自然、善良和体贴。

第七，幽默感和创造力。自我实现者的幽默感不同于常人，他们更对具有哲理性的笑话保有反应。他们具有很强的创造性，这种创造性不单表现在他们的产品上，还表现在日常生活中。

他们身上已看不到好—坏等两分现象，他们把工作、游戏、生活等都系统地融合在一起。

二、需要理论

管理有句名言：根据人的需要进行管理是最好的管理。因为需要是人类行为的开端，是人与社会联系的纽带。其内在逻辑是：需要——动机——行为——目标。也就是说，领导者要带领组织成员实现组织目标，工作的起点是组织成员的需要，由需要而激发动机并产生行为，最后满足需要。这样一个过程以后又产生新的需要，周而复始。因此，人力资源管理必须从人的需要开始。

众所周知，动物是通过本能活动来满足自身需要以维持其生态平衡及生命延续的。动物的需要虽然对外界环境能作出相应的反应，但只限于其生命形式的范围之内，永远不会超出维持生命存续的自然生理需要，并且作为同一类动物，其需要也是同一的。与动物不同，人的需要是对物质条件、精神生活条件的自觉反应，它是以人脑的意识活动为基础的。正因如此，不同人的需要具有很大的差异。美国的心理学家马斯洛①，最早对人的需要进行研究和总结，提出了最具代表性的理论，即“人类需求层次论”，把人类需要按发展的先后次序分为生理需要、安全需要、友爱和归属需要、尊重需要和自我实现需要五个层次。

1. 生理需要。生理需要是人的最基本的需要。人人都需要衣、食、住、行。现代社会中，人们衣食住行所需要的物质不能直接从工作中获得，人们必须先获得金钱，再购买物质。所以，在市场经济条件下，人们生理的需要主要表现为对金钱的需要。

马斯洛认为，衣、食、住、用、行在人的需要的阶梯中占绝对主导地位，如果这些需要得不到满足，所有其他需要简直变得不存在了，或者被推到了一边。这时可以简单用“饥饿”一词来描述整个机体的特征，人的意识完全被“饥饿”占有。感受器、效应器、智力、记忆、习惯，这一切现在可能仅限于是满足饥饿的工具。对于达到这一目的的没有用处的能力则处于休眠状态或者隐蔽起来。在这种极端的情况下，写诗的冲动、买汽车的欲望、对美国历史的兴趣、对一双新鞋的需求等，都被忘记，或者变得只有第二位的重要性了。对于一个其饥饿已达到危险程度的人，除了食物，其他任何兴趣都不存在。他梦里是食物，记忆里是食物，思想活动的中心是食物，他感情的对象是食物。

马斯洛还谈到，当人的机体被某种需要主宰时，他的人生观也会发

① 美国心理学家和行为科学家亚伯拉罕·马斯洛（1908—1970年）。主要著作有：《妇女中的控制、个性和社会行为》（1939年）、《反常心理学原则》（1941年）、《心理安全——不安全动力学》（1942年）、《人类动机的理论》（1943年）、《冲突、挫折和威胁理论》（1943年）、《激励和人》（1954年）。在《人类动机理论》一书中，马斯洛提出了著名的“人类需要五层次理论”，即生理的需要、安全的需要、社会交往的需要、尊重的需要以及自我实现的需要。

生变化："对于一个长期极度饥饿的人来说，乌托邦就是一个食物充足的地方。他往往会这样想，假如确保他余生的食物来源，他就会感到绝对幸福并且不再有任何其他奢望。生活本身的意义就是吃，其他任何东西都是不重要的。自由、爱、公众感情、尊重、哲学，都被当作无用的奢侈品弃置一边，因为它们不能填饱肚子。可以说，这种人是仅仅为了面包而活着。"

马斯洛指出，决不能否认以上情况是真实的，但也决不能认为这是绝对的。在一个正常运转的和平社会中，上述特殊紧急情况总是比较少的。在人们已知的绝大多数社会中，长期严重饥饿的情况不是常有的，而是极为罕见的。当一个普通的人说"我饿了"，实际上他所感受到的不是饥饿而是食欲。只有在偶然的情况下，他才会感受到真正生死攸关的饥饿。这在他一生当中是难得有几次的。

如果人们有了很多的面包，肚子经常填得饱饱的，那么他的个体将发生什么变化呢？答案是立即就出现其他（更高级）的需要。正是这种需要而不是生理上的饥饿，对人的机体起着统治的作用。当这种需要得到满足时，又有新的（更为高级）的需要出现，以此类推。这就是人们所说"人的基本需要组织起来成为相对的优势需要等级"的意思。

2. 安全需要。安全需要，是指人们对人身安全、身心健康、职业稳定、老有所养方面的需要。这些需要促使人们追求工作环境的安全、医疗保险、职业保障和退休保障等。

一般来说，当生理的需要得到基本满足之后，这一组新的需要就会突出地表现出来。马斯洛将这些需要概称为安全需要。此时，那些关于生理需要的说法基本上适用于这些欲望，机体也可能被这些需要所支配。这些安全需要可以几乎成为行为的组织者，并调动机体全部机能。我们可以将机体恰当地描述为追求安全的机制。同样，可以将机体感受器和效应器、智能以及其他功能称为寻求安全的工具。而且，就像在一个饥饿的人身上发现的那样，其占支配地位的目标不仅是他目前的世界观和哲学观念的决定因素，还影响到他未来的人生观。实际上，在他看来，任何事情都不如安全重要（甚至有些正在得到满足的生理需要也被忽视）。在这种情况下，如果一个人的安全需要是极度强烈的和长期的，他可能变得仅仅为安全而活着。

马斯洛认为，可以通过对婴儿和儿童的观察更有效地理解成人的安全需要，因为在婴儿和儿童身上，这类需要表现得更简单更明显。婴儿所以会比较明显地表现出对威胁和危险的反应，一个原因是他们对这种反应没有任何抑制，而社会中的成人都已经学会了无论如何要克制自己的反应。因此，尽管感到安全受到了威胁，成人也可能不会将他的表情显现出来。

在这个世界上，人们寻求安全和稳定的另一较大表现方面是：人们普遍喜爱熟悉的事物，而非不熟悉的事物；喜爱已知的事物，而非不知的事物。人们倾向于信奉某种宗教或世界哲学以把宇宙和人类组合成一种有意义的令人满意的和谐整体。这种倾向也部分地受到了安全需要的激励。可以这样讲：一般而言，科学和哲学都部分地受到了安全需要的激励。

此外，安全需要还被看作在紧急情况下，即战争、疾病、自然灾害、犯罪浪潮、社会骚乱、神经症、脑损伤或长期处于逆境时调动机体能源的主要积极因素。

3. 友爱和归属需要。人们都不愿意孤独，希望与他人进行社会交往，并在交往中建立各种感情，能得到别人的关心、支持和爱护，可以与别人进行情感交流，与别人共同分担忧愁，共同分享喜悦。

马斯洛认为，当生理需要和安全需要得到满足之后，人们便希望得到友谊和爱情，希望受到集体的接纳，得到集体的帮助。此时，个人将前所未有地、强烈地感受到朋友、情人或妻子和孩子不在身边的寂寞。他将产生与人广泛交往的欲望，换言之，他要在群体中找到一个位置，他将竭尽全力达到这个目的。

马斯洛发现，缺乏爱就会抑制个人的成长及潜力的发挥。爱的饥饿是一种缺乏症，就像缺乏盐和维生素一样。一个人需要碘和维生素C，同样也需要爱。

4. 尊重需要。每个人都有自尊心，希望受到别人的尊重，希望被别人看得起。这样，在工作中就会有更多的自信心和自豪感。人们对尊重的需要主要表现在人们希望得到他人，尤其是领导者的重视，以及对较高职位的追求。

马斯洛认为，在现实社会中，所有的人都有一种需要或欲望，要求对自己有一种坚定的、基础稳固的并且通常是高度的评价，要求保持自尊和自重，并得到别人的尊敬。所谓基础稳固的自尊，意思就是说这种自尊是以真实的才能和成就以及别人的尊敬为基础的。这种需要可以进行再分类：首先，是那种要求力量、要求成就、要求合格、要求面对世界的信心，以及要求自由和独立的欲望。其次，还有一种欲望，可以称之为要求名誉或威信（其定义为别人的尊敬或尊重）、表扬、注意、重视或赞赏的欲望。这种需要得到艾尔弗雷德、阿德勒及其追随者的较多重视，而弗洛伊德和精神分析学家们则相对忽视了这种需要。但是今天看来，越来越多的人认识到了这种需要的意义。

马斯洛认为，自尊的需要得到满足之后，就会使人有自信、有价值、有力量、有能力并适于生存。如果这种需要得不到满足则使人感到低人一等，软弱或无能为力，后述的那些感觉又使人容易产生严重的沮丧情绪或神经质的倾向。在某些关于创作性神经机能病的报告中，可以明显看出人们的基本自信的必要性及缺乏这种自信会造成怎样无能为力的状况。

5. 自我实现需要。这里主要是指人们对自我价值实现或成就的需要，这一需要一般已超越了自我，不是单纯追求个人的得失，而是追求对社会的贡献，为社会、为人类留下一些美好的、令人称道的东西。这是一种高层次的需要。“一位作曲家必须作曲，一位画家必须作画，一位诗人必须写诗，否则他始终无法安静，一个人能够成为什么，他就必须成为什么，他必忠实于他自己的本性。这一需要我们就可以称之为自我实现的需要。”自我实现“可以归入人对于自我发挥和完成的欲望，也就是一种使它的潜力得以实现的倾向。这种倾向可以说成是一个人越来越成为独特的那个人，成为他所能够成为的一切”。

马斯洛对人的自我实现的需要做了深入研究。通过对历史人物和著名人物的研究，马斯洛概括了这些自我实现的人身上所具有的不同于常人的特点。在马斯洛看来，自我实现的人具有洞察生活的能力，他们能按照生活的真实面目看待生活，而不是按照他们所希望的那样看待生活。自我实现的人总是更有决心，更有一个清醒的是非观。他们有一种谦虚的态度，能倾听别人的意见，他们的意识较少受到欲望、焦虑、恐惧、希望、盲目乐观或悲观的歪曲。更为重要的是，自我实现的人具有创造性。与这一创造性相对应的特点是灵活、自发、有勇气、不怕犯错误、坦率和谦虚。

按照马斯洛的理论，人类需要由低到高划分为五个层次，一开始表现为对生理的需要，当生理需要满足以后，安全需要显现，以此类推，一直到自我实现需要。

马斯洛的需要层次理论在20世纪40年代提出之后，对管理理论的发展产生了重大影响。正如丹尼尔·雷恩指出的："马斯洛的贡献在于提出了人们需要的演变的、动态的性质。"① 根据这一理论人们总结了各类需求追求的方向和领导者相应的管理策略，如表1所示。

表1 与需求层次相对应的激励手段、管理策略

需求的层次	激励（追求的目标）	管理策略
生理需要	工资、健康的工作环境、各种福利	待遇、奖金、住房福利、医疗设备
安全需要	职业保障、意外事故的防止	就业保障、退休金制度、保险
友爱和归属需要	人际有关系、团体接纳、与组织认同	参与制度、团体活动教育培训
尊重需要	地位名誉、权力、责任、与他人对比	人事考核、晋升、表彰、选拔进修
自我实现需要	环境保障、挑战性工作、个人与组织发展	授权、参与决策、共同目标

从表1可以看出：

第一，最先进的管理不一定是最有效的管理，只有与人的需要相适应的管理才是最有效的管理。如果他的需求层次处在第一层次，追求的目标是高工资、高福利待遇，那么，他可能不在乎工作本身的危险，也较少考虑工作的乐趣、工作是否受人尊重以及是否具有挑战性，只要能满足第一层次的需要，他也不在乎管理者的管理方式。对此，许多有国外打工经历的学子深有体会。相反，如果生理需要已经不是第一需要，那么，对职工的尊重、为他们的自我完善与发展创造条件则是管理者必须考虑的了。

第二，作为领导者，首先，应了解和掌握每个员工的基本需要情况，不同的员工有不同的需要，同一员工在不同时期的需要也不尽相同。其次，要把员工的需要与组织的目标结合起来，通过组织目标的实

① 〔美〕丹尼尔·雷恩著，孔令济译：《管理思想的演变》，中国社会科学出版社1986年版，第358页。

现来满足职工的物质需要，激发他们的事业心。最后，奖励的形式要多种多样，要根据不同需求类型设置不同的奖励，以满足不同员工的不同需要。

第三，员工不论处在哪个需求层次，领导者都要尊重人性。主要包括：

(1) 重视人的存在。重视人的存在，其实质就是把员工看作高于利润的重要存在。忽视员工的存在，必然带来人性的失落、焦虑、无望，将导致员工对组织的冷漠和疏远以及工作情绪的低落，甚至是目标的丧失。据全国总工会调查，目前工人的积极性几乎降到了新中国成立以来的最低点。在一个组织中，如果只是少数人没有积极性，那就是局部问题，也是小问题。但是，如果大多数人没有积极性或大多数人积极性没有充分发挥，则肯定是大问题。既然是大问题，就应引起我们各级领导的高度重视。

(2) 重视员工的参与。人是社会化的产物，人必须依赖于组织而获得力量。参与到组织中去。在组织中被认同是人性的要求，也是员工接受组织目标和理念的前提。在我国要解决的问题不是简单的参与问题，而是怎样发挥主人作用的大问题。因为社会主义的优越性从根本上来说，就在于劳动者是主人，主人对自己事业的关心肯定远远超过参与者。这一点也是将来社会主义的希望之所在。值得反思的是，我国实行的是生产资料公有制，职工是企业的主人，但是，为什么主人的参与意识不强呢？某城市曾经进行过调查，其中的一个问题是：有人偷拿国有资产你看见了怎么办？供选择的答案有三个：一是装作没看见。二是他拿我也拿。三是抵制。结果令人深思，回答抵制者寥寥无几。是体制、制度的问题，还是领导的问题？依笔者来看，两者都有。

(3) 重视人的角色。在一个组织中，人们的协作意愿是不同的。在组织中扮演重要角色的人往往协作意愿较强，而处于组织边缘的人协作意愿较弱。正因如此，领导者要为员工扮演恰当的角色提供训练、提供场所、提供舞台，让每一个人都觉得自己重要，这是增强组织凝聚力的法宝。

(4) 重视人的情感。在一个组织中存在正式组织，同时也存在非正式组织。正式组织是靠权利的纽带来运转的，而非正式组织是靠情感的纽带来维系的。在这里，权利好比建筑物的砖瓦，情感则好比水泥。建筑物的倒塌除了砖瓦结构是否合理、质量标准是否符合要求以外，更重要的是取决于水泥的黏合程度。同样，组织的分裂，除了体现为共同目标不能实现、权利运转失效之外，更重要的是协作意愿的丧失、共同情感的冷漠和淡化。为此，领导者万万不可对员工的疾苦视而不见，对群众的呼声充耳不闻。

（5）重视人的全面发展。应当说，资本主义市场经济经过了300年的实践，它们对经济规律的认识和把握的确比我们熟练得多，如对市场供求关系的驾驭基本上能够保持二者的平衡，虽然偶有波动但基本上避免了大起大落。特别是西方发达国家在人力资源管理方面的成就更是令人瞩目。其中许多方面值得我们认真学习，如注重人才培养、注重教育，积极倡导人本至上、强化激励、团队管理，等等。然而，在资本主义社会的发展中，在物质财富与精神财富全面发展上是不成功的，家庭破裂、社会暴力、吸毒、精神颓废等问题已经成为西方的社会病，人们对生活的意义感到迷惘，等等。如今，这种精神病毒已经在全球蔓延，中国也开始受到影响。对此，一位美国学者指出："在中国面临的危机中，核心的危机是自性危机，中国人正在失去中国之所以为中国的中国性。"所谓中国性是什么呢？是中华民族文化中对人性的尊重，以及对人的精神境界的提升与自我修炼，也可以说是对人的全面发展的关注。

三、激励理论

激励，心理学解释为一种激发人们的动机的心理过程。通过激励，可以使人兴奋起来并保持这种状态，从而推动人的行为朝向预期的目标。领导工作的一个重要方面，就是调动人的积极性和激发起人的创造性。因此，西方学者早就注意到了激励问题，提出了许多理论和方法。这些理论和方法对于提高领导者的激励能力，具有重要的借鉴意义。

（一）期望机率理论

这一理论由美国行为科学家维克托·弗鲁姆提出。这一理论认为人不是为了满足某种需要和动机而行动的，而是由于人们感到不满足，生产效率才提高。人们对行动的结果将会带来的满足寄予期待，并探索替代方案，选择替代方案。这种模式可称为动机的认识模式或动机的决策模式。

期望机率理论认为，一个人从事某项活动的动力或激励力的大小，取决于该项活动所产生成果吸引力的大小和该项成果实现机率的大小。这一理论模式，如图 1 所示。

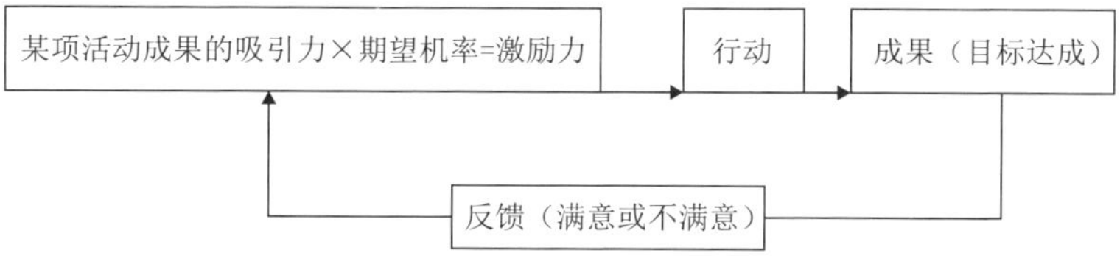

图 1　激励理论模式

上式中“某项活动成果的吸引力”，是指一个人对某项活动可能产生的成果的评价。这种吸引力可能为正，也可能为零或负。这种吸引力的大小会激励人去实现或不实现这一活动。

“期望机率”是指一个人对某项活动导致某一成果的可能性大小的判断。这是一种主观评价，但这一评价决定激励作用的大小。“激励力”则是促使一个人采取某一活动的内驱力的强度。它是“某项活动成果的吸引力”与“期望机率”二者的乘积。因此这两项任何一项为零，激励力都为零。上式表明，激励力促进行动，行为取得成果（目标达成），通过成果使职工产生满意或不满意感，又反馈到激励力的形成，从而影响到下一次的激励力和行动。所以，为了激励职工，企业管理者应该使职工了解某项活动成果的吸引力，并尽可能加大这种吸引力，同时也要采取措施帮助职工实现其期望，提高其期望率，以不断提高激励力。

与上述理论相类似，美国行为科学家爱德华·劳勒和莱曼·波特在 1968 年的《管理态度和成绩》一书中指出，一个人在作出了成绩后，得到两类报酬。一是外在报酬，包括工资、地位、提升、安全感等。按照马斯洛的需要层次理论，外在报酬往往满足的是一些低层次的需要。由于一个人的成绩，特别是非定量化的成绩往往难于精确衡量，而工资、地位、提升等报酬的取得也包含多种因素的考虑，不完全取决于个人成绩，二者并非直接的、必然的因果关系。另一种报酬是内在报酬。即一个人由于工作成绩良好而给予自己的报酬，如感到对社会作出了贡献，对自我存在的意义及能力的肯定等。它对应的是一些高层次的需要的满足，而且与工作成绩是直接相关的。是不是“内在报酬”与“外在报酬”就可以决定是否“满足”呢？答案是否定的。我们注意到，在其间必然经过“所理解的公正报酬”来调节。也就是说，一个人要把自己所得到的报酬同自己认为应该得到的报酬相比较。如果他认为相符合，他就会感到满足，并激励他以后更好地努力。如果他认为自己得到的报酬低于“所理解的公正报酬”，那么即使事实上他得到的报酬量并不少，他也会感到不满足，甚至失落，从而影响他以后的努力。这个模式的特点是：

第一，“激励”导致一个人是否努力及其努力的程度。

第二，工作的实际绩效取决于能力的大小、努力程度以及对所需完成任务理解的深度，具体地讲，“角色概念”就是一个人对自己扮演的角色认识是否明确，是否将自己的努力指向正确的方向，抓住了自己的主要职责或任务。

第三，奖励要以绩效为前提，不是先有奖励后有绩效，而是必须先完成组织任务才能导致精神的物质的奖励。当职工看到他们的奖励与成绩关联性很差时，奖励将不能成为提高绩效的刺激物。

第四，奖惩措施是否会产生满意，取决于被激励者认为获得的报偿是否公正。如果他认为符合公平原则，当然会感到满意，否则就会感到不满。众所周知的事实是，满意将导致进一步的努力。

（二）双因素理论

美国行为科学家弗雷德里克·赫茨伯格在《工作的激励因素》和《工作与人性》两部著作中提出了双因素理论。

该理论认为，员工工作积极性主要受到两类因素的影响。一类是员工对工作环境或工作关系满足的因素，如企业政策与管理、监督、工资、同事关系、工作环境与安全、地位与福利等，这类因素不能直接起激励职工的作用，但能起到预防职工产生不满和维持工作现状的作用，故称之为“保健因素”。另一类是影响人们工作的内在因素，其本质是注重工作本身的内容，借此促进人们的进取心，激发人们的工作热情，提高工作效率，被称为“激励因素”，如工作表现机会、工作带来的愉快、工作上的成就感、由良好的工作业绩而受到的奖励、对未来发展的期望、职务上的责任感、提升等。依据赫茨伯格的观点，两类因素与激励力之间的关系及变化趋势有明显的不同，当保健因素缺失时，往往导致人的“不满意”。可是当它达到一定标准后，再增加时，也达不到“满意”的状态。其变化趋势与报酬之间呈负相关。而对于激励因素，其变化趋势恰恰相反，在缺失或处于较低水平时，人处于一般的激励水平，既不存在“满意”，也不存在“不满意”，而报酬达到一定标准后，激励力就随着报酬的增加而增加，其变化趋势与报酬之间呈正相关。因此，双因素理论对激励工作的指导意义在于：保健因素着眼于低阶段，激励因素着眼于高阶段。

保健因素和激励因素在对人的满意和不满意的影响上还有一些交叉，不过其影响的程度有所不同。在导致不满的因素中，有69%是保健因素，31%是激励因素；而在导致满意的因素中，81%是激励因素，只有19%是保健因素。

双因素理论告诉人们：要防止和消除职工的不满情绪，必须要改善保健因素。要使职工保持满意态度并不断提高工作热情，必须要不断强化激励因素。西方有的学者进一步研究认为，在激励因素中，“成就”的激励作用最强，但作用持续的时间短；“赏识”的激励强度次之，但持续时间较长；“工作本身”（做自己喜欢的工作）的激励强度占第三，但持续的时间更长；“责任”的激励强度又次之，但持续的时间最长。保健因素作为一个整体，同激励的强度是一样的，但它们持续的时间一般都较短。

赫茨伯格的双因素理论同马斯洛的需要层次论有相似之处。他提出的保健因素相当于马斯洛提出的生理需要、安全需要、感情需要等较低级的需要；激励因素则相当于受人尊敬的需要、自我实现的需要等较高级的需要。当然，他们的具体分析和解释是不同的。但是，这两种理论都没有把“个人需要的满足”同“组织目标的达到”这两点联系起来。

有些西方行为科学家对赫茨伯格的双因素理论的正确性表示怀疑。有人做了许多试验，也未能证实这个理论。赫茨伯格及其同事所做的试验，被有的行为科学家批评为是他们所采用方法本身的产物：人们总是把好的结果归结于自己的努力而把不好的结果归罪于客观条件或他人身上，问卷没有考虑这种一般的心理状态。另外，被调查对象的代表性也不够，事实上，不同职业和不同阶层的人，对激励因素和保健因素的反应是各不相同的。实践还证明，高度的工作满足不一定就产生高度的激励。许多行为科学家认为，不论是有关工作环境的因素或工作内容的因素，都可能产生激励作用，而不仅是使职工感到满足，这取决于环境和职工心理方面的许多条件。

但是，双因素理论促使企业管理人员注意工作内容方面因素的重要性，特别是它们同工作丰富化和工作满足的关系，因此是有积极意义的。赫茨伯格告诉我们，满足各种需要所引起的激励深度和效果是不一样的。物质需求的满足是必要的，没有它会导致不满，但是即使获得满足，它的作用往往是很有限的、不能持久的。要调动人的积极性，不仅要注意物质利益和工作条件等外部因素，更重要的是要注意工作的安排，量才录用，各得其所，注意对人进行精神鼓励，给予表扬和认可，注意给人以成长、发展、晋升的机会。随着温饱问题的解决，这种内在激励的重要性越来越明显。

（三）公平理论

激励中的一个重要因素是个人对报酬结构是否觉得公平。如果他觉得自己的付出没有得到应有的回报，或者说自己的付出和所得与别人相比不如别人，那么尽管他得到的很多，但他仍然觉得不公。从这个意义上说，公平也是一种激励。

对此，美国管理心理学家亚当斯在20世纪60年代中期对工资报酬的合理性和公平感，以及报酬对职工积极性的影响等进行了研究。亚当斯指出，职工的工作动机不仅受到他所得到的绝对报酬的影响，即工作的实际收入的绝对值的影响，而且还要受到相对报酬的影响，也就是受到他人收入与自己收入相对比例关系的影响。因此，亚当斯提出了类公平的关系式：一类表示个人投入与个人收入之间的平衡关系，即投入的劳动与所得的报酬之间的比值应该趋向平衡、合理；另一类则表示个人收入与他人收入之间的公平关系。亚当斯提出了一个著名的公式来说明公平、报酬与激励的关系。公式如下：

$$\frac{O_p}{I_p} \geqslant \frac{O_a}{I_a}$$

式中 O_p 表示某人对自己获得报酬的感觉，I_p 表示对自己投入的感觉，O_a 表示他对某个作为比较对象的人所获报酬的感觉，I_a 表示对比较对象投入的感觉。上式说明：如果某人感到自己获得的报酬与自己的投入同他人获得报酬与他人的投入的比值相等或大于他人时，则这个人就会感到满意、公平；如果二者的比值不相等时，则会感到不公平。用公式表示，即：

$$\frac{O_p}{I_p}<\frac{O_a}{I_a}$$

公平理论指出，每个人既会自觉或不自觉地把自己付出的投入和所获得的报酬收支比率同他人进行比较，又会自觉或不自觉地把自己付出的投入和所获得的报酬的收支比率同自己过去进行比较。结果用公式表示，即：

$$\frac{O_p}{I_p}\geqslant\frac{O_h}{I_h} \qquad \frac{O_p}{I_p}<\frac{O_h}{I_h}$$

O_h 表示某人对作为比较基准的自己在历史上某一时期所获报酬的感觉；I_h 表示某人对作为比较基准的自己在某一时期所做投入的感觉。

如果某人对自己的工资报酬作社会比较或历史比较的结果表明收支比率相等，他便会感到自己受到了公平待遇，因而心情舒畅，也会积极努力地工作；如果认为收支比率不等，他便会感到自己受到了不公平的待遇，这种不公平感使他心理产生紧张和不安，从而影响他的行为动机，导致工作积极性下降。

一个人产生不公平感时，可能会采取这样一些措施：(1) 通过自我解释，主观上造成一种公平的假象，以求自我安慰。(2) 选择另一种比较基准进行比较，以便获得主观上的公平感。(3) 采取行动改变他人的收支比率，如要求领导把别人的报酬降下来或增加别人的劳动投入等。(4) 采取行动改变自己的收支比率，如要求领导给自己增加报酬或减少劳动投入等。(5) 发牢骚，讲怪话，消极怠工，制造矛盾或弃职他就。

亚当斯调查的结果表明，不公平感的产生绝大多数是由于人们比较后认为报酬分配不公或奖金制度不合理所造成的，如自己衡量不比别人差，而得到的却比别人少。另一种不公平的感觉，则是在少数情况下会由于经过比较认为自己的报酬过高而产生。显然，这两种不公平感是不一样的。减少第一种不公平感是公平理论研究的重点，也是人力资源管理薪酬制度设计的重点。

四、领导理论

美国著名管理学家彼得·劳伦斯通过长期研究发现，在现实生活中，干部不称职是一个普遍现象。美国人霍根做了一项调查，从20世纪50年代至今的调查研究表明，无论在哪里或在什么时候进行调查，也无论什么职业，60%～75%的雇员认为工作中最糟糕和压力最大的方面是他们的直接上司。霍根等人指出，美国不称职领导者的基本比率占到60%～75%。迪瓦瑞斯（1992年）估计，过去10年里德国企业至少50%的高级主管人员是失败的。希帕和威尔森通过分析美国西南部一家大医院的101个部门，认为该组织不称职的管理者起码占60%。由此看来，管人的人急需加强理论武装，提高自身素质。

（一）勒温的三类型模式

德国社会心理学家勒温于1939年以少年学生为对象进行过一项研究。他把学生分成三组，分别采用不同的风格来领导，由此概括出三种不同的领导类型，即民主型、专制型和放任型。（1）民主型。领导者把自己看成群体一员，把权力交给群体，组织群体成员共同讨论工作计划和目标，让他们自己选定任务和合作者。（2）专制型。权力掌握在领导者手中，实行独裁领导，一切由领导独自决定，与成员之间没有感情交流。（3）放任型。领导者把权力交给群体的每个成员，实行无政府管理，他既不想评价或管理群体活动，也不关心群体成员的需要和态度，一切放任自流。

管理者对属下选择使用独裁、民主或放任的领导方式，需考虑下列四种因素后选用，并做必要的调整。

1. 管理者的特性。管理者具有下列特性者，对属下可选用独裁的领导：（1）对工作具有充分信心者。（2）工作知识和技能较属下为优者。但管理者不可基于下列因素而选用独裁的领导，即恐惧属下工作会失败、利用个人感情统治他人、喜欢自己控制一切。

管理者具有下列特性者，对属下可选用民主的领导：（1）真正重视部属之处事才能。（2）信任团体人员之思考能力。但主管人员不可基于下列原因而选用民主的领导，即害怕承担责任想借会议减轻自己的责任，不愿意得罪他人而借用团体名义处理。

管理者具有下列特性者，对部属可采用放任的领导：（1）认为部属学识经验丰富且能对事情负责。（2）自己善于协调且能作有效的信息提供。但管理者不可基于下列原因而选用放任的领导，即不愿管事、对事不肯负责任、自己对工作毫无主张。

2. 部属的特性。部属具有下列特性者，对之宜采用独裁的领导：（1）具有独裁权威感者。（2）对主管采取敌视态度者。（3）依赖性甚大或能力甚差者。（4）年龄较轻者。

部属具有以下特性者，对之宜采用民主的领导：（1）年龄较大者。（2）学识经验优异且工作熟练者。（3）平和而不愿管制他人者。（4）极愿合作者。（5）喜欢群居且团体观念浓厚者。

部属具有以下特性者，对之宜采用放任的领导：（1）学识经验优异且工作熟练者。（2）自由气氛较为浓厚者。（3）抱个人主义态度者。（4）倾向孤独及遁世主义者。

3. 当时的情况。遇到下列情况时，宜采用独断的领导：（1）遇到情况危急时。（2）必须于短期内完成工作时。（3）处事原则、方法、程序已有严格规定，处理时不能有违时。（4）内部发生裂痕，采用民主领导仍无法弥补时。（5）需运用尊严恢复属员之信心时。

遇到下列情况时，宜选用民主的领导：（1）工作原则、方法、程序尚有商讨余地时。（2）需增加属员对工作之兴趣时。（3）需增进属员对全盘工作之了解时。

遇到下列情况时，宜选用放任的领导：（1）对工作原则、方法、程序尚需从长考虑时。（2）需研讨全盘性计划时。（3）需考虑某种内容复杂之问题时。

4. 团体士气与态度。团体对主管人员采取敌对态度者，宜：（1）将原有领导方式改为独裁领导，以适应此种态度之需要。（2）在原有领导方式下，采取某种措施以改善现有团体态度，使之适合于原有领导方式的要求。

团体对主管人员采取散漫松懈态度者，宜：（1）改用独裁领导以适应改善态度的要求。（2）改用民主甚至放任领导，以引诱态度的改善。（3）在原有领导方式中，采取适当措施来培养团体态度，使之适合原有领导方式的要求。

团体对主管人员及主管部门业务具有高度热忱者，主管与部属的领导关系只应逐步放宽而不应加严，即应由独断领导放宽为民主领导，由民主领导放宽为放任领导。

5. 考虑因素需注意先后顺序。选择独裁、民主、放任领导方式，需考虑管理者特性、部属特性、当时的情况及团体士气与态度四个因素，在考虑时需注意其顺序：（1）先根据管理者的特性，选用对部属之领导方式。（2）如果所选用的领导方式对某部属的特性不相适应，对该部属的领导，宜改用适合该部属特性之方式。（3）如果所选用或改用的领导方式，与该工作当时的情况不适应，不利于当时工作的完成，应改用适合该工作当时情况的领导方式。（4）如果根据管理者的特性所选用的领导方式，与团体士气及态度不适合时，则应根据原有领导方式来改善团体士气与态度，或改用适合团体士气与态度的领导方式。

（二）领导风格图

领导工作千头万绪，核心主要有两个维度：一个维度是组织目标，另一个维度是人，由此形成了以目标为中心和以人为中心的不同领导风格。

布莱克和莫顿在两个维度的基础上，将每一维度再细分为 9 等，用坐标线画出，得出 81 种方格组合。他们认为，所有领导者的行为都可以投射到下面这个坐标图上（如图 2 所示）。

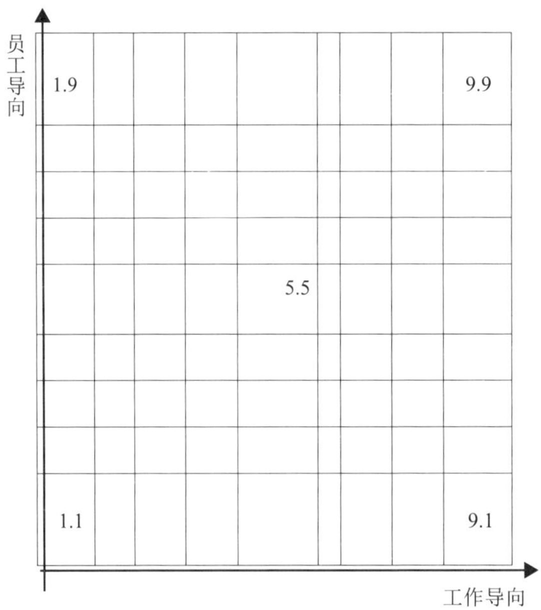

图 2　领导风格图

1.1型，贫乏型。领导者为维护其地位而以最小的努力去完成应做的工作，对工作、对人都不关心。

1.9型，乡村俱乐部型。领导者注意并关心组织气氛，保持融洽的组织关系，适度的工作任务。

9.1型，任务型。强调权威与服从，安排工作采用使人的因素干扰最小的方法来达到工作效率。

5.5型，中间型。兼顾必须完成的工作和人们有较高的士气。

9.9型，团队型。工作成就来自献身精神，在组织目的上利益一致，互相依存，从而导致信任与尊重的关系。

领导者采用上述领导方式时，往往并不是单一的一种，而是以上五种领导方式的两种或两种以上方式的组合。常见的组合方式有下列几种：

1. 家长式领导风格。家长式的领导方式是9.1与1.9两种方式的组合，既有9.1的严厉，又有1.9的体谅，它在某种情况下类似于一个父亲与孩子间的关系。有家长作风的领导者倾向于在工作上保持严格控制，在私下则是宽宏大量和和蔼的，但前提是部属必须按他的旨意办事。这种家长作风的具体表现可见诸于一个领导可能在下班前20分钟把他手下的一个人叫过去说："你已经足足干了一天，把任务都完成了，我们抽支烟。"

家长作风的领导者，往往把部属作为他管理的大家庭的一部分来对待，凡事都要向他们交代：谁、什么、何地、何时及如何。一方面，鼓励他们负起责任；另一方面，又可能不给他们实施首创精神的机会。因为家长式作风的领导不可能会真实地授权，而且一遇到与预先商定做法有所不同，就会加以制止。在家长式领导方式下，工作认真并表现出色的人会得到各种好处和个人认可。即使这些优厚待遇不与职工的产出工效直接挂钩，职工也会产生服从的安全感和幸福感。"我受公司再生之恩"，这是一首表达对家长式领导作风感受的著名歌曲中的一句，正是非常鲜明的例证。

2. 钟摆式领导风格。采取大弧度钟摆的领导方式，可以用9.1，也可以用1.9，但不是在同一时间，一个接着一个。当一个管理者以9.1的方式加紧生产，而这样做的过程中又激起怨恨和反抗时，就可以看到这种大弧度钟摆的摆动。他一看到这种消极态度就转而把所有压力都撤开，并变得出乎寻常地关心起下属的想法、感受和态度。生产下降了，但关系却恢复到平稳的基础上。一旦他又开始恢复到 9.1 方式，等级关系就又开始紧张起来。此外，当企业在面临某种代表投票选举时，管理者也会转向 1.9 方式，极力地讨好职工。而当选举一结束和选举符合管理者的意愿以后，职工又会被告知“把生产抓起来，停止软的那一套”，于是又转向 9.1 方式。采取这种领导方式，虽然有时能得到权宜之果，但也容易播下混乱的种子。长此以往，人们不再相信领导者的话，这一方式也随之失灵。如果管理者把人与工作的需要看成是一个跷跷板的两端，一端上，一端就得下，那就最有可能生成这种后果。对这类问题可供选择的解决办法是 9.9 方式。

3. 平衡式领导风格。平衡是指在企业中由不同的组织机构分别采取 9.1 和 1.9 管理方式，以互相弥补不足，达到管理上的平衡。例如，直线组织如按 9.1 方式管理，则可能产生通常的受侵犯的消极反应，为了防止这种感受恶化，参谋组织则采取 1.9 方式向内心不满的人提供有可能发表自己不满的机会。这样，参谋组织就成了防止整个系统在高压下产生破裂的安全阀。这种参谋组织可见诸那些所谓“现场代表”“人事代表”或“雇员关系协调员”等。除此之外，还可采取另一种方式，就是直线组织采取 1.9 方式，不去做苛刻的人事判断，而由人事部门采取 9.1 方式对人员做严格的评价，从而进行反向平衡。

4. 双帽式领导风格。所谓双帽方法，是指领导者把对工作的关心和对人的关心隔离开来做。但他又责成一个人要对两个方面负责。领导者在使用双帽方法时，在日常工作中使用 9.1 方式，隔一段时间取下关心工作的帽子，换上关心人的帽子，集中处理关心人的问题。例如，星期一领导班子主要研究盈亏问题和低效率问题，星期三同一个领导班子又可能研究人的问题。研究盈亏和低效率问题，可能产生主要注重技术方面、生产方面而忽视人的方面的问题，研究人的问题又可能主要从人的需要来观察而忽略技术等方面的因素。因此，这一方式往往对于两套之间的内在联系认识不足。

5. “统计的”5.5 方式。所谓“统计的”5.5 方式，是指管理人员在处理工作与人的难题上随便使用两种甚至有时使用所有五种基本方式。其基本特征是：他得看在某一具体时刻什么是他认为最有效的。所谓有效是指行为能适应情况的要求。这种领导方式主要是随机应变，不考虑科学原则。换言之，“统计的”5.5方式是管理人员在所有方格上玩“跳房子”，他的行为不是一贯的。在对待每一个部属上见人行事，他对自己的行动似乎看不出有什么矛盾。他认为每个人都是不同的和独特的，因而缔造那种在相互讲尊严和尊重基础上的普遍关系根本不切合实际。因此，这种方式实际是在力图维持现状的情况下为顺应种种要求而“玩弄策略”。

6.“理想的”9.9风格。这是一种把关心工作与关心人结合得最好的领导方式。布莱克和莫顿认为，上述各种组合方式都是从一方面或另一方面来识别工作与人的难题，各自都用某一方式来处理它。他们的共同缺陷是没有看到关心工作与关心人的内在联系，从而不能从根本上解决问题。真正理想的领导方式还是能把个人目标同组织目标相互结合和统一起来的9.9领导方式。

实行9.9领导方式的领导者认为：“我的工作是制定决策，但同等重要的是务必使决策健全。”他的具体管理信念是：（1）计划。“我让持有有关论据和与结果利害攸关的人一起来审查整个图像。我们以数学公式来表示一个从开始到完成的健全模式，以便为整个项目的一体化提供一个有机构架。我抓住他们的反应和观念，与他们一起确定目标和有弹性的进度表。”（2）组织。“在整个构架内，我们明确个人职责、程序以及基本原则。”（3）指导。“我要求随时向我汇报进度并和部属一起通过识别问题和修正目标对他们施加影响。如果有必要帮忙扫清障碍，我给予协助。”（4）控制。“除了在进度方面直接进行批评以保持项目跟上计划外，我和各负责人进行小结。我们评价已完成事项的情况，看看我们能吸取什么经验和如何把学到的东西用于将来。我基本按班组同时也对优秀的个人贡献提出表彰。”（5）人员配备。“在制定谁做什么的决策中，把工作要求同人员的能力或对于开发的需求配合起来。”

9.9领导方式当然是一种最理想的领导方式。它不仅能使劳动生产率提高，而且也能使职工心情舒畅，从而使组织产生强大的凝聚力和活力。但是，由于采取这一方式对领导和职工的素质要求都很高，因此有的人认为这种领导方式不实际，因而怀疑这一方式是否能坚持下去。

（三）领导方式连续统一体理论

领导方式连续统一体理论又称独裁—民主连续带理论，是组织行为学家坦南鲍姆和施米特提出的领导方式模型理论。他们认为，在独裁与民主这两种极端的领导方式之间，存在着7种不同的领导行为模式，它们是：（1）领导自己作出决策，并向下属公布决策。（2）领导向下属“推销”其决策，即领导作出决策，然后尽量说服下属接受决策再宣布。（3）领导提出观点、征求意见。在此模式中，领导作决策并希望下属接受决策，但要向下属提供他的想法和意图的详细说明，并允许提出问题。（4）领导提出决策草案供修正。在此模式中领导提出暂定的计划，然后再征求意见，最后作出决策。（5）领导提出问题，征求建议再制定决策。在此模式中，下属可参与决策，领导宣布的决策是从下属提案中选择出来的。（6）领导确定范围，请集体作出决策。（7）领导允许下属在上级规定的范围内自由活动，发挥作用。

在上述各种模型中，到底哪一种方式最好呢？坦南鲍姆和施米特认为，不能抽象地从其中选择某一模型作为最好的，或者讲某一模型是最差的。成功的上司不一定是专权的人，也不一定是放任的人，而应该是在一定的具体情况下善于考虑各种因素、采取恰当行动的人。当需要果断指挥时，他善于指挥；当需要职工参与决策时，他能提供这种自由，这样才能产生最好的效果。

至于需要考虑的各种因素，最重要的有以下3个方面：

1. 上司方面的因素。一个上司的行为受到他自己的背景、知识、经验、个性的强烈影响。这方面的重要因素有：（1）他的价值观念体系。他认为职工在决策过程中应该参与多大程度？或者他认为自己在决策上负有多大的个人责任？还有，他对组织效率、职工的个人成长、公司利润的相对重要性持怎样的看法？（2）他对下属的信任程度。特别是他对下属在某个具体问题上的经验和能力的信任程度，将影响他对领导模式的选择。（3）他自己在领导方式上的倾向。有的上司习惯于发号施令，而有的上司则习惯于同别人商量。（4）他对不确定情况的安全感如何。上司减少了对决策的控制，就降低了自己对结果的可预见性。所以，这也会影响到他的领导方式。

2. 下属方面的因素。下属的行为也受到他们的背景、经验、个性方面的强烈影响，这些对上司在决定领导方式时也很有影响。这方面的因素有：（1）下属对独立性的需要程度。（2）下属是否准备承担决策的责任。（3）下属是希望有明确的指示，还是希望有较大的活动自由。

（4）下属是否对问题感兴趣，以及对问题重要性的认识。（5）下属对组织目标的理解和认识程度。（6）下属是否具备解决问题所必需的知识和经验。（7）在下属以往的经历中，是否参加过决策，等等。

3. 形势方面的因素。这包括：（1）组织的类型。各种组织都有影响其成员行为的价值观念和传统。这表现在职务说明书、宣布的政策和高层领导的表示中。如有的企业的最高领导希望下面的经理主动、富有想象力、有魄力；而另一些企业的最高领导则把下属处理人际关系的能力看得最重要。此外，工作单位规模的大小、地理位置的分布等，都会影响上司的领导方式。（2）团体的效率。下属的团体以前是否在一起工作过，其成员的背景和兴趣是否相似，团体有无解决问题的能力，团体的内聚力，相互了解的程度和目的的共同性如何等。（3）问题本身的性质。如问题的复杂程度，解决问题所需要的专业知识等。（4）时间的紧迫性。问题越是要尽快解决，上司越是倾向于个人作出决定。

除了以上 3 个方面的因素以外，上司还必须从长期的、战略的观点来通盘考虑。这样，才能在“领导方式连续统一体”中选择一个当时当地最恰当的领导方式。

（四）领导生命周期模式

这一模式又称为领导寿命循环理论是由美国学者卡曼以俄亥俄大学管理行为四分图和阿吉利斯的“不成熟—成熟理论”为基础，于 1966 年提出，后由赫西和布兰查德予以发展而形成的一个三维结构的领导效率模型。该模式认为，领导有两大行为：（1）工作行为，表示领导采用单向沟通的方式向下属人员说明应该干什么，在何时、何地用何种方式完成任务。（2）关系行为，表示领导采用双向沟通方式，用心理的、培养社会感情的措施指导下属，并照顾下属的福利。该理论认为领导风格要适应下属的“成熟度”（指成就动机、承担责任的意愿和能力、经验和学识以及心理上的成熟度，如自信心和自尊心），工作行为、关系行为与成熟度之间是一种曲线关系。

随着下属由不成熟走向成熟，领导行为应按下列程序逐步推移：高工作与低关系——高工作与高关系——高关系与低工作——低关系与低工作，由此划分出四种类型：（1）命令型。高工作与低关系，适应于低成熟度情况，下属不能也不愿承担责任，领导可采用单向沟通，向下属明确规定任务，向他们交代何时、何地、用何种方式去做何种工作。（2）说服型。高工作与高关系，适用于较不成熟的情况。绝大多数决定由领导做出，但领导通过双向沟通和解释获得下属的心理支持。处于这种成熟程度的下属愿意负起工作的责任，但缺乏工作的技巧，如果领导向他们提供帮助和指导，他们会按所指方向去努力工作。（3）参与型。高关系与低工作，适用于比较成熟的情况。下属能够胜任工作，但不乐意领导过多指示。领导应通过双向沟通和下属互相交流信息，讨论问题、支持下属。（4）授权型。低关系与低工作，适用于高度成熟的情况。下属具有能力和愿望或自信心来负起工作的责任。此时领导可授权部下，只起监督作用，让下属“自行其权责”。此模式的最大贡献在于强调领导行为应富于弹性，应用不同方式对待不同部属，或在情形改变时调整自己的领导方式。

战略管理*

战略管理是管理科学领域中相对年轻的一门新兴学科，在现代企业管理中有着极为广泛的应用。战略管理经历了兴起、热潮、衰落、重振的曲折发展过程之后，目前已经形成了一套相对完整的理论框架和学术观点。

一、战略管理的兴起与发展

战略管理的产生是社会经济发展的必然结果。企业经营环境的不确定性和复杂性决定了战略管理的兴起和发展。

（一）战略管理的概念

战略一词原来是军事术语。《中国大百科全书》中的解释是：战略是指导战争全局的方略。英语中战略叫“stratigy”，在《简明不列颠百科全书》中的解释是：在战争中利用军事手段达到战争目的的科学和艺术。战略一词在 20 世纪 50—60 年代开始应用于工商企业。1962 年，美国管理学家钱德勒在《战略与结构》一书中首次使用战略这个术语分析企业管理问题，将战略从军事领域拓展至经济管理活动。1965 年，美国著名战略学家安索夫出版了《公司战略》一书，进一步促进了战略

---

* 这是 2014 年上学期在中央党校在职研究生班、干部学院进修班、世界职业经理人培训班、干部学习网上的授课讲稿。

在企业管理的广泛应用。但是，对于企业战略的认识，理论界持有不同的看法。美国哈佛商学院教授安德鲁斯认为，企业总体战略是一种决策模式，它决定和揭示企业的目标、重大方针和经营类型。美国达梯莱斯学院管理学教授魁因认为，战略是一种模式或计划，它将组织的目标、政策与活动融合为一体，能够使企业根据内外部环境的变化合理地配置资源。安索夫认为，战略就是在确定企业经营性质的基础上分析“经营主线”，把握企业方向并指导企业的内部管理。美国战略管理学家明茨伯格则认为，从企业未来发展的角度来看，战略就是企业为了收益制定的与组织使命和目标一致的最高管理层的计划（plan）。同时，从企业过去发展历程的角度来看，战略还是一种模式（pattern）；从企业层次来看，战略则表现为一种观念（perspective）；从产业层次来看，战略表现为一种定位（position）；从企业竞争的角度看，战略又是一种计谋（ploy）。这就是著名的5p模型，是关于企业战略比较全面的定义。

根据上述种种关于企业战略的理解，戴维认为战略管理可以定义为：制定、实施和评价实现组织目标的跨职能部门决定的艺术和科学[①]。国内学者对战略管理的定义有：“战略管理，是指在制定、实施和评价指导全局工作并决定全局命运的方针、方式和计划活动中，通过一定的程序和技术，争取最优效率和效果的过程。”[②] 战略管理是一种过程，“不仅决定组织将要采取的战略，还要涉及这一战略的选择过程以及如何加以评价和实施”[③]。我们认为，战略管理是企业根据内部和外部环境制定、实施和评价组织目标，并使企业使命最终得以实现的动态过程。

（二）战略管理产生的背景

战略管理萌芽于20世纪20年代，形成于60年代，在70年代得到大发展，80年代受到冷落，90年代又重新受到重视。

从战略管理发展的冷热变化这个过程来看，人们对战略管理的认识经历了一个比较曲折的过程。其背景原因主要在于20世纪50—60年代，二战后的美国经济出现了空前的繁荣，随之而来的则是竞争的加

---

① 〔美〕弗雷德·R. 戴维著，李克宁译：《战略管理》，经济科学出版社1998年版，第17页。

② 王建民编著：《战略管理学》，经济科学出版社2003年版，第6页。

③ 金占明编著：《战略管理》，清华大学出版社1999年版，第15页。

剧。到了70年代，国际上政治、经济又出现了动荡，企业生存和发展越来越艰难。在这种新的竞争环境下，企业深切地感到，以前那种低价格必胜的原则已经不适应新情况的发展了。要获得持续的生存和发展，企业必须从战略的高度思考问题。随着部分企业多角化（产品多样化、市场多样化、投资区域多样化等）经营的成功，一些企业家认为应该走像多角化经营这样的“战略之路”保护自己。但是，到了80年代，“软化热”“优势热”导致“战略热”降温，加之分析性战略方法使一些企业陷入财务型经营，以及部分企业战略应用不当导致企业失败等原因，战略管理一度受到冷落。然而，到了90年代，美国的企业界又开始反思战略管理。因为他们发现许多企业7到8年就倒闭了，许多产业都成了短命产业。究其缘由，短命的根源在于缺乏战略管理，缺少长远发展的战略规划。痛定思痛之后，美国的企业家们达成了共识：实施战略管理的企业不一定都能获得成功，但是不实施战略管理的企业则一定会走向失败。企业必须着眼于制定重大的、全局性的、长远的发展规划。没有战略的企业就像一艘没有舵的船一样只会在原地转圈，又像个流浪汉一样无家可归。

（三）战略管理的主要学术流派

战略管理的研究领域主要有战略内容（strategy content）和战略过程（strategy process）两个方面。其中，战略内容旨在揭示什么因素构成或支撑了企业的战略优势，有行业结构学派、内部资源学派和核心能力学派之分；战略过程旨在描述企业战略如何制定、实施及其评价的过程，形成了十大学派。

1. 设计学派。设计学派将战略形成看作一个概念形成的过程，以安德鲁斯等人为代表。设计学派认为，企业战略的形成应该是一个有意识的、深思熟虑的思维过程。战略不是一个直觉思维的过程，也不是一个规范分析的过程，战略需要精心设计。形成的战略应该清晰、简明，易于理解和贯彻。

2. 计划学派。计划学派将战略形成看作一个正式的过程，以安索夫为杰出代表。计划学派认为，战略产生于一个受控的、正式的过程，该过程被分解成清晰的步骤，每个步骤都采用核查清单进行详细的描述，并由分析技术来支撑。战略行为是对其环境的适应过程以及由此而导致的企业内部结构化的过程。

3. 定位学派。定位学派将战略形成看作一个分析的过程，其代表人物是波特和奎因。定位学派认为企业在制定战略的过程中必须对企业所处行业的结构进行详细的分析，在此基础上通过运用五种力量模型和四种通用战略来获取竞争的优势地位。

4. 企业家学派。企业家学派将战略形成看作一个预测的过程。这一学派最核心的概念就是远见，它产生于领导人的头脑之中，是战略的思想表现。企业家学派认为企业家战略既是深思熟虑的，又是随机应变的，即在总体思路和对方向的判断上深思熟虑，在具体细节上可以根据战略执行的实际情况随机应变。

5. 认识学派。认识学派将战略形成看作一个心理的过程。认识学派认为，战略的形成是基于处理信息、获得知识和建立概念的认知过程。在此过程中，心理因素起着十分重要的作用。这一学派实际上是认识心理学在战略管理中的应用。

6. 学习学派。学习学派将战略形成看作一个应急的过程。学习学派认为战略是通过渐进学习和自然选择形成的，它可以在组织的领导层与普通员工的互动中出现。任何领导层的远见卓识都是有限的，通过企业内部成员的集体学习可以找到真正适应组织发展的战略。

7. 权力学派。权力学派将战略形成看作一个协商的过程。权力学派认为，战略制定不仅要注意行业环境、竞争力量等经济因素，而且要注意利益团体、权力分享等政治因素。这里的战略与其说是谋求地位，不如说是施展计谋。这种战略是在初期已经建立稳定秩序的情况下所采用的攻击竞争对手的谋划。

8. 文化学派。文化学派将战略形成看作一个集体思维的过程。文化学派认为，企业的战略必须根植于企业文化及其背后的社会价值观念，因为以价值观为核心的企业文化代表着企业的生命力和灵魂。战略的形成过程是一个将企业中存在的各种有利的因素进行整合以发挥作用的过程。

9. 环境学派。环境学派将战略形成看作一个反应的过程。环境学派认为，企业在制定战略的过程中必须关注环境的变化。环境作为一种综合的力量是战略形成的中心角色。企业的战略必须适应环境的力量，否则就会被环境所淘汰。

10. 结构学派。结构学派将战略形成看作一个转变的过程。该学派一方面，把组织和组织周围的环境状态描述为结构；另一方面，把战略形成过程描述为转变。即如果结构是一种存在状态，那么战略制定就是从一个状态到另一个状态的飞跃过程。结构学派运用独特的视角将前面所述学派的内容进行了综合。

二、战略管理模型及过程

在战略管理的研究与实践过程中，虽然在战略管理内容和战略管理过程的具体内涵上形成了若干学派，但是对战略管理过程概括性的描述——战略管理模型却得到了广泛的认同。战略模型将战略管理极为复杂的过程粗线条概括为三个基本的过程和若干个重要的环节，使人们对战略管理的行为框架一目了然。

（一）战略管理的模型

战略管理专家戴维认为，研究和实施战略管理的最好方法是采用某种模型。每个模型都代表了某种战略过程。如图 1 所示，展示的框架是目前被广泛接受的、综合的战略管理过程模型。这一模型展示了战略过程的主要阶段和每个阶段的主要内容，以及各个阶段、各部分内容之间的逻辑关系。战略管理模式并不能够保证企业的战略管理一定获得成功，但是却清晰地描述了战略管理的关键步骤和方法。

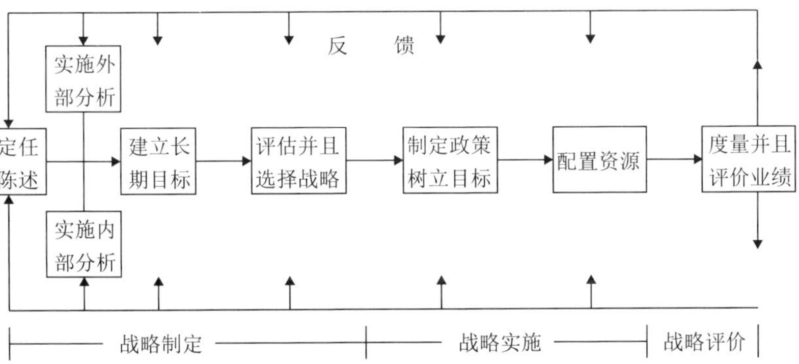

图 1　战略管理模型①

① 〔美〕弗雷德·R. 戴维著，李克宁译：《战略管理》，经济科学出版社 1998 年版。

（二）战略管理的过程

如图 1 所示，战略管理的过程一般由战略制定、战略实施和战略评价三部分构成，通常称之为战略管理三部曲。

1. 战略制定。战略制定是指企业在确定自身使命的基础上，根据外部环境和内部条件的分析，提出可供选择的战略方案，然后在综合考虑各种方案优劣的前提下，运用一定的方法选择出相对满意的战略方案。由此可见，战略制定的过程实际上就是战略分析和战略选择的过程。战略制定一般要着重考虑战略实施的成本和战略影响的持久性两个方面的问题。

2. 战略实施。战略实施是在战略制定之后，将选择的战略方案付诸于企业经营管理的实践。战略实施往往被看作战略管理过程中难度最大的阶段。战略实施一般应当着重考虑战略实施过程中的群体认同问题，以及战略实施以后引起的企业内部利益调整问题。

3. 战略评价。战略评价是战略管理的最后阶段，但却是十分重要的阶段。由于企业的外部环境和内部因素均处于不断变化之中，战略方案需要不断的调整与修改。更为重要的是，战略评价可以促使战略实施不偏离战略制定的轨道，使企业最终能够实现既定的战略目标。战略评价一般要着重考虑评价和标准以及评价系统的有效性问题。

三、战略分析

企业在战略制定的过程中，必须在确定企业使命的基础上，根据外部环境和内部条件作出系统的分析，以据此提出可供选择的战略方案。战略分析主要包括三方面内容，即宏观环境分析、行业结构分析、企业资源和能力及市场地位分析。

（一）宏观环境分析

任何企业的战略制定都必然要考虑宏观环境。目前，在战略管理的实务中一般采用 PEST 分析技术对企业的宏观环境进行分析。PEST 分析是指通过对政治（Political）、经济（Economic）、社会（Social）和技术（Technological）这四类因素的分析，来综合判断企业所处的宏观环境。

1. 政治环境。政治环境是指影响和制约企业发展的政治要素及其运行状态。具体地说，构成政治环境的要素包括国家政治体制、世界贸易协定、垄断与竞争立法、环境保护立法、消费者保护立法、社会保障制度、企业与政府的关系、税收政策，等等。

2. 经济环境。经济环境是指企业赖以生存和发展的社会经济水平、各种生产和经营要素的供求状态等。具体地说，构成经济环境的要素包括经济发展总体水平、商业周期、经济增长与发展速度、贸易状况、利率水平、货币供应量、通货膨胀率、失业与就业状况、居民购买力水平、资源禀赋及供求价格、企业效率及投资规模，等等。

3. 社会环境。社会环境是指企业所处的社会结构、社会风尚、生活方式以及价值观念等方面的状况及其变动趋势。具体地说，构成社会环境的要素包括人口总量和结构、人口流动性、居民生活方式、价值观念、风俗习惯、收入分配状况、消费结构和水平、教育状况，等等。

4. 技术环境。技术环境是指企业所处的环境中的科学技术的发展状况及与科技要素直接相关的各种社会现象的集合。具体地说，构成技术环境的要素包括技术工艺发展水平、政府及企业对研究的支出、新产品开发状况、技术转让速度、劳动生产率，等等。

PEST 分析并不要求企业对能够发现的所有因素进行分析，正确的做法是从所有因素中筛选出一些关键因素对它们进行深层次的分析。这些关键因素是指能够对企业产生重要影响的因素。企业在进行 PEST 分析时，需要具体考虑哪些环境因素在过去对企业的影响是重要的，这些因素在未来对企业影响的重要程度将如何发生改变。在此基础上，根据 PEST 分析的结果评定企业面临的宏观环境对企业战略的总体影响。

（二）行业结构分析

行业结构分析的目的在于明确企业所在行业的特点及其发展变动趋势，从而预测行业的竞争态势和企业未来的获得水平。目前，有许多理论和模型可以用于行业结构分析，但是，影响力最大的当属美国哈佛大学商学院教授迈克尔·波特的五种力量模型。五种力量模型将大量不同的因素汇集在一个简便的模型中，以此分析一个行业的基本竞争态势。五种力量模型确定了竞争的五种主要来源，即供应商和购买者的讨价还价能力，新进入者的威胁，替代品的威胁，现有竞争者的对抗力[①]，如图 2 所示。

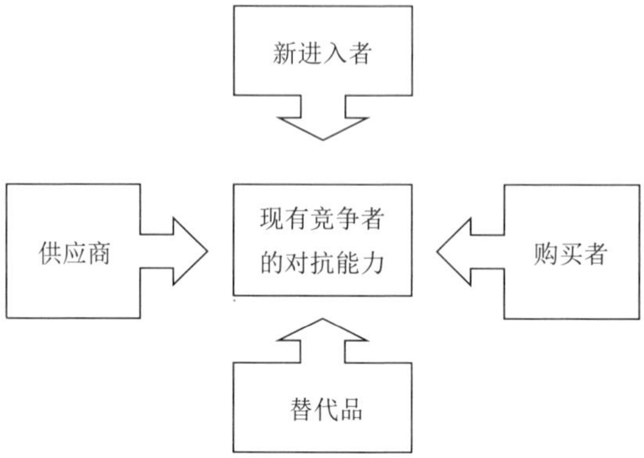

图 2　五种力量模型示意图

1. 供应商的讨价还价能力。供应商的讨价还价的能力直接影响着企业生产经营的成本，从而影响到企业的竞争力。波特认为，影响供应商讨价还价能力的因素主要有。（1）供应商所在行业的集中化程度。（2）供应商所提供的产品的独特性和差异化程度。（3）供应商所提供的产品是否受到替代品的威胁。（4）批量对于供应商的重要程度。（5）供应商前向垂直一体化的战略意图。

2. 购买者的讨价还价能力。购买者总是希望买到质高价低的产品。与供应商的情形相似，购买者的讨价还价能力直接影响着企业的盈利水平。影响购买者讨价还价能力的因素主要有：（1）购买者数量的多少。（2）出售给购买者的产品的标准化程度。（3）购买者所购买的产品占其全部成本的比例。（4）替代品的替代程度。（5）购买者后向垂直一体化的战略意图。

3. 新进入者的威胁。除了完全竞争的市场以外，一个行业的新进入者通常会引发整个行业市场的波动。尤其是当有步骤、有目的地进入某一行业时，情况更是如此。新进入者的威胁取决于进入该行业的成

① 参见〔美〕杰恩·巴尼著，王俊杰等译：《获得与保持竞争优势》，清华大学出版社 2003 年版，第 79—104 页；〔美〕亨利·明茨伯格等著，刘瑞红等译：《战略历程：纵览战略管理学派》，机械工业出版社 2002 年版，第 70 页。

本，而进入该行业的成本取决于进入壁垒的高低。当存在较高的进入壁垒时，新的进入者不会轻易地进入该行业。进入壁垒主要有：(1) 规模经济。(2) 产品差异化。(3) 独立于规模经济的成本优势。(4) 在位企业设置的障碍。(5) 政府对进入的管制。

4. 替代品的威胁。替代品是指那些与企业的产品具有相同或类似功能的产品。行业竞争的激烈程度取决于该行业的产品可以被另一个行业的产品所能够替代的程度。在许多行业替代品的威胁使得行业利润变得越来越低。在极端情况下，替代品会完全取代一个行业的产品和服务。影响替代品威胁的因素主要有：(1) 替代品的性能价格比。(2) 客户使用替代品的转换成本。(3) 客户使用替代品的倾向。

5. 现有竞争者的对抗力。行业的竞争水平以及竞争的激烈程度也将直接影响企业的获利水平。在同一个行业内，一个企业的行为必然会引发其他同类企业的竞争性反应。现有竞争者对抗力的强弱体现在降低价格、推出新产品、广告促销等各个方面的较量之中。影响行业内现有竞争者对抗力的因素主要有：(1) 参与竞争的企业数量。(2) 行业增长的速度。(3) 竞争对手的多样化经营。(4) 行业内产品的差异性。(5) 退出障碍。

(三) 企业资源和能力分析

随着企业外部环境日益快速的变化，企业外部环境的不确定性逐渐增强。在这种情况下，人们开始将注意力更多地集中在挖出、培育和整合企业内部的资源和能力上，并研究其作为战略基础的重要作用。研究表明，企业关注于开发内部资源和能力，不仅能够比较容易地适应外部环境的变化，而且在一定程度上可以提高企业的综合竞争能力。

1. 企业的资源。企业的资源是指企业在生产经营过程可以利用的有形的自然物质和无形的资产。“资本、设备、员工的技能、专利、财务状况以及经理人的才能，这些都是资源。从更广的范围来看，资源包含了一系列个人、社会和组织的现象。”① 企业的资源可以分为有形资源和无形资源两类。

---

① 参见〔美〕迈克尔·A. 希特等著，吕巍等译：《战略管理》，机械工业出版社 2002 年版，第 97 页。

有形资源是可见的、容易确认和计量的资产。有形资源又包括4种具体形式的资源，即财务资源、组织资源、实物资源和技术资源。财务资源是指企业自有资金（所有者权益）和融资的能力（负债）。组织资源是指企业的报告系统及其计划、控制和协调系统。实物资源是指企业的厂房和设备等实体物体的规模及先进程度，以及获取原材料的能力。技术资源是指企业的专利和专有知识等。

无形资源是不可见的、有一定的隐蔽性且不能够加以准确计量的无形资产。无形资源又包括人力资源、创新资源和声誉资源三种具体的形式①。人力资源是指企业的管理能力、人员之间的信任以及知识共享程度等。创新资源是指创意、科技能力和创新能力等。声誉资源是指客户和供应商的声誉等。

资源是企业能力的来源，企业能力是企业核心竞争力的来源，而核心竞争力是企业竞争优势的基础。一般来说，一种竞争优势可能会来源于几种资源的独特组合。资源在被整合或组合时，它的战略价值就会增加。企业如果能够让一系列的资源一起产生效应，就会在企业内部产生独特的有形资源、无形资源及能力的组合。② 那么企业的竞争优势便会相应地增强。

2. 企业的能力。“能力是指企业资源的效率，这些资源被有目的地整合在一起，以达到一种预想的最终状态。”③ 企业的能力产生于企业有形资源与无形资源的不断融合。企业的能力按照其功能可以分为以下五种④：企业管理、信息管理、研究与开发、生产制造、市场营销。企业管理能力是指有效的执行和控制系统、各职能部门之间的协调能力、有效的激励与约束机制、与企业使命相适应的企业价值观，以及企业管理层展望未来潮流的能力等。信息管理能力是指企业具有协调能力的高效率的管理信息系统。研究与开发能力是指企业基础的研究能力和新产品开发与创新的能力。生产制造能力是指生产技能、生产产品的质量、

---

① 参见〔美〕迈克尔·A. 希特等著，吕巍等译：《战略管理》，机械工业出版社2002年版，第98页。

② 参见〔美〕迈克尔·A. 希特等著，吕巍等译：《战略管理》，机械工业出版社2002年版，第99页。

③ 参见〔美〕迈克尔·A. 希特等著，吕巍等译：《战略管理》，机械工业出版社2002年版，第99页。

④ 参见金占明编著：《战略管理》，清华大学出版社1999年版，第229页。

生产过程的改善能力和反应能力。市场营销能力是指有效地推广品牌产品的能力和有效的客户服务能力。

企业在获得了关于资源和能力的知识基础上，接下来可以确定它们的核心竞争力。企业核心竞争力的概念最早是由美国学者普拉哈拉德和英国学者哈默尔提出的。① 他们认为，企业核心竞争力是企业中的积累性学识，特别是关于如何协调不同生产技能和有机结合多种技术流派的学识。它实际上是一种能够为企业带来竞争优势的资源和能力。希特认为，作为战略能力的企业核心竞争力应该具备 4 个条件，即它是有价值的能力、稀有的能力、难于模仿的能力和不可替代的能力。有价值的能力是指那些能为企业在外部环境中利用机会、降低威胁而创造价值的能力。稀有能力是指那些极少数现有或潜在竞争对手能够拥有的能力。难于模仿的能力是指其他企业不能够轻易地建立起来的能力。不可替代的能力是指那些不具有战略对等资源的能力。②

四、战略实施与评价

战略制定在战略管理中具有高屋建瓴的作用。但是，无论多么精美的战略方案都必须通过战略实施加以落实。在战略管理的实践中，战略实施（实际做一件事情）通常比战略制定（决定做一件事情）要困难得多。因此，在实践中经常出现战略实施偏离战略目标的现象。战略评价在避免战略实施与战略制定的脱节方面，发挥着至关重要的作用。

（一）战略实施

战略实施的过程是一个复杂的动态过程。从目前理论界和实业界对战略实施的讨论来看，企业在战略实施的过程中，至少需要解决好 4 个方面的问题，即战略实施前的准备工作、组织结构与战略的匹配问题、战略实施中的资源配置，以及支持战略实施的企业文化培育问题。

1. 战略实施前的准备工作。在战略实施之前，企业应该对战略实

---

① 参见 See C. K. Prahalad and Gary Hamel，The Core Competence of the Corporation，Harvard Business Review，May-June 1990，pp. 79－91.

② 参见〔美〕迈克尔·A. 希特等著，吕巍等译：《战略管理》，机械工业出版社 2002 年版，第 106 页。

施过程中容易出现的各种问题做好充分的思想准备及应对安排。据专家对世界500强中93家企业的调查结果，50%以上的企业在实施战略的过程中会受到10个问题的困扰。这10个问题依出现频率高低排列如下①：

（1）实施过程比预定计划要慢。

（2）出现没有预料的重大问题。

（3）行动协调无效。

（4）竞争对手的行为和危机的出现，使注意力偏离战略目标。

（5）参与战略实施活动的员工能力不足。

（6）对基层员工的培训不够、指导不力。

（7）难以预见和不可控制的外部环境因素的影响。

（8）对部门经理领导和指导不足。

（9）对关键战略实施任务和行动的描述不清晰。

（10）信息系统对行动监测不力。

2. 组织结构与战略的匹配。战略实施的过程中，组织结构是否与战略相匹配，是决定战略实施效果的关键因素。著名管理学家钱德勒在研究了美国杜邦、通用汽车和标准石油等大公司的战略实施与组织结构之间的关系之后，得出的结论是：组织随着战略变（如图3所示）。钱德勒认为，战略在实施的过程中必然会引发一系列新的管理问题。

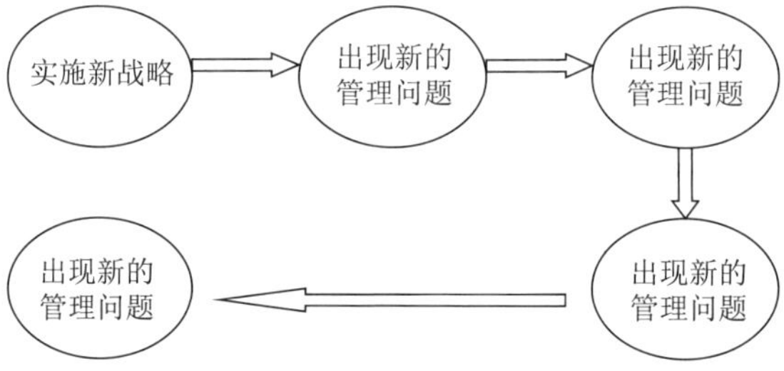

图3　钱德勒的“组织随着战略变”示意图②

这可能会导致组织绩效下降。这时，企业需要设计新的组织结构以改善组织绩效，并保证战略实施的顺利进行。钱德勒的“组织随着战略

① 转引自王建民编著：《战略管理学》，经济科学出版社2003年版，第291页。

② 转引自王建民编著：《战略管理学》，经济科学出版社2003年版，第295页。

变”的观点得到了普遍的认同。归结起来，战略变化往往要求组织结构随之变化的原因主要有二：一是因为组织结构在很大程度上决定了目标和政策的实施方式及效果，而目标和政策的实施方式及效果又会对战略实施活动产生较大的影响。二是因为组织结构决定了资源的配置，而资源的配置直接影响战略的实施。因此，企业必须通过重新设计组织结构来促进战略实施。

3. 战略实施中的资源配置。资源配置是战略实施的一项中心活动。所有企业都至少拥有 4 种可以用于实现战略目标的资源①：财力资源、物力资源、人力资源及技术资源。所谓资源配置就是遵循有效性、合理性、科学性的原则，按照战略目标所确定的优先顺序，将这 4 类资源分配到合适的部门并加以有效运用的过程。由于资源具有稀缺性，因此战略实施中的资源配置必须讲求效率。但是，“有效的资源配置并不能保证成功的战略实施，因为现有资源只有通过计划、人员、控制和责任心才能发挥作用。战略管理本身有时也被称为‘资源配置的过程’”②。在此过程中，企业的人力资源特别是企业的领导起着至关重要的作用。

4. 支持战略实施的企业文化培育。战略实施还需要企业文化的支持和配合。战略实施与企业文化相脱节将会严重地影响企业的经营绩效。企业文化专家迪尔和肯尼迪认为，在企业中进行战略变革总是要威胁到企业文化：“人们对模范人物、传说、日常生活礼仪与仪式及所有工作场合的标识有很强的依附感。变化将解除原有的关系，使雇员感到困惑、不安甚至愤怒。除非采取某些支持转变的措施，文化的力量可以削弱甚至断送战略变革。”③ 为了保证战略方案的顺利实施，企业应该注意强化文化中支持战略的因素和内容，改变或者重新塑造那些与战略实施相矛盾的文化因素和内容。强化和改变企业文化的方法有很多，如对战略所要求的文化支持作出清晰的阐释，强化培训战略变革意义和内

① 参见〔美〕弗雷德·R. 戴维著，李克宁译：《战略管理》，经济科学出版社 1998 年版，第 249 页。

② 〔美〕弗雷德·R. 戴维著，李克宁译：《战略管理》，经济科学出版社 1998 年版，第 250 页。

③ 〔美〕弗雷德·R. 戴维著，李克宁译：《战略管理》，经济科学出版社 1998 年版，第 263 页。

容，招聘接受战略变革的新员工，等等。

（二）战略评价

战略评价是战略管理中的重要步骤。一般来说，战略评价主要是保证战略实施不偏离战略制定的目标，具有对战略实施过程进行纠偏的作用。但是，由于在战略实施的过程中，企业所处的环境可能会发生较大的变化，原来制定的战略可能有不适应环境变化的地方，因此，战略评价有时也会对战略制定的目标起到修正作用。

1. 战略评价的程序。企业的战略评价应该遵循一定的程序。一般来说，战略评价可以按照以下程序展开：

（1）选择评价重点。战略实施是一个复杂的系统工程，战略评价不可能也不必事无巨细地对战略实施中的每一个环节进行评价。选择出影响战略方案实施的关键内容和环节，确定战略评价的重点是战略评价过程中首先要考虑的问题。

（2）确定评价标准。战略评价的标准是对战略实施过程中期望达到的效果的具体描述。战略评价的标准决定着评价绩效的结果。

（3）评价实际绩效。由战略评价系统根据评价标准对评价的重点内容进行公正、客观的评价，得出评价结果。

（4）进行比较分析。将评价的绩效结果与战略目标的要求进行比较分析，看战略实施过程中的实际绩效是否在可以接受的范围之内，是否要做出相应的改进或者调整。

（5）采取改进措施。如果比较分析的结果是企业的战略实施偏离了战略制定的目标，则要在分析偏差原因的基础上提请战略管理部门采取改进或者调整措施。

2. 战略评价的标准。对于战略评价的标准，不同的战略管理学家有不同的见解。目前，比较有影响的是英国战略专家理查德·努梅特提出的战略评价四标准①，即一致性、协调性、可行性和优越性。

① 关于四标准的阐释引自〔美〕弗雷德·R. 戴维著，李克宁译：《战略管理》，经济科学出版社 1998 年版，第 304 页。

附件一　中共中央党校在职研究生经济管理专业《西方管理理论研究》教学大纲

通过本课程的学习，使学员了解西方管理理论产生的基本脉络，掌握西方管理理论各阶段主要学派理论的产生背景、基本观点、主要内容及借鉴意义，为经济管理专业的进一步学习和研究打下理论基础。

第一讲　西方管理理论概述

学习重点，了解西方管理理论五个代及其标志，了解西方管理理论产生与发展的五个演变，重点掌握西方管理理论的三次变革。

一、五个代（理论演变的时间线索）

（一）古典管理理论：科学管理代替经验管理

（二）行为科学理论：对人的认识由“经济人”到“社会人”的飞跃

（三）现代管理理论：现代科学成果、现代技术手段在管理中的广泛运用，使管理理论焕然一新

（四）企业文化理论：管理向软化发展

（五）20 世纪 90 年代以后在西方出现的管理理论

1. 非理性管理。
2. 知识管理。
3. 全球化管理。
4. 虚拟管理。

二、十大派（理论线索）

（一）古典学派

1. 美国泰罗的科学管理理论。

2. 法国法约尔的一般管理理论。
3. 德国马克斯·韦伯的行政组织理论。

（二）行为科学理论学派

1. 人际关系理论。
2. 个体行为理论。
3. 团体行为理论。
4. 组织行为理论。

（三）社会系统学派

（四）决策理论学派

1. 决策是一个漫长而复杂的过程。

（1）确认问题。

（2）提出各种可供选择的方案。

（3）搜索信息。

（4）选择备选方案。

（5）拟定实施计划，并执行已经制定的决策。

（6）对决策执行情况进行评估和审查。

2. 管理决策是管理的中心，管理就是决策。
3. 决策中用“最令人满意”的准则代替“最优化原则”。
4. 企业的决策分为程序化决策和非程序化决策。

（五）管理过程学派

1. 法约尔。
2. 亚历山大·丘奇。
3. 哈罗德·孔茨等。

（六）系统管理学派

1. 创始人是卡斯特、罗森茨韦克和约翰逊等。
2. 系统管理学派的管理思想基础是一般系统理论。
3. 系统观点、系统分析、系统管理三者的关系。

（七）经验主义学派

1. 彼得·德鲁克。
2. 艾尔费雷德·斯隆。
3. 欧内斯特·戴尔。
4. 威廉·纽曼等。

管理的性质与任务、管理者的职责与技能、目标管理、管理的组织结构及高层管理问题。

（八）管理科学学派

始于 1939 年由英国曼彻斯特大学教授布莱克特领导的运筹学小组。

主张采用科学的方法，探索有效的工作方法或最优方案，以达到最高的工作效率。

所采用的手段上广泛应用现代技术，形成了一系列新的组织管理方法和手段。

（九）权变理论学派

主要代表人物是美国的管理学者约翰·莫尔斯、杰伊·洛希和弗莱德·E. 菲德勒等。

在企业管理中，没有一成不变、普遍适用的“最好的”管理理论和管理方法。

企业管理必须随着企业所处的内外条件变化而随机应变。

（十）战略管理理论

把握事物的未来发展趋势。

胸有全局，把握事物内部与外部的本质联系。

三、三次理论变革

（一）“泰罗制”

管理科学正式产生，人类管理由经验管理走向科学管理。

（二）行为科学理论

人是“社会人”

一套全新的、基于人的需要、以调动人的积极性为出发点的管理理论。

（三）现代管理理论

广泛吸收现代自然科学和社会科学的研究成果，运用现代科学技术手段，使管理理论面目一新。

四、五个演变方向（内容线索）

（一）从总结企业具体经验到阐述一般原理的演变过程

（二）从经济人到自我实现的人的演变过程

（三）从封闭到开放的演变过程

（四）从定性分析到定性定量分析结合的过程

（五）从学派分化到综合的过程

思考题：

1. 现代管理理论具有哪些特征？

2. 西方管理理论发生了哪三次重大的理论变革，标志是什么？

第二讲　古典管理理论

学习重点：

1. 科学管理理论主要内容及借鉴意义。

2. 重点掌握管理的五个职能。

3. 了解一般管理原则及借鉴意义。

一、科学管理理论

（一）科学管理理论的主要管理思想

1. 科学管理的中心问题是提高劳动生产率。

2. 科学管理的精髓在于劳资双方的密切合作，目的在于雇主和雇员实现最大限度的富裕。

3. 一切管理制度和管理方法都应当建立在科学研究的基础上，要用科学知识代替个人经验。

泰罗提出的科学管理应遵循的四条原理：

1. 对工人操作的每个动作进行科学研究，用以代替老的单凭经验的办法。

2. 科学地挑选工人，并进行培训和教育，使之成长。

3. 与工人们亲密合作，以保证一切工作都按已发展起来的科学原则去办。

4. 资方和工人们之间在工作和职责上几乎是均分的。

（二）科学管理理论提出的主要管理措施

1. 定额管理。

2. 差别计件工资制。

3. 挑选第一流工人。

4. 工具标准化和操作标准化。

5. 计划职能与执行职能分开。

6. 在管理控制中实行例外原则。

（三）科学管理理论的主要启示

1. 深刻理解提高劳动生产率的重要意义，自觉把提高劳动生产率作为管理的中心问题。

2. 管理的实质在于劳资双方的密切合作，而劳资双方的密切合作又在于建立共同的利益机制和相互间思想感情的沟通。

3. 正确认识技术与管理的关系，在重视技术的同时，也要重视管理；在引进技术的同时也要引进管理。

4. 正确认识加强管理基础工作对提高劳动生产率的重要性。

二、一般管理理论

（一）管理的概念与职能

经营和管理是两个不同的概念。

企业经营包括六种活动，管理只是其中的一种活动。

法约尔对管理活动的定义是：“管理，就是实行计划、组织、指挥、协调和控制。”

1. 计划。

（1）管理者应当预见将来。

（2）一个好的行动计划的一般特征是：统一性、持续性、灵活性和准确性。

（3）制订一个好的学习计划要求领导者必须具备良好素质。

（4）缺乏计划或制订一个不好计划是领导人没有能力的标志。

2. 组织。

3. 指挥。

4. 协调。

5. 控制。

(二) 管理的一般原则

法约尔关于管理的十四条原则:

1. 劳动分工。
2. 权力与责任。
3. 纪律。
4. 统一指挥。
5. 统一领导。
6. 个人利益服从整体利益。
7. 人员的报酬。
8. 集中。
9. 等级制度。
10. 秩序。
11. 公平。
12. 人员稳定。
13. 首创精神。
14. 人员的团结。

思考题:

1. 科学管理理论的基本原理是什么?
2. 怎样理解管理的五个职能?
3. 管理的基本原则是什么? 它有哪些借鉴意义?

第三讲　行为科学理论

学习重点:

1. 了解人际关系理论的主要观点。
2. 重点掌握需求层次理论及管理对策。
3. 重点掌握人性假设理论及其意义。

行为科学是专门研究人类行为规律的科学。

行为科学理论的产生与发展分为两个阶段：第一阶段，早期行为科学理论，即通过著名的霍桑试验而创立的人际关系理论；第二阶段，以人际关系理论为基础而迅速发展起来的行为科学理论。

行为科学理论包含三部分内容：个体行为理论、团体行为理论、组织行为理论。

一、人际关系理论

（一）霍桑试验与人际关系理论

霍桑试验经历了4个阶段：

1. 照明试验。
2. 福利试验。
3. 电话试验。
4. 电话线圈装配试验。

梅奥于1933年在《工业文明中人的问题》一书中提出人际关系理论。

（二）人际关系理论的主要观点

1. 企业职工是“社会人”。
2. 生产效率的提高，关键在于满足职工的社会欲望，提高职工的士气。
3. 企业中实际存在着一种“非正式组织”。

二、个体行为理论

（一）需要理论

马斯洛认为人的需要有五大类：

1. 生理上的需要。
2. 安全上的需要。
3. 社会交往的需要。
4. 地位或受人尊敬的需要。
5. 自我实现的需要。

与需要层次相对应的管理策略。

与需求层次相对应的激励手段、管理策略。

需求的层次	激励（追求的目标）	管理策略
1. 生理需要	工资、健康的工作环境、各种福利	待遇、资金、住房福利、医疗设备
2. 安全需要	职业保障、意外事故的防止	就业保障、退休金制度、保险
3. 友爱与归属需要	人际关系、团体接纳、与组织认同	参与制度、团体活动、教育培训
4. 尊重需要	地位名誉、权力、责任、与他人对比	人事考核、晋升、表彰、选拔进修
5. 自我实现	环境保障、挑战性工作、个人与组织发展	授权、参与决策、共同目标

（二）激励理论

1. 双因素理论（属内容型激励）。

弗雷德克·赫茨伯格提出了保健因素和激励因素，简称双因素理论。

保健因素：

（1）公司的政策与行政管理。

（2）管理和监督。

（3）与上级主管之间的关系。

（4）与同级之间的关系。

（5）与下级之间的关系。

（6）薪金所得。

（7）工作的安全。

（8）工作环境或条件。

（9）个人的生活。

（10）职务地位。

激励因素：

（1）工作上的成就感。

（2）工作木身具有的挑战性。

（3）个人发展的可能性。

（4）职务上的责任感。

（5）得到提升。

（6）工作得到认可。

2. 公平理论（属过程型激励）。

公平理论侧重研究工资报酬等分配的合理性、公平性及其对人们积极性的影响。

绝对报酬量与相对报酬量。

公平理论公式。

（三）人的本性理论

1. 人性假设理论。

经济人假设：

（1）人是由经济诱因来引发工作动机的，其目的在于获得最大的经济利益。

（2）经济诱因在组织的控制之下，因此，人被动地在组织的操纵、激励的控制之下从事工作。

（3）人以一种合乎理性的、精打细算的方式行事。

（4）人的情感是非理性的，会干预人对经济利益的合理追求，组织必须设法控制个人的感情。

社会人假设：

（1）人基本上是由社会需求而引起工作动机的，人们最重视人与人之间的相互关系。

（2）现代工作的机械化程度愈高、分工愈细的结果，使工作本身变得单调、枯燥乏味，因此，人们只能从社会关系上去寻求意义。

（3）工人对同事们的社会影响力，要比对管理者所给予的经济诱因及其控制更重视。

（4）工人的生产效率决定于上司能满足他们社会需求的程度。

复杂人假设：

（1）每个人都有许多不同的需求，具有不同的能力，人的工作动机不但是复杂的，而且是变化的。

（2）一个人通过其社会生活，会不断产生新的需要，因此，一个人在组织中表现的动机模式是其原来的动机与组织经验交互作用的结果。

（3）人在不同的组织和不同的部门中可能有不同的动机模式。在正式的组织中落落寡合者，在非正式组织中可能获得社会需求及自我实现之满足。

（4）一个人是否感到心满意足，肯为组织尽力，取决于其自身的动机构造及同组织之间的相互关系。工作的性质、本人的工作能力与技术水平、动机的强弱以及与同事间的相处状况，都有可能对其产生影响。

（5）人可依自己的动机、能力及工作性质，对不同的管理方式做出不同的反应。

自我实现人假设：

（1）人的需要层次由低级到高级，其目的是为了达到自我实现的需要，寻求工作上的意义。

（2）人们力求在工作上有所成就，实现自治和独立，发展自己的能力和技术，以便富有弹性，能适应环境。

（3）人们能够自我激励和自我控制，外来的激励和控制会对人产生一种威胁，造成不良后果。

（4）个人的自我实现同组织目标的实现并不冲突而是一致的。在适当条件下，个人自动地调整自己的目标，使之与组织目标相配合。

2. X 理论、Y 理论。美国社会心理学家道格拉斯·麦格雷戈提出了 X 理论和 Y 理论。X 理论是传统的“胡萝卜加大棒”式的思维方式，建立在“大众是平庸的”和“经济人”假设基础上。该假设假定正常人天生是懒惰的，需要被监督和激励，把工作看作为了挣钱而不得不做的坏事。因此，为了使工人为了组织的目的而努力工作，管理者必须采用“严厉而强硬”的管理方法。

Y 理论假设人是“社会人”和“自我实现的人”，并且希望且需要工作。人们对于自己参与制定的目标，能够实现自我指挥和自我控制。在适当条件下，人们不但能接受而且主动承担责任。因此，管理的基本任务就是安排好组织方面的条件和作业的方法，使人们的智慧潜能充分发挥出来，更好地为实现组织的目标和自己具体个人目标而努力。

三、组织行为理论

（一）领导特质理论

1. 20 世纪 50 年代前的研究。国外关于领导理论的研究，直到 20 世纪 40 年代一直侧重在领导的个性特质方面。其基本假定是，某些人天生具有适合扮演领导者角色之人格特质或特征，这些人格特质不仅使其与一般人不同，而且能够使这些特殊人格者获得一般人的追随。

50 年代，人们对 20 世纪前半叶的 1000 项研究进行了分析，认为以下的个人品质和特性在领导者的造就上具有作用。

（1）生理因素。一个人的生理因素可能是形成其领导品质的中心。这些生理因素包括年龄、身高、体重、容貌、体格、风度等。

（2）能力因素。智力对领导效能的影响较大。

（3）兴趣因素。这是探究并乐于从事某事务的倾向，也是领导者的重要品质。

（4）文化水平。受教育程度也是影响领导者素质的重要方面。

（5）技能。早期的研究较多地注重运动技能的作用。

（6）性格。主要是自信度、适应性、支配性、外倾等。

2. 现代特质论。现代特质理论认为，领导是一个动态的过程，领导者的特质和品质是在实践中形成的，可以通过训练和培养加以造就。在新的研究基础上，人们认为，以下的个人品质和特性在领导领域中应当肯定。

（1）高超的智力。

（2）情绪上的成熟。

（3）激励能力。

（4）解决问题的技能。

（5）有领导欲望，喜欢管理，勇于承担责任。

（6）有影响力。

3. 合格的领导者应具备的素质。70 年代以后，随着特质理论重新受到重视，各国的心理学家为了选拔和培养领导成员，又根据本国情况，陆续提出一些所谓合格领导者应该具备的特质条件。比较有代表性的是：

第一，美国管理学会的意见。

美国管理学会在 70 年代花了 5 年时间，对在事业上取得成功的 1812 名主管人员进行了调查和研究，发现成功的主管人员一般具有以下能力：

（1）工作效率高。

（2）有主动进取精神，总想不断改进工作。

（3）逻辑思维能力强，善于分析问题。

（4）有概括能力。

（5）有很强的判断能力。

(6) 有自信心。

(7) 能帮助别人提高工作能力。

(8) 能以自己的行为影响别人。

(9) 善于用权。

(10) 善于调动别人的积极性。

(11) 善于利用谈心做工作。

(12) 热心关心别人。

(13) 能使别人积极而又乐观地工作。

(14) 能实行集体领导。

(15) 能自我克制。

(16) 能自行做出决策。

(17) 能客观地听取各方面的意见。

(18) 对自己有正确评价，能以他人之长补己之短。

(19) 勤俭。

(20) 具有技术和管理的知识。

第二，日本人的有效领导观。日本企业界认为，领导者应具备十项品德、十项能力。

十项品德是：

(1) 使命感，非要完成任务不可。

(2) 信赖感，上下左右相互信任和支持。

(3) 诚实，在上下级和周围关系中，都能以诚相待。

(4) 忍耐，不随便发脾气。

(5) 热情，对人热情体贴，对工作专心负责。

(6) 责任感，对工作敢于负责任，能充分发挥主观能动性。

(7) 积极性，以主人翁精神主动做任何工作。

(8) 进取心，不满足现状，积极上进。

(9) 公平，对人对事秉公处理，不徇私情。

(10) 勇气，对于危险的工作能亲自处理，有向困难挑战的勇气。

十项能力是：

(1) 思维、决策能力。

(2) 规划能力。

(3) 判断能力。

（4）创造能力。

（5）洞察力。

（6）劝说能力。

（7）对人的理解能力。

（8）解决问题的能力。

（9）培养下级的能力。

（10）调动积极性的能力。

（二）领导风格理论

1. 勒温的三类型模式。德国社会心理学家勒温于 1939 年以少年学生为对象进行过一项研究。他把学生分成三组，分别采用三种不同的风格来领导。他由此概括出三种不同的领导类型，即民主型、专制型和放任型。

（1）民主型。领导者把自己看成群体一员，把权力交给群体，组织群体成员共同讨论工作计划和目标，让他们自己选定任务和合作者。

（2）专制型。权力掌握在领导者手中，实行独裁领导，一切由领导独自决定，与成员之间没有感情交流。

（3）放任型。领导者把权力交给群体的每个成员，实行无政府管理，他既不想评价或管理群体活动，也不关心群体成员的需要和态度，一切放任自流。

管理者对属下所使用的独裁、民主和放任的领导方式之选择，需考虑各种因素后选用，并做必要的调整。

2. 领导方格图。布莱克和莫顿在两个维度的基础上，将每一维度再细分为 9 等，用坐标线画出，得出 81 种方格组合。比较典型的有：

1.1 型，贫乏型。领导者为维护其地位而以最小的努力去完成应做的工作，对工作、对人都不关心。

1.9 型，乡村俱乐部型。领导者注意并关心组织气氛，保持融洽的组织关系，适度的工作任务。

9.1 型，任务型。强调权威与服从，安排工作采用使人的因素干扰最小的方法来达到工作效率。

5.5 型，中间型。兼顾必须完成的工作和人们有较高的士气。

9.9 型，团队型。工作成就来自献身精神，在组织目的上利益一致，互相依存，从而导致信任与尊重的关系。

领导者在采用上述领导方式时，往往并不是单一的一种，而是以上五种领导方式的两种或两种以上方式的组合。

思考题：

1. 霍桑试验的主要内容是什么？
2. 人际关系理论的主要观点是什么？
3. 简述需求层次理论的主要内容及实践意义？
4. 如何认识现阶段的人性？
5. 比较几种不同的领导方式各自的优缺点。

第四讲　战略管理理论

学习重点：

1. 重点掌握战略管理的过程。
2. 了解战略管理理论主要代表人物及观点。
3. 重点掌握战略管理的步骤。
4. 了解西方最新战略思想。

一、战略管理理论产生的背景及主要理论观点

（一）战略管理理论产生的背景

（二）战略管理的含义及主要理论观点

1. 安索夫的资源配置战略理论观点。
2. 波特的竞争战略理论观点。
3. 安德鲁斯的目标战略理论观点。

二、战略管理模式及其过程

（一）战略管理模式

（二）战略管理的过程

1. 战略制定。
2. 战略实施。

3. 战略评价。

三、西方最新战略管理思想

20 世纪 90 年代以来，西方的战略管理思想发生了重大转弯，其最新的动态与趋势集中表现在 3 个方面，即战略联盟、战略竞标、战略再造。

（一）企业战略联盟

企业战略联盟是指两个或两个以上的企业间或塔顶事业与职能部门间，为实现某种共同的战略目标，通过公司协议或联合组织等方式而结成的一种联合体。

1. 战略联盟的产生。

2. 战略联盟的基本形式。

（二）企业战略竞标

1. 战略竞标的产生。

2. 战略竞标的类型。

（三）企业战略再造

思考题：

1. 战略的含义、特点是什么？
2. 竞争战略的主要理论观点是什么？
3. 战略管理的过程有哪些步骤？

第五讲　社会系统理论与系统管理理论

学习重点：

1. 了解一般系统理论及其特征。
2. 重点掌握组织的本质。
3. 重点掌握组织平衡的内外因素。
4. 了解系统管理理论的主要内容是什么。

一、社会系统理论与系统管理理论产生的背景

二、社会系统理论与系统管理理论的主要内容

（一）社会系统理论的主要内容

1. 组织的本质。社会系统理论创始人巴纳德把组织定义为“两个或两个以上的人的有意识协调的活动或效力的系统”。

2. 非正式组织的积极作用。

3. 正式组织的三个基本要素。

4. 组织平衡论。

（1）组织的对内平衡。这是指把创造出来的经济和非经济诱因有效地分配给各个成员，保持各个成员的“诱因”和“牺牲”的平衡，从而确保成员协作积极性的过程。

“诱因”和“牺牲”的平衡实质上就是组织的平衡，其关系由以下式表示：

牺牲≤诱因→组织存续和发展

（2）组织的对外平衡。所谓组织的对外平衡，是指组织人微言轻一个整体不断适应外部环境变化的过程。这个外部环境主要包括社会、经济、技术等环境。

（3）组织对内平衡与对外平衡的关系。组织的对内平衡与对外平衡虽然属于不同的过程，但它们之间却是相辅相成的。组织的对内平衡如果能保持，组织成员的协作意愿就强烈，组织目标就能有效地实现，其结果将有助于组织的对外平衡。如果组织的对外平衡较好，组织的效率就高，诱因的来源扩大，因而更有助于保持组织的对内平衡。

5. 经理人员的职能。组织中的经理人员有以下三项职能：

（1）建立和维持一个信息联系的系统。

（2）从组织成员那里获得必要的服务。

（3）规定组织的目标。

（二）系统管理理论的主要内容

一般系统理论建立后，西方有些学者把它应用于工商企业的管理，因而形成了系统管理理论。卡斯特、罗森茨韦克和约翰逊三人于 1963 年合写出版的《系统理论与管理》一书，从系统概念出发，比较系统

地阐述了系统理论，建立了企业管理的系统模式，成为系统理论的代表作。这一理论的主要内容包括系统观点、系统分析和系统管理 3 个方面。

1. 系统观点。
2. 系统分析。
3. 系统管理。

思考题：

1. 一般系统理论的主要特点是什么？
2. 社会系统理论的主要内容是什么？
3. 如何理解组织的本质？
4. 实现组织平衡的条件是什么？
5. 系统管理的主要特点是什么？

第六讲　经验主义理论与权变理论

学习重点：

1. 了解管理的性质与任务。
2. 了解管理者的职责是什么。
3. 重点掌握目标管理。
4. 重点掌握组织结构设计的原则。
5. 重点掌握权变理论的含义。
6. 重点掌握领导方式的权变观点。

一、经验主义理论

（一）管理的性质与任务

1. 管理的性。经验主义理论比较一致地认为，管理是一门专门的技术和技巧。然而在经验主义理论内部，对管理的具体解释并不完全一致，有宽派、窄派之分。

2. 管理的任务。

（二）管理者的职责与技能

1. 管理者的职责。

2. 管理者的技能。

3. 目标管理。

4. 管理的组织结构。

5. 高层管理。

二、权变理论

（一）权变理论的由来

（二）权变理论的理论基础和思想结构

1. 权变理论的含义。

2. 权变理论的理论基础。

3. 权变理论的思想结构。

（三）组织结构的权变观点

（四）领导方式的权变观点

第七讲　企业再造理论

学习重点：

1. 了解企业再造的背景。

2. 重点掌握企业再造的含义。

3. 重点掌握企业再造的流程。

一、企业再造理论产生的背景及其含义

（一）背景

流程再造这一理论是 20 世纪 90 年代初具雏形并首次提出，但流程再造理论所包含的概念和观念并非都是新的，它是在许多前人的管理思想和技术方法的基础上发展起来的，是管理思想和信息技术发展的综合产物。这些理论基础包括：流程管理思想、组织和人的管理思想、信息技术对组织的影响等。流程再造以企业流程为“平台”，把这些管理思

想的最新研究成果集成起来，从而形成了流程管理的特色。

（二）企业流程管理的含义

1. 生产流程管理。企业流程并不是一个新的概念，在许多管理领域，都在不同时期、从不同的角度提出了流程的概念。最古老的流程思想可以追溯到泰罗的科学管理。泰罗首先倡导对工作流程进行系统的分析，这种思想成为工业工程的主要思想。在工业工程领域，制造工作被分为转换、制造、装配和测试 4 种活动。流程设计是对原材料加工、零件加工、分装和总装活动在整个车间内的组织和物流工程的设计。在这里，流程指的是生产流程，关注的焦点是流程中某一个职能的某一项活动，流程的分析和设计遵循劳动分工的原则。

2. 制造流程管理。流程改善和流程思想起源于质量运动，其先驱是 20 世纪 40 年代贝尔实验室的质量专家，他们提出了“质量控制”的概念。这个概念包括对制造产品的生产流程进行严格的分析和控制，其对象是制造流程而不是跨职能的流程。后来“质量控制”概念得到了传播，运用的对象从制造流程扩展到产生质量的产品和服务的所有流程。

3. 组织管理流程。西方现代组织理论把组织管理划分为：组织结构与组织行为。组织结构反映了企业在一定的经营目标下，人与人之间合理分工与协作的工作关系；组织行为则是以人为中心，以建立良好的人际关系、提高士气为目标，进一步研究人们在企业中的相互关系，以及如何激励、沟通和领导等问题。这些思想与流程管理结合起来体现了组织理论发展的最新研究成果。

4. 企业再造的定义。其意思指的是，公司需要从全面上、整体上重新设计，也既是“再造”一个公司——工作如何被完成的重新工程再造。

二、企业再造流程的过程

（一）诊断原有的流程

（二）选择需要再造的流程

选择需要再造的流程的标准是：

1. 紧迫性，也就是看哪些流程功能低下，已遇到了极大的困难。

2. 重要性，也就是看哪些流程对公司顾客的影响最大。

3. 可行性。也就是看哪些流程当前最容易进行成功的再设计。

影响可行性的因素主要有：

1. 流程的范围。
2. 流程的成本。
3. 再造者自身的素质。

（三）了解准备再造的流程

（四）重新设计企业流程

1. 将几道工序合并由一人完成。
2. 将在固定流程上工作的人员组成灵活的项目小组。
3. 将作业和平行作业改为同步工程。

三、企业流程再造的内容

（一）观念再造

（二）组织再造

（三）工程再造

（四）管理再造

思考题：

1. 简述企业流程再造兴起的原因。
2. 企业流程再造的标准是什么？
3. 企业流程再造的主要内容是什么？

第八讲　第五项修炼理论

学习重点：

1. 了解五项修炼理论产生的背景
2. 重点掌握五项修炼理论的内容
3. 重点掌握如何构建学习型组织

一、第五项修炼理论产生的时代特征

（一）“知识劳动”成为经济增长、组织兴旺和个人幸福的关键

（二）发挥人们的创造力成为管理努力的重心

（三）知识和获取知识是土地、劳动力和资本之外的“第四财富之源”

（四）经济的成功来源于更有效和更快速地获取、整理和传播知识

（五）更新知识是保持竞争优势的关键

二、第五项修炼理论的主要内容

美国的彼得·圣吉在1992年出版的著作《第五项修炼》（*The Fifth Discipline*）一书中认为，随着世界经济一体化和知识经济，企业之间的竞争会越来越激烈。彼得·圣吉断言“学习型组织”才能在这种激烈竞争中保持不败，因为未来唯一持久的优势是有能力比你的竞争对手学习得更快。进而他提出在学习型组织领域中，有五项新技术，使学习型组织演变成一项创新。这五项新技术是要通过修炼才能得到的。彼德·圣吉关于学习型组织中的五项修炼包括：

（一）自我超越

（二）改善心智模式

（三）建立共同愿景

（四）团体学习

（五）系统思考

三、未来最成功的企业将会是“学习型组织”

（一）构建“学习型组织”的必要性

1. 现代市场中的游戏博弈理论告诉我们，无论理论多么令人眼花缭乱，对于企业组织来说，如果不能够从中学到些什么，那种理论将是灰色而毫无用处的。圣吉说：“这正是‘学习型’组织理论观点的关键所在。”

2. 知识经济时代是一个学习的时代，未来的组织也是一种学习型组织，作为组织的领导者必须是一个善于学习的人，才能够适应未来组织发展的需要，否则就要被社会、组织所淘汰。

3. 在工业经济时代，一个人在大学里受过良好的教育，他四年所学的知识大部分可终生受用，只有一部分或一小部分老化了，需要适时加以更新。一个领导者虽然也需要学习能力，但无论如何，学习能力不是主要的领导能力。然而，在知识经济时代则完全不同。知识一方面，

急剧地呈爆炸性增长；另一方面，又急剧地老化和失效，可以说知识的半衰期以惊人的速度在缩短。因此，终生学习已经不再是一个时髦的口号，而是每个人必须面对的现实课题，领导者更是如此。

（二）学习型组织的领导者

在学习型组织中，领导的目标极大地不同于个人魅力型的决策者。领导是设计师、教师与管家。这些目标需要新的技能：

1. 创建共享远景的能力。
2. 挑战原有思考方式的能力。
3. 强化系统思考的能力。
4. 领导者的学习能力。

思考题：

1. “第五项修炼”理论的主要内容是什么？
2. 为什么说未来的组织是“学习型组织”？

第九讲　企业文化理论

学习重点：

1. 了解企业文化理论产生的原因及背景。
2. 了解企业文化的含义、特征。
3. 重点掌握企业文化的作用。
4. 重点掌握美日企业文化的特点。

一、企业文化理论的形成

（一）企业文化理论的形成

1. 企业文化的概念。
2. 企业文化的特征。

（1）精神性。

（2）集合性。

（3）微观性。

（4）社会性。

（5）可塑性。

3. 企业文化的形成。

（1）企业文化理论是美日管理比较的直接产物。

（2）企业文化理论是对传统管理理论继承和发展的产物。

（3）企业文化理论是现代经济和社会发展的产物。

（二）企业文化的地位和作用

1. 导向作用。

2. 凝聚作用。

3. 激励作用。

4. 教育作用。

5. 宣传作用。

二、企业文化的类型

1. 按照企业的任务和经营方式的不同所进行的分类。

2. 按照企业的状态和作风的不同所进行的分类。

3. 按照企业的性质和规模的不同所进行的分类。

4. 按照企业对各种因素重视的程度不同所进行的分类。

5. 按照企业的价值取向或行为标准的不同所进行的分类。

6. 按照企业所在国别或民族文化的不同所进行的分类。

三、企业文化建设的启示

1. 企业文化建设必须与企业和整个社会的物质文明水平相适应，不能脱离实际提口号。

2. 企业文化建设必须要由企业职工共同参与，不能仅靠少数人关起门来做文章。

3. 企业文化建设要抓住企业的主要矛盾和主要特征，有自己鲜明的特点和个性，不能千篇一律。

4. 企业文化建设要尊重本国民族优良的传统和习惯，与宏观文化融为一体，不能脱离本国国情。

5. 企业文化不仅要恰当建立，而且还要付诸实施。

6. 企业文化的实施主要应抓好以下六个环节。

（1）宣传教育。

（2）领导以身作则。
（3）树立榜样，典型引路。
（4）举行必要的典礼仪式。
（5）建立文化网络。
（6）建立必要的激励机制。

思考题：

1. 企业文化产生的原因是什么？
2. 企业文化的含义是什么？
3. 简述企业文化的作用。
4. 比较日美企业文化的不同。

第十讲　管理创新

学习重点：

1. 了解管理创新的含义、特点。
2. 重点掌握管理创新的必要性。
3. 重点掌握领导创新需要的素质。

一、创新概念的产生与内涵

（一）创新概念的产生

创新这一概念最早是由美籍奥地利经济学家约瑟夫·阿罗斯·熊彼特在《经济发展理论》（1912年德文版）中首先提出的。他将创新定义为“新的生产函数的建立”，即“企业家对生产要素之新的组合”。他指出：“开动资本主义的发动机并使它继续动作的基本推动力来自新消费品、新生产或运输方法、新市场，或是资本主义企业所创造的产业组织的新形式。这种产业上的突变过程……它不断使这个经济结构革命化，不断毁灭老的，又不断创造新的结构。这个创造性的毁灭过程就是创新。”按照这一观点，创新包括技术创新与组织管理上的创新，因为两者均可导致生产函数的变化。后人沿着熊彼特开创的框架又进行了补充性研究，使创新的内涵进一步完善，也逐渐为大多数人所接受。

（二）创新的内涵

创新的内涵具体包括以下五种情况：

1. 引入一种新产品，就是消费者还不熟悉的产品，或提供一种新的产品质量。

2. 采用一种新的生产方法，就是在有关的制造部门中未曾采用过的方法。这种新的方法并不需要建立在新的科学发现基础之上，可以是以新的商业方式来处理某种产品。

3. 开辟一个新的市场，就是使产品进入以前不曾进入的市场，不管这个市场以前是否存在过。

4. 获得一种原料或半成品之新的供给来源，不管这种来源是已经存在的，还是第一次被创造出来的。

5. 实行一种新的企业组织形式，例如建立一种垄断地位，或打破一种垄断。

二、管理创新的必要性

21世纪是创新的世纪。“不创新，就灭亡”已成为许多企业的共识。管理创新的必要性有以下几个方面：

（1）管理创新可以提高企业竞争力。

（2）管理创新是企业生存的关键。

（3）管理创新是企业可持续发展的根本动力。

三、管理创新的内容

（1）组织文化创新。

（2）组织制度创新。

（3）管理方法创新。

（4）市场创新。

四、做一个具有创新能力的领导

（一）全面培养创新精神

我们这个时代的企业领导者需要的创新精神是一种真正的创意，是一种临危不惧的大智大勇，一种在与风浪搏击中锐意改革的精神，一种融合了民族灵魂、企业精神和个人智慧的创新意志，一种在风云变幻中镇定自若、坚持改革的大将风度。21世纪的企业领导者所需要的创新精神包括：

1. 善于创造新事物。包括发明适销对路的新产品，发明新工艺，提出革新产品的新思路等。

2. 创造新方法。在企业面临困难的时候，适时地提出改革的方法和方案，力挽企业于危难之际。

3. 创造新机遇。在外界环境发生变化、企业面临新契机的时刻，领导者要有敏锐的判断力，善于创造机遇。

4. 创造新观念。在企业人、财、物、信息等管理问题上，能够跟上时代，及时做出新的态度改变。

（二）领导创新所需的13种素质

创新能力就是主体在创造活动中表现出来并发展起来的各种能力的总和，主要指产生新思想、新的方法、新结果的创造性思维和创造性技能。创新能力的形成，需要13个方面的特质：

1. 主动好奇。创造力强的人，兴趣总是十分广泛，对任何事物都有一种强烈的好奇心理。

2. 敏锐的洞察力。创造力强的人，对环境有着敏锐的洞察力，能从平凡的事例中找出问题的关键所在，找出实际存在和理想模式之间的差距。敏锐的领导者，能察觉到别人未能注意到的情况和细节，能不断地发现人们的需要和个人能力的潜力，巧妙地运用这些需要和潜力推动事业前进。

3. 变通性。创造性人才总是思路流畅，属立体思维、多路思维的人才。他们善于举一反三，闻一知十，触类旁通。他们能想出较多的点子和办法，提出非同凡响的主张，做出不同寻常的成就。

4. 疑问性。他们对现成的事从不盲从，而是大胆发问，勇于摆脱一般观念的窠臼。他们在社会交往和日常生活中，极少人云亦云、随声附和。

5. 独创性。他们不因循守旧、墨守成规，敢于弃旧图新、别开生面。

6. 他们善于独立行事，不轻附众议，平时喜欢思考哲学、社会学和人生价值之类的抽象问题，生活活动范围广，社会活动能力强，对自己的未来有较高的抱负，态度直率、坦然，感情开放，不拘细节。

7. 自信心。他们深信自己所做的事的价值，即使遭到阻挠和诽谤，也不改变信念。他们总是一往无前，直到实现自己的理想和预期的目的。

8. 坚持力。一个创造活动的完成，需要百折不挠、持久不懈的毅力和意志。抓住目标后锲而不舍，不达目的决不罢休。特别是在主客观环境复杂，而问题又百思不得其解，寝食不安之时，有没有坚持力就更显得突出了。

9. 想象力。思想中的新观点来自合理的联想，有时甚至来自幻想或偶然的机遇。想象力丰富的人联想多、幻想奇，有利于揭开创造的序幕。

10. 严密性。灵感的火花闪过之后，深思熟虑、精细推敲是达到完美结果的必由之路。

11. 幽默感。幽默的性格会使创造型人才决不因别人的讥讽和轻视而影响自己的情绪和创造性目标。

12. 勇气。要从事探索，必须不怕冒险，必须面对常人无法忍受的困境，拿出勇气，全力以赴。

13. 流畅的表达。这一条对创造型领导者尤为必要。流畅的表达，可以使创造型领导者不需要繁琐的语言，就能把复杂的事物、观念表达清楚。他说话单刀直入，很有魅力。

（三）创新能力要素

领导者的创新能力是由多种能力要素构成的，主要有以下几个方面：

1. 信息获取能力。是指人们利用一切途径和手段，有意识地从外界获取信息的一种能力。

2. 洞察力。这是一种敏锐、迅速、准确地抓住问题要害的能力。

3. 预见力。这是超前地把握事态发展趋势的能力。

4. 把握机遇能力。是在充分做好自我准备的基础上，能抓住时机，利用机会施展自己才干的一种特殊才能。

5. 决断力。这是迅速做出选择、定下决心、形成方案的能力，也就是实际的决策能力。

6. 推动力。这里指的是善于激励下级以实现创新意图的能力。

（四）创新的方法

创新的内容十分丰富，创新的领域也是多种多样的，因而，创新的方法有数百种之多。就领导者本身活动的特点来说领导者与科学家、专家的最大不同在于，领导者是通过别人达到目标。常用的创新方法有下列几种：

1. 畅谈会法，又称头脑风暴法。这种方法是美国人 A. F. 奥斯本于 1939 年首创的。它的目的在于创造一种自由奔放思考的环境，诱发创造性思维的共振和连锁反应，产生更多的创造性思维。

具体实施可分为：准备、热点介绍问题、重新叙述问题、选择最富启发性的重新叙述、畅谈等几个步骤。

2. 形态方格法（MG 法）。形态方格法是瑞士裔美国人、加利理工学院茨维基博士提出的一种从形态上寻找创新方案的系统方法。

（1）形态方格法的实施步骤。形态方格法的具体实施分为以下五步：搞清所要解决的问题；确定影响给定问题的创新解的重要独立要素（也称变数），列出上述各要素的所有可能形态；将独立要素及其可能形态排列成矩阵形式（这正是将它称为方格或棋盘格的原因）；从每一要素中各取出任一可能状态做任意组合，从而产生出解决问题的可能构想；对众多的可能构想加以比较和评价，从中选择出符合评价标准的相对最优的构想。

（2）应用形态方格法应注意的问题。

第一，形态方格法，因为它要求对问题进行系统的分析，并借此确定出影响问题解的重要独立要素及其可能形态。这就要求有较高程度的有关问题的专门知识，如果不是内行里手就难以做到。所以，无论是选择个人还是小组来编制形态方格，只能挑选那些对问题堪称行家的人。

第二，通过形态方格的编制，能否得出重要的创造性构想，或者说能否保证重要的创造性构想不致被遗漏，完全取决于要素确定得如何。换言之，确定要素是应用此方法的关键性步骤。

3. 综摄法。综摄法是由美国麻省理工学院教授戈登创造并经普林斯加以发展而形成的，它是利用非理性因素通过召开一种特别会议来激发群体创造力的一种创新技术。

戈登创造综摄法的基本论点是：

第一，创造能力是每个人身上都有的，而不是像通常所认为的那样，似乎只是少数人身上才有的神秘的东西。

第二，发明创新不是阐明事物间的已知联系，而是要发现事物间的未知联系。因此，对于创新来说，非推理因素和情感因素特别重要，有许多创新发明都是把在逻辑推理上看来完全无关的东西联系起来时产生的。

第三，能够导致创新成功，是有一些特殊技巧的，而类比和隐喻则是一种可以提高创造力、诱发新构想的特殊训练方法和组织形式。

思考题：

1. 创新的含义是什么？
2. 联系实际谈一谈管理创新的意义。
3. 管理创新的内容有哪些？
4. 如何做一个创新型的领导？

课程设计：潘云良

课程教材：李兴山主编：《西方管理理论的产生与发展》，中共中央党校出版社 2010 年版。

参考书：

1. 孙耀君主编：《西方管理学名著提要》，江西人民出版社 1995 年版。
2. 潘云良：《管理的理论与实践》，中共中央党校出版社 2010 年版。

附件二 中央党校—英特尔交流项目考察报告

2005年11月5日至15日，由中央党校校委委员、秘书长、组织部长郝时晋为团长的中共中央党校代表团一行6人，应美国英特尔公司邀请，对英特尔公司进行了访问考察。通过参观交流，大家感到收获很大，体会颇多。现将考察的基本情况、主要收获及我们的建议汇报如下。

一、考察的基本情况

本次学习考察是中央党校与美国英特尔公司的学术交流项目，代表团的活动由美国英特尔公司负责安排。为使交流更具实效，双方事先对各自感兴趣的议题进行了多次沟通，并做了充分准备。英特尔公司对我们的考察活动也做了周密细致的布置，从而保证了这次学习交流活动的质量和水平。

在美期间，考察团主要以英特尔公司为考察重点。研讨的主题包括：英特尔公司副总裁简睿杰作了《从硅谷发展史看政府在高科技发展领域的作用》的报告；英特尔公司全球技术标准总监Philip Wennblom作了《技术发展趋势》的报告；英特尔公司副总裁、首席法律顾问布鲁斯·斯韦尔作了《技术创新与知识产权保护》的报告；英特尔公司总裁、首席执行官欧德宁作了《英特尔公司的发展战略》的报告。

在与英特尔公司的交流中，该公司专门设计和启动了“理解中国”系列交流讲座。郝时晋团长对中国政治经济发展现状和发展趋势做了精彩演讲，对中央党校教学改革情况做了恰如其分的介绍，政法部人权教研室副主任赵永红副教授对中国知识产权保护的立法和司法状况做了专题介绍。对此，英特尔公司方面表现出极大的兴趣，并对报告表示满意，同时，对中央党校代表团的考察也给予了较高评价，认为我方代表团成员有很好的学术素养，双方交流深入，增进了相互了解，双方收获较大。

除了学术交流以外，代表团还参观了英特尔博物馆、数字家庭以及斯坦福大学、美国国会等。

二、主要收获

（一）对美国的环境保护印象深刻

到了美国，突出的感受是环境优美。其特点体现在以下 3 个方面：

第一，自然环境方面。据了解，美国在国土规划、土地利用等方面一向十分重视自然资源的保护，它是拥有迄今世界上数量最多、累计面积最大的国家公园和自然保护区的国家。我们所参观的美国硅谷，处于太平洋西海岸，绿树成荫，环境优美，空气清新。尤其是被称为 17 英里海岸线的太平洋海滨，海水清澈，海鸟高翔，海狮欢闹，体现了人与自然和谐发展。相比之下，我国已开发的风景资源确实还太少。

第二，城市环境方面。美国的城市一般在规划时都预留出较多的公园绿地，不存在高密度的高层建筑群。建筑是以低层宽立面的形态分布在宽阔的地域范围内；停车设施完备的现代化办公楼分散于绿色自然环境中，各建筑之间通常有步行走廊或小巴士相连；配备机场或高速公路，飞机和小汽车作为主要对外交通手段；城市的中心地带设有企业总部、大型商场、健身中心等设施；多数居民住在有绿色草坪环绕的别墅型住宅中；没有形成一般城市的行政区划。它解决了传统城市面临的噪声、交通、住房、大气污染等问题，为城市居民提供了良好的生活空间。我国有些大城市已开始重视自然环境的作用，纷纷建造了一些城市公园、绿地，这是很令人欣慰的，但由于历史的原因，这些绿地往往很孤立，不能成为网状系统，从而使它们的作用大打折扣；而大多数中小城市则还处于大量建造高楼、大修路的阶段，对开放空间还没有引起足够重视。

第三，景观规划中的自然性。美国风景园林对世界风景园林最大的贡献之一是将自然原野地作为公园。这种先进的思想却往往被我们某些人拒之以千里。我们的很多公园都比较强调纪念性、形式化和展示性，常以人工取代天然，以人工景点来招徕游客，用空旷的绿地、花坛、花岗岩铺地、人工假山来代替自然山水，而居住区中的美化则强调中心喷泉，规则的图案、雕塑广场，忽略了自然环境对居住者的日常生活和休闲的意义。

（二）亲身体验了中美硅谷的差距

中国北京海淀中关村大街中云集了数百家高科技公司，尤以海龙大厦、北大方正大厦、硅谷大厦等著名，每天来此购买各种高科技产品的人摩肩接踵，这就是我们引以为荣的中国硅谷。而在太平洋西海岸的美国旧金山，山谷之中也云集了像英特尔、雅虎等世界著名的高科技公司，这就是美国的硅谷。两国硅谷虽都是高科技公司集中的地方，但却有许多不同。自然环境方面，美国硅谷处于太平洋西海岸，绿树成荫，环境优美，空气清新。中国硅谷位于繁华的中关村大街，但大气污染严重，车水马龙、人声鼎沸，喧闹不已。在教育科技环境方面，两国硅谷都处于教育科技发达的地区，这为高科技公司的发展提供了源源不断的高级人才，不同程度实现了“产学研”相结合的科技发展模式。美国许多高科技公司（如英特尔公司）与高等科研院所“产学研”结合得相当成功，这为公司的发展奠定了坚实的基础。但受传统体制的影响，我国“产学研”相结合的科技发展模式目前还有许多障碍，突出表现在科研与生产相脱节，尤其是高等科研院所，科研成果常常被锁在抽屉中，不能实现其价值，造成科技资源的巨大浪费。从我国高科技发展看，我们具有自己独特的优势，如果能够解决“产学研”相结合问题，再加上我国政府在组织科技发展中的独特作用，从“产学研”的模式进一步发展为“国家主导下的产学研”模式，我国科技发展的潜力将是巨大的。市场法律环境方面，美国由于市场经济发展得比较成熟，市场上基本上没有伪劣假冒产品，知识产权保护力度强，侵犯知识产权的现象较少，这有效地保护了科研人员和科技公司的利益，有利于科技创新和发展。而我国由于市场经济发展不成熟，知识产权保护起步晚，侵犯知识产权现象比较严重，尤其是被称为硅谷的中关村大街，销售伪劣假冒、走私、侵犯知识和产权产品的现象相当普遍，严重地损害了科研人员和科技公司的利益，这与以高科技发展著称而“硅谷”地位极不相称，我国需要进一步加大打击侵犯知识产权违法犯罪的力度，为高科技发展提供良好的法律环境。

（三）在感受中美巨大差距的同时，我们对中国未来的发展也充满信心

20世纪末以来的经济全球化和新科技新经济，使美国占尽风光，获得了空前的经济利益。现在美国的强大，有如美国前总统安全顾问布

伦特·斯考克罗夫说的那样："是自罗马帝国以来从未有过的。"中国与美国比较起来，无论从科技、经济、军事那一方面来说，实力都差得很远。美国2004年GDP是11.6675亿美元，中国是1.42亿美元，美国是中国的8.21倍，美国人均GDP是37610美元，中国人均是1092美元，美国是中国的34.5倍。在科技方面，中国整体水平要落后美国20年。中国现在拥有的核武器只是美国的一个零头。所以说，中国要成为世界强国还须时日，所谓中国威胁论不攻自破。

但同时我们也了解到，美国500强企业有2/3都开始转到亚洲去了。美国华尔街那些呼风唤雨的风险投资者们，都在往北京、上海跑，现在要谈风险投资，热门的是"中国概念"，许多风险投资公司认为，今后的高增长地区一定是在中国。

的确，20年来，中国改革开放取得了举世公认的成就。从我国经济的高速发展、国际地位的日益提升中，深刻感受到了党中央领导集体驾驭全局的能力；从改革开放以来党的一系列政策和重大举措的成功实践中，看到了社会主义制度的优越性和中华民族伟大复兴的美好前景，我们更加坚定了对改革开放的信心。

三、几点思考

（一）美国高科技发展的思考

通过对英特尔公司的考察，我们对美国高科技惊人的发展作了分析研究，我们认为以下几点值得借鉴。

1. 将高新技术视作经济发展的牵引。20世纪90年代以来，美国完成了产业结构的战略性调整，以电子信息技术为代表的高新技术产业成为其支柱，并在全球处于领先地位。在美国，电子信息技术被广泛运用于经济、军事、教育、文化等各个领域，对提高产品的科技含量和生产效率、降低生产成本、改造传统产业、推动社会发展发挥了巨大的作用。据介绍，美国从事传统产业的各大公司，都在竞相运用电子信息技术进行全面改造，力求尽快实现公司运营的电子化、网络化、自动化，否则将难以生存和发展。

2. 积极推行全球化发展战略。美国成功的高新技术公司都把自己的战略发展目标定位于某一专业领域的世界第一，并紧紧围绕这一目标开展研发经营活动。以技术垄断、智力垄断取代传统的资本垄断，确保核心技术优势。各公司对核心技术的开发研究都是在本土进行的，其竞争力的强弱主要已不是体现在拥有多少有形资产上，而是取决于技术和智慧实力。英特尔公司在2005年用于扩大生产制造能力的经费有37亿美元，研究开发经费为43.6亿美元，研究开发科学家有7000人，全球员工有95000人。硅谷高新技术公司的鼻祖惠普公司在全球120个国家设有分支机构，拥有8.8万多名员工。US公司在复杂机械产品的辅助设计和加工领域的用户超过15000家，建立了全球性的研发中心和网络，实行24小时不间断的并行式企业运作。全球化发展战略保证了美国高新技术产业的绝对优势地位。

3. 不遗余力地引进高层次人才。美国的高新技术公司普遍采取多种形式、手段，大量吸引外国、特别是发展中国家的优秀拔尖人才到美国工作，或者在本国为其公司服务，形成了“揽天下英才为我所用”的局面。硅谷背靠斯坦福大学，在该大学学习的各国留学生往往尚未毕业就被许多公司抢聘一空。近年来，中国移民的成分发生了很大的变化，从过去从事以“三把刀”（菜刀、剃头刀、裁剪刀）为代表的低层次服务业人员为主，转变为以高新技术人才为主。英特尔公司负责接待我们代表团的几位工作人员，都是搞技术的。目前，硅谷高新技术公司的员工中，70%是中国（含中国台湾）人和印度人。美国政府为吸引高新技术人才制定了一系列相应的法律，只要被高新技术公司聘用满规定年限，就可以取得“绿卡”，再过几年并经考试合格就可以加入美国国籍，从而为美国高新技术产业的迅猛发展提供了可靠的人才来源。

4. 注重形成独具特色的企业文化。企业文化理论自20世纪70—80年代问世以来，在短短的20年，就风靡全世界，成为许多企业走向成功的强大动力和重要法宝。美国兰德公司、麦肯锡公司和国际管理咨询公司的专家通过对全球增长最快的30家公司的跟踪考察后，联合撰写了一份报告。他们写道：“正如《财富》杂志评论员文章指出的那样，世界500强胜出其他公司的根本原因，就在于这些公司善于给他们的企业文化注入活力，凭着企业文化力，这些一流公司保持了百年不衰。”这些企业文化的继承和发展，形成了美国高新技术公司独有的经营管理方式和人文传统，激发了员工的工作热情和创造力，产生了强大的企业凝聚力，成为这些公司历经人事更迭而长盛不衰的重要原因。

（二）政府在企业发展中的作用的思考

20世纪90年代，美国加速以信息产业为主导的高新技术产业的发展，引起产业结构和就业结构的巨大变化，形成了“三高两低”的经济发展态势，即高经济增长率、高劳动生产率、高企业效益、低失业率、低通货膨胀率。其增长方式也由资源消耗型向知识型和技术型转化，实现了从物质经济向信息经济的转变。这其中除了科技优势外，政策的引导和规范起着极其重要的作用。美国对信息产业制定了明确、清晰的产业导向政策，并大量进行基础建设投入。政府在认真评估的基础上制定出连续的指导方针，既强调政府的扶持作用又放手让私营信息企业发展，以保证经济体的活力和企业的竞争水平不会下降。

克林顿总统于1993年11月成立了国家科技委员会。同年，美国政府颁布《国家信息基础设施行动计划》（National Information Infrastructure，NII计划），计划用20年投资4000亿～5000亿美元建立由通信网络、计算机、数据库以及电子产品组成的网络，为用户提供大量的、统一标准的信息服务，实施一系列信息尖端技术的重点开发规则，激励民间投资与技术创新。NII计划是加速美国信息产业发展的纲领性文件，为其发展提供了框架和蓝图。1994年美国政府提出《全球信息基础设施行动计划》（Global Information Infrastructure，GII计划），旨在通过卫星通信和电信光缆连通全球网络，形成信息共享的竞争机制。GII计划是NII计划的继续。信息化建设在美国本土取得成功后，美国进一步制定相关政策，为美国信息产业向全球发展提供支持。实施NII和GII之后，美国信息产业的框架已走在世界的前列。而美国的信息企业也具有了较强的竞争优势。这一阶段美国政府宏观政策导向目标主要集中在继续放宽信息产业的发展环境，并在世界范围内为信息业开拓市场而努力。2003年美国政府除拿出600亿美元作为推动宽带网发展和应用的引导资金外，布什总统还在2003年的财政预算中拿出1280亿美元（比上年增长7%）作为创新投入费用，主要用于信息技术、生物技术、信息安全技术、氢燃料电池、纳米技术等方面的研发。

美国政府对信息产业的发展提供了有力的保障和宽松的环境。美国政府对IT的管理就是制定政策，创新环境，确保公平竞争，促进企业发展。美国政府会花很多精力用于IT产业的发展，同时也尽量减少政府对IT产业发展的干扰。由于信息化带来广阔的市场，美国鼓励私营企业也加入进来，向信息高速公路的建设投资，并给这些企业以税收、信用担保等多方面的优惠。优惠保护性政策一般是在信息产业发展初期。例如，美国信息产业初创期的产品几乎都由美国国防部和政府通信部门承包，美国新开发的巨型计算机虽然价格昂贵（每台200万～500万美元），开始时都是由国家机构、大公司或大型科研单位购买，由政府给予财政贷款或补贴，使美国的巨型计算机形成绝对优势，保持世界市场90%的份额。美国对信息产业的发展向来实行放松管理的政策，例如以宽带电话为代表的IP电话。从2001年开始，美国就有部分公司利用SIP协议提供端对端VoIP服务。其中发展最好的Pulver公司在2003年7月时拥有4.3万用户，半年后发展到了14万户，而且业务范围涉及178个国家和地区。美国国际数据公司（IDC）的报告显示，到2005年，互联网协定电话在亚太（除日本外）市场的总值将达69亿美元。

美国强调政府不干预信息产业发展并不是放任自流，而是把竞争的障碍减到最小，让产业和企业能得到充分发展。美国政府干预的另一个领域就是制定和完善竞争法律，竞争法律的宗旨是保护消费者的权利，而不是保护竞争者的权利。在信息产业成长期和成熟期政府一般就会采取自由开放促进竞争的政策。1996年美国克林顿总统批准了新的电信法案。电信法的最重要之点是解除了政府设置的电话、广播、卫星通信和有线电视工业之间的“屏障”，允许相互竞争。所有的电信服务公司都必须允许竞争对手与本公司拥有网络互联。根据《电信法》对其他有关法规政策中不利于自由、开放、竞争的都要进行修改。由于在电信行业引入竞争机制，各家企业纷纷推出高质量的新产品，信息产业得以迅猛发展。

（三）关于知识产权与技术保护的思考

国内外实践证明，技术是经济增长的“发动机”，科学为“发动机”增添“燃料”，而教育则为经济发展培养创造性人才。换言之，经济发展需要技术支撑、科学支撑和人才支撑。我国科学支撑和人才支撑相对有力，而技术支撑则很薄弱。原因在于我国企业研发尚未崛起，科研主要在独立科研院所和高校进行，实行“出成果，出人才”的科研方针，“先研究技术，后找市场”，与企业所需要的“出产品，出效益”，“先研究市场，后研究技术”的科研方针背道而驰，致使我国经过几轮技术引进之后，产业技术水平仍比发达国家落后 10—25 年，各行业发展的关键技术受制于人，在加入 WTO，世界经济一体化的潮流中，我国 71％的出口企业、39％的出口产品受到技术壁垒的限制，科技形势十分严峻。

从总体上看，我国处在世界主流经济发展格局的边缘，国际分工的外围和产业链的下游。以 IT 产业为例，发达国家掌握核心技术，获取 70％左右的利润，新型工业化国家掌握制造技术，获取 20％的利润，我国组装生产，获取 10％的利润，处在“外国人赚大钱，中国人混饭吃”的境地。几十年的实践证明，产业技术落后是制约我国经济发展的“瓶颈”，改变产业技术落后的面貌是我国科教兴国的根本任务和当务之急。

面对世界科技技术迅猛发展的压力，我国必须尽快落实党中央在《国民经济和社会发展第十一个五年规划建议》中提出的“增强自主创新能力和加快科技教育发展”战略，加快建立以企业为主体、市场为导向、产学研相结合的技术创新体系；整合科技资源，加快建立现代科研院所制度，形成产学研相结合的有效机制；加快发展创业风险投资，加强技术咨询、技术转让等中介服务；实行支持自主创新的财税、金融和政府采购等政策；加强知识产权保护，加大保护知识产权的执法力度，同时也应当关注知识产权滥用的问题。

（四）关于中国企业核心竞争力的思考

在市场经济漫长的发育过程中，发达国家的企业家逐步认识到，充分利用国内外社会科技资源，技术引进、产学研是必要的，但很难有自己的核心技术。只有自己研发，才能掌握技术主动权；只有自己站在技术发展前沿，才不会被别人在技术上击败自己。因此，研发是企业生存和发展的内在需求和必然选择，科研资源流向企业，一流人才流向一流企业是市场经济不可抗拒的潮流。“独立的研究组织不能有效地进行新产品开发”，因而，无论企业大小，内部研究已成为美国公司研究的主要方式。

目前，发达国家 500 家大跨国公司拥有全世界 90％的生产技术和 75％的技术贸易，呈现明显的科研“二八律”：20％的大企业研发对技术进步的贡献率 80％。目前，美国 85％的发展研究、60％的应用研究和 16％的基础研究是在企业进行的，形成了“企业研究技术，大学研究科学”的基本格局。

在市场经济条件下，企业“要么创新，要么灭亡”，别无选择。为了在激烈的市场竞争中立于不败之地，企业必须具备核心竞争能力。因此，中国企业必须花巨资建立自己的技术中心，吸引高水平的科研人员，从事开创性的研究工作。建设企业技术中心是中国工业化、现代化的必由之路，是迎接世界经济挑战，跻身于世界民族之林的必然选择。

报告执笔：潘云良

改革篇

现代企业制度与公司治理结构*

公司制是现代企业制度的一种有效组织形式，是我国国有企业改革的方向，而法人治理结构是公司制的核心。本讲主要从三个方面：现代企业制度的内涵和特征、我国企业制度的演变及完善公司治理结构的途径展开分析。

一、现代企业制度的内涵和特征

现代企业制度是指以市场经济为基础，以完善的企业法人制度为主体，以有限责任制度为核心，以公司企业为主要形式，以产权清晰、权责明确、政企分开、管理科学为条件的新型企业制度。理解现代企业制度需要特别把握好四个基本点：

一是从生产关系的角度看，现代企业制度对应的是市场经济；二是从生产力的角度看，现代企业制度对应的是社会化大生产；三是从法律的角度看，现代企业制度对应的是企业法人制度；四是从产权的角度看，现代企业制度对应的是有限责任制度。

现代企业制度具有以下基本特征：一是产权关系明晰。企业中的国有资产所有权属于国家，企业拥有包括国家在内的出资者投资形成的全部法人财产权，成为享有民事权利、承担民事责任的法人实体。二是企

* 这是 2015 年 5 月 21 日在中央党校“中国特色国有企业发展道路”专题研讨班的授课讲稿。

业以其全部法人财产，依法自主经营、自负盈亏、照章纳税，对出资者承担资产保值增值的责任。三是出资者按投入企业的资本额享有所有者的权益，即资产受益、重大决策和选择管理者等权利。企业破产时，出资者只以投入企业的资本额对企业债务负有限责任。四是企业按照市场需求组织生产经营，以提高劳动生产率和经营效益为目的，政府不直接干预企业的生产经营活动。企业在市场竞争中优胜劣汰，长期亏损、资不抵债的应依法破产。五是建立科学的企业领导体制和组织管理制度，调节所有者、经营者和职工之间的关系，形成激励和约束相结合的经营机制。

二、我国企业制度的演变

我国企业制度的演变，如果从 1978 年 12 月党的十一届三中全会提出要“认真解决党政企不分、以党代政、以政代企的现象”算起到现在，已经走过了 30 多年的艰辛历程。30 多年的国有企业改革，始终作为整个经济体制改革的中心环节，在党中央的正确领导和国有企业自身努力下，取得了一定的成就。

第一，对国有资产管理的组织形式进行了有益探索。1988 年国务院成立了国家国有资产管理局。上海、深圳、珠海、武汉、青岛等省市从自身实际出发，结合政府机构改革，分别建立了国有资产监督管理机构，探索了市场经济条件下国有资产的管理模式。

第二，对国有资产经营方式进行了改革试点。1994 年国务院决定对中国石化总公司等 3 个全国性行业总公司作为国家控股公司的试点。1998 年以来，国务院先后批准了石油石化、军工、电力等 44 家企业集团进行授权经营试点。上海、深圳、广州、珠海等地结合机构改革也进行了授权经营试点。

第三，建立了向部分国有大型企业外派监事会的制度。1998 年国务院对大型国有企业实行了稽查特派员制度，两年后逐步过渡到向国有重点大型企业派出监事会。

第四，制定了一系列国有资产管理的法律法规。包括全民所有制工业企业法、全民所有制工业企业转换经营机制条例、国有资产评估管理办法、国有企业财产监督管理条例、国有企业监事会条例、企业国有资产产权登记管理办法等。相关法律法规和规范性文件达200多件。

改革并没有解决根本问题，主要是：

1. 政企不分、政资不分的现象仍十分突出。

第一，大量经营性国有资产仍分散在各个部门管理。目前中央政府层面上还有80多个部门对其下属的3000多家企业直接管理。烟草、邮政等实现“政企分开、政资分开”的企业没有纳入集中统一的国有资产监管体系。

第二，一些政府公共管理部门仍在行使出资人的部分职责。一些部门仍在继续对国资委所监管企业行使着部分出资人权利，军工、电信、电力等行业部门甚至要求重新履行出资人职能。一些应该由企业自主决策的事项仍然需经政府部门审批。政府行政管理体制中职能错位、责任不清、权力不明等问题比较突出。

第三，经营性国有资产的基础管理工作比较薄弱。金融类资产及159户其他中央企业的国有资产，都是功能属性和管理模式相同的经营性资产。但是，目前这些企业国有资产不但没有由专门的出资人机构集中统一监管，而且在清产核资、统计评价、资产评估、产权界定与纠纷调处等方面，也没有适用国资委制定的监管规则，导致国有资产数据不统一，企业国有资产基础管理工作较为混乱。

2. 国资委出资人机构的职能没有真正落实。

第一，“三统一、三结合”的原则和《公司法》所规定的股东三项权利没有落实。在国有资本收益方面，国有资本经营预算制度尚未建立，难以有效履行出资人职责和推进国有经济布局结构调整；在选择企业经营管理者方面，现行的体制与《公司法》相矛盾，董事会选择经理层的权利也没有依法落实；在企业投融资、特殊资产监管等方面，一些部门仍然行使着属于出资人的职责权利。

第二，国资委还承担着一些出资人以外的其他职能。国资委“三定”中规定了一些国务院交办事项，如行业协会管理指导、离退休干部管理保障等。近年来在“三定”规定之外又承办了不少交办事项，如中央企业安全生产工作，维护企业稳定和企业职工合法权益专项治理工作，中央企业自主创新协调监管工作，协调中央企业人才工作，指导监督中央企业保密工作，指导监管国资委直属和直管协会及部分中央企业所属出版社和出版物工作等。

第三，有关部门把国资委视为“企业主管部门”或管理企业的“漏斗”。许多部门在日常工作中，要求国资委对涉及企业的审批事项出具意见或证明材料，或者牵头办理一些本应由其他部门直接与中央企业联系的工作。如卫生部要求国资委归口管理中央企业老干部医疗证，国管局要求国资委统一负责中央在京企业土地登记工作，其他部门要求国资委牵头指导中央企业的扶贫工作，53 家以外的中央企业老干部工作，中央企业负责人因私出国备案工作等。

3. 地方国有资产管理体制改革存在的问题比较多。

第一，地方国有资产监管的指导监督工作比较薄弱。近年来，地方国企改革和国有经济进退调整的力度较大，部分省市国资委组建以来主要忙于国有经济退出，没有转到履行出资人职责和发展壮大国有经济的轨道上来。地方国有资产监管工作中还存在不少违法违规问题。亟待中央政府加强指导监督，明确指导监督的事权，把“统一所有”原则落到实处。

第二，“分级代表”原则还没有完全落实。按照中央政府和省、市（地）两级地方政府分别代表国家履行出资人职责原则，省市国资委的监管范围应当由地方政府依法授权，但国务院有关部门对此仍加以干涉。

第三，地方国资委的出资人职责定位更加不到位。由于上行下效，有些地方政府“政企分开、政资分开”和“三统一、三结合”的改革工作已经停滞，有的国资委至今只监管一个企业。有的省市国资委没有转变工作方式，出现了新的“政企不分”。此外，不设国资委的市（地）、县（市）政府国有资产监管工作如何进行，还需要探索。

4. 经理层激励约束“双弱化”。

第一，激励不到位。有效的报酬激励机制实际上是“空白”的，真正起作用的是控制权以及由于控制权而产生的过度“在职消费”和隐性收入。而当现有激励下获得的显性报酬不如约束以外的隐性收入时，经营者就会最大限度地获取控制权受益。

第二，约束不到位。对经营者的约束实际上是“苍白无力”的，一是法人治理结构不健全不完善对经营者没有约束。二是有的经营者个人道德颓废丧失自我约束。

三、完善公司治理结构的途径

（一）发达国家股权多元化企业出资人监督的主要做法及启示

发达国家的企业形式大多为股权多元化企业，虽然国有控股企业很少，但控股股东也多为银行、基金会或企业法人等机构投资者，这与我国由国资委这一机构履行国有资本出资人职责相比，并无原则性的差异。所以，从出资人监督的角度考察，发达国家股权多元化企业资产监督的主要做法对我们有一定的参考意义。

1. “用手投票”与“用脚投票”。在发达国家，出资人对股权多元化企业中资产的监管主要是通过两种形式：一种是“用手投票”，另一种是“用脚投票”。“用手投票”是指在股份公司中，出资人以其投入资本的比重，参与公司的利润分配，享有所有者权益；以其股权比重，通过公司股东代表大会、董事会，参与公司的重要决策，其中包括选择经理层；通过监事会或独立董事监督董事会或执行董事以及经理层。“用脚投票”是指出资人直接在资本市场上通过股票买卖、企业兼并重组等方式对该公司经营状况进行评价，对经营者施加间接影响。行使“用手投票”权的是大股东，他们实际控制着公司并且承担监督的主要成本；行使“用脚投票”权的一般是小股东，他们无力也不愿意负担监督成本，往往通过这种方式对企业施加间接影响，达到监督的目的。

“用脚投票”对“用手投票”具有积极的补充作用。单纯从资产监督的角度来看，“用手投票”着重于在公司治理架构内就近全程监督，“用脚投票”则以外部资本市场上的无形压力对经营者起到约束作用。由于发达国家的资本市场和经理人市场都比较发达，“用脚投票”的结果往往会对经营者的经营资格及身价形成巨大影响力，因而，“用脚投票”对“用手投票”具有积极的补充作用。

“用脚投票”发挥作用的基本条件是资本市场、经理人市场充分发达，这样，资本市场上股票买卖的结果往往就会给经理人重新定价，导致经理人“市值”的波动。在我国，股权分置改革还在进行，资本市场发育还不健全，经理人市场发育得也不好，党管干部与市场选择经营者的方式还处在探索阶段。因而，在股权多元化企业特别是国有控股企业中，由行政部门任命国有股代表人的做法还比较普遍。在这种情况下，资本市场上“用脚投票”的方式很难有效发挥作用，我国股权多元化企业中国有资产的监督现在还只能倚重“用手投票”。

2. 独立董事模式、监事会模式。

（1）独立董事模式。该模式以美国、英国为代表，在股东大会下只设董事会，不设监事会，实行“单委员会”制。资产监督职能由董事会中的独立董事行使。董事会下设的审计、提名、薪酬等委员会主要由独立董事领导，一方面，从结构上对董事会中的执行董事形成制衡；另一方面，通过专业委员会对经理层进行监督。独立董事的比例各国有所不同，美国法律规定独立董事要占董事会成员的50%以上；英国规定独立董事与执行董事应保持平衡，以确保董事会不被哪一类人所控制；澳大利亚要求董事会中至少要有1/3的独立董事。独立董事除享有一般董事职权外，还拥有特别职权。

美国独立董事模式的实质是对“单委员会”制条件下解决日益严重的内部人控制问题的创造性措施。“安然事件”后，美国制定颁布了《萨班斯法案》，对独立董事制度加以强化，规定董事会中必须由独立董事占多数，董事会薪酬委员会必须由独立董事构成。

（2）监事会模式。该模式以德国为代表，在股东大会下设监事会、董事会（相当于英美国家的经营层），实行“双委员会”制，监事会权力高于董事会。根据德国1978年修订的《股份公司法》第95条的规定，监事会一般由3名成员组成，公司章程可以规定更多的人数，人数必须能够被3整除。监事会成员的最多人数限定为：公司股本在150万欧元以下的为9人；150万欧元以上的为15人；1000万欧元以上的为21人。根据《股份公司法》规定，监事会拥有以下职权：一是任免权。监事会有权任命董事会成员，同时任命一名董事为董事会主席。如果董事粗暴地违反董事义务，没有能力执行业务，或股东大会丧失了对他的信任时，监事会有权撤销任命和更换董事会主席。此外，董事的薪酬由监事会决定。二是监督权。监事会有权检查公司财务状况，可以随时要求董事会报告公司的重要业务执行情况。三是公司代表权。公司的代表权原则上属于董事会，但在特殊情况下，如董事与公司之间产生诉讼时，监事会可以代表公司。四是股东大会的临时召集权。如果公司利益需要，监事会有权临时召集股东大会。

德国监事会模式的实质是在德国企业股权比较集中的条件下，大股东为维护自己的资产安全不得不担负起监督成本的必然结果。德国监事会起源于由大股东组成的“经营管理会”，又称“大股东会”。“大股东会”任免董事会的董事，监督其业务执行。可以看出，德国监事会模式的形成符合德国企业股权比较集中条件下的实际要求，为维护大股东在股份公司中的资产安全起到了积极作用。

3. 主要启示。

第一，根据国情选择适合自己的监督模式。发达国家股权多元化企业出资人监督的主要形式有两种，即“用手投票”和“用脚投票”；“用手投票”又包括两种具体形式，即独立董事模式和监事会模式。

对上市公司来说，出资人的监督是“手脚并用”的；对于非上市的股权多元化公司来说，出资人只能通过“用手投票”的方式进行监督。至于出资人是选择独立董事模式还是监事会模式，这与其所在国家公司治理的现实问题直接相关，同时也受该国历史传统、企业文化的影响。此外，在参与国际竞争的情况下，还会受到其他国家公司治理情况的影响。所以，各个国家只能根据国情选择适合自己的监督模式，即使监督模式相同，具体到监督机构的组成、职权等方面也会有所区别。

相比之下，我国的上市公司治理实行的是“混合模式”，即在一个具体的上市公司中，既有监事会，又有独立董事，把世界上现有的监督模式都吸收了进来。在我国监督人才本来就比较缺乏的情况下，这样做，一是增加了监督成本。二是导致了监督职责不清。三是浪费了监督资源，却并没有增加监督的实际效果。非上市公司虽然没有设立独立董事的相关规定，但在国资委目前进行的国有独资公司的董事会试点中，已经要求董事会中引入外部董事，下一步国有控股的股权多元化企业是否会跟进也未必没有可能。这反映了我国股权多元化企业资产监督模式的不成熟和探索性的特点，如何在立足国情并借鉴其他国家成功经验的基础上确立适合自己的监督模式，这不是一个一蹴而就的问题。

第二，增强监督职能的独立性是各国的共同做法。美国独立董事制度的独立性本来就比较强，《萨班斯法案》又进一步强化了这一做法。德国的监事会领导董事会，独立性就更强。在监事会成员构成上，我国的《公司法》和《上市公司治理准则》均未规定独立监事的设立和比例，比如在央企上市公司878名监事中，只有29名独立监事；也未规定监事是否可以在子公司中任职，所以，在216家中央企业上市公司中，有145家的监事在控股公司兼任高管。我国的《上市公司治理准则》规定，上市公司中的独立董事“不得在上市公司担任除独立董事外的其他任何职务”，而对监事会的规定只是笼统地表述为“监事会的人员和结构应确保监事会能够独立有效地行使对董事、经理和其他高级管理人员及公司财务的监督和检查”，至于怎么样能够做到“确保”，则无任何规定。所以，我国股权多元化企业中的监事会，其独立性不仅比不上发达国家企业中的监事会和独立董事，也比不上本企业中的独立董事。尽管新修订的《公司法》增加了监事会的职权，但在增强其独立性方面并无实质性进展。

第三，不应把股权结构作为完善公司治理结构的前提。股权结构影响公司治理结构的形式，自然也影响资产监督模式的选择。但并没有充分的证据表明它与公司治理结构的优劣有正相关或负相关的关系。美国、英国公司股权高度分散，监督模式采用单委员会下的独立董事制度；德国公司股权比较集中，监督模式采用监事会制度。据统计，2002年的《财富》500强企业中，一股独大的家族企业占据了175个席位。相关统计也表明，在发达国家中，除美、英外，其他大部分国家都是一股独大的股权结构。在法、德两国，最大的170家上市公司中，80%的公司拥有一个股份超过25%的大股东，大股东的主要类型是家族和其他企业法人。从公司治理的实践来看，无论私有控股还是国有控股，无论股权集中还是股权分散，都有成功和不成功的案例。而2001年以来美国相继出现的“安然”“世通”丑闻，意大利出现的“帕玛拉特事件”表明，无论股权结构如何，只要公司法人治理结构存在缺陷，监督职能不能有效发挥作用，经营者损害股东利益的现象就难以避免。

第四，依法监督是基础。在对公司制企业国有资产监督过程中，应始终坚持在《公司法》的框架内积极探索适合本地、本部门实际的企业国有资产监督模式，对于直接持股的上市公司，在监管时还要严格遵照《上市公司治理准则》的规定。如果不依法监督，一是会导致被监督企业的消极抵制。二是易遭受社会舆论的质疑。三是不利于现代企业制度的建立健全。新的《公司法》颁布实施后，出资人应指导企业修订《公司章程》，与新的《公司法》相衔接，把出资人监督的意志通过《公司章程》体现出来。公司章程要明确国资监管的内容、方式、财务监管、信息报告、法人治理结构、监管责任追究等内容，出资人对国有资产监管探索出的有效做法，都应在公司章程中有所体现。

（二）完善我国企业制度的思路

1. 改革企业产权制度。产权制度改革是国有企业建立现代企业制度的关键。

（1）理顺国有企业产权关系，处理好国家所有权与企业法人财产权的关系。

（2）建立经营者的所有权制约机制。两权分离后，国有资产所有者的利益仍要在企业经营者那里得到实现。为此必须建立一套能保证国有资产在真正具有经营才能的人手上经营、能明晰企业应负的国有资产保值与增值的责任、能对经营者“用脚投票”等所有权相制约的机制。

（3）明确产权关系上的自负盈亏责任。目前，国有企业的自负盈亏主要限于收入分配上，而在产权关系上仍有许多亏损企业把债务包袱推给国家或者拖欠其他企业的债务，国家实际上为企业承担着无限责任。产权制度改革是要在产权关系上明确企业承担的债务责任和破产责任。当企业破产时，国家只以投入企业的资本额为限承担有限责任。

（4）在明晰企业产权关系的基础上，建立和完善产权市场。国有企业进入产权市场可以使一定量的国有资产吸收和组织更多的社会资本，放大国有资产的产权功能，提高其控制力、影响力和带动力。同时，又能使国有企业经营受到更多国有产权的制约，以保证国有资产营运效益的提高。

2. 改革企业组织制度。

（1）要改革政府管理职能和管理体制，真正做到政企分开。

（2）国有企业组织制度改革的重点是建立公司制企业，为此，必须建立符合市场经济规律和我国国情的企业领导体制与组织管理制度。

3. 加强和改善企业的经营管理。

（1）要更新企业经营管理上旧的思想观念，确立以市场为中心和依托的现代化管理观念。

（2）要实现管理组织现代化建立市场适应性能力强的组织命令系统，健全和完善各项规章制度，彻底改变无章可循、有章不循、违章不究的现象。

(3) 要建立高水平的科研开发机构和高效率的决策机构，加强企业发展的战略研究制定和实施明确的企业发展战略、技术创新战略和市场营销战略并根据市场变化适时调整。

(4) 要广泛采用现代管理技术方法和手段，包括用于决策与预测的、用于生产组织和计划的、用于技术和设计的现代管理方法，以及采取包括电子计算机在内的各种先进管理手段。

国有企业建立现代企业制度除就企业制度本身这三方面进行改革外，还需要其他方面的配套改革。包括转变政府职能，建立健全的宏观经济调控体系，进行金融、财政、税收、投资、计划等方面的改革为企业进入市场自主经营创造良好的宏观经济环境；大力培育市场体系、建立市场中介组织和加强市场经济法律规章制度的建设，为企业走向市场创造市场条件；加快社会保障制度改革和福利分配社会化、市场化步伐等。

推荐阅读书目：

1. 郭咸刚：《西方管理思想史》，经济管理出版社 2002 年版。

2. 潘云良：《管理的理论与实践》，中共中央党校出版社 2010 年版。

备课参考书目：

1. 〔美〕彼得·德鲁克著，齐若兰译：《管理的实践》，机械工业出版社 2006 年版。

2. 潘云良主编：《现代企业管理》，中共中央党校出版社 2006 年版。

3. 潘云良、苏芳文主编：《海尔管理教程》，中共中央党校出版社 2007 年版。

4. 潘云良：《社会主义剩余价值到底该怎样分?》，《中国经济观察》2011 年第 4 期。

5. 潘云良：《换一种思路改革国企产权》，《中国经济观察》2010 年第 3 期。

6. 潘云良：《提高劳动报酬比重的理论依据与制度保证》，《中央党校学报》2011 年第 3 期。

企业家素质与经营者激励*

随着市场经济的发展，市场运行主体——企业家的作用更加突出出来。企业家的素质高低直接关系到企业的生死兴衰。据统计，世界上1000家破产倒闭的大企业中，有850家与企业家决策失误有关。美国研究企业倒闭问题的学者阿乐德·曼曾指出，从20世纪30年代到80年代的日本企业倒闭的原因在管理者方面的占90%。可见，建设一支高素质的企业家队伍是保证国有企业快速健康发展的前提。有了这个前提还不足以让企业家干好企业。与之相关的是公司法人治理结构中所有权与经营权的分离使得对经营管理者的激励和约束成为改革的核心问题之一。本讲就此进行讨论研究。

一、企业家的内涵与特征

“企业家”这一概念由法国经济学家让—巴蒂斯特在1800年首次提出，即企业家使经济资源的效率由低转高。随着经济的发展，企业家的含义也在不断地发生着新的变化，新的历史时期赋予了企业家新的含义。因此，我们要了解企业家对经济发展的重要作用，首先必须掌握企业家一词的真正内涵。

在英文中，企业家即创新家；在德文中，企业家是拥有资产又负责

* 这是2016年3月20日在中央党校国企班的授课讲稿。

经营者；在法文中，企业家是冒险事业的经营者和组织者。法国早期政治经济学的代表人物萨伊认为，企业家是冒险家，是把土地、劳动力、资本等生产要素结合起来进行生产的第四个要素。他们在经营中要承担企业可能破产的风险。剑桥学派的马歇尔认为，企业家是以自己的洞察力、创新力，发现和消除市场的不均衡性，创造交易的机会和效用，给生产过程指出方向，使生产要素组织化的人。

美国管理学家彼得·德鲁克认为，从一般意义上讲，企业家是为谋取利润，并为此承担风险的人，是能开拓新的市场引导新的需求，创造新的顾客的人。企业家是革新者，他们与众不同，有目的地寻求新的源泉，善于捕捉变化，并能把变化作为可供开发利用的机会。

美国著名经济学家保罗·A. 萨缪尔森对企业家及其职能也有其独特的理解。他说："具有新的观念和专利的人们能够推动新产品的出现，或降低以前产品的成本。我们把做这样一些事情的人称为创新者或企业家。""他们具有眼光，有创造力，在经营中勇于引入新思想。"在他看来，企业家的作用就在于长期不断地进行创新，而创新的关键就在于技术上的创新，从而能使其生产的产品在市场中具有较强竞争力。

美国经济学家约瑟夫·熊彼特认为，企业家是不断地在经济结构内部进行"革命突变"，对旧的生产方式"进行创造性的破坏，实现生产要素新组织的人，是推动国民经济向前发展的主体"。他说："企业家的职能是通过利用一种新发明，或更一般地利用一种新的生产方法，以及没有试用过的技术，通过开辟原材料供应的新来源或产品的新销路，通过资产重组等来改革生产模式或使它革命化……这种职能主要不在于发明某些东西或创造出企业得以开发利用的某些条件，而在于把事情付诸实施。"可见，熊彼特特别强调企业家的职能在于创新和实践。

《现代经济词典》认为，企业家是指能抓住机会引进一种新产品、一种新的生产方法或者一种改进了的组织机构的企业管理者，能筹集必需的资金，调动各种生产要素并组织管理机构的人。

可见，不同的历史时期，不同的人对企业家就有不同认识。上述表述虽然不同，但其内涵则有着惊人的相似之处。即企业家是富有创新和冒险精神，善于决断，具有强烈目标欲的企业经营管理的专家。其具备的基本特征是：

1. 企业家是经商办实业的优秀人才。企业家不是自封，不是靠哪一级任命的，而是在市场经济的竞技上脱颖而出的。

2. 企业家是拥有现代科学技术和经营管理知识及才能的专家，是富有冒险精神和创新精神的体现者，不是投机者。

3. 企业家的行为必须接受一定商业文化的引导和制约。它包括一整套适应市场经济发展的价值观念和行为准则。

4. 企业通过经营企业，开辟市场，满足社会需求引导消费潮流，建设精神文明，推动社会进步。

二、国内外关于企业家素质的研究

“素质”一词最早见于生理学，指的是人的神经系统和感觉器官上的先天的特点。其后，素质又被人们用来泛指事物本来具有的内在特征。在现实中，素质的内容和范围逐渐扩大，诸如人的性格、毅力、兴趣、气宇、风度、知识、能力等都可用素质一词加以概括。这样，素质一般指人在一定先天禀赋基础上通过后天实践修养而形成的内在要素。企业家素质是指在心理基础上，通过学习、教育、实践，在一定时空下实施领导的知识、才能、品格、精神、观念、气质、性格、体魄等诸要素的总和。

（一）国外关于企业家素质的研究

关于企业家应具备的素质，国外的研究先走了一步，较为深入，颇有启发和借鉴价值。

1. 美国管理学会的意见。美国管理学会在 70 年代花了 5 年时间，对在事业上取得成功的 1812 名主管人员进行了调查和研究，发现成功的主管人员一般具有以下能力：

（1）工作效率高。

（2）有主动进取精神，总想不断改进工作。

（3）逻辑思维能力强，善于分析问题。

（4）有概括能力。

（5）有很强的判断能力。

（6）有自信心。

（7）能帮助别人提高工作能力。

(8) 能以自己的行为影响别人。

(9) 善于用权。

(10) 善于调动别人的积极性。

(11) 善于利用谈心做工作。

(12) 热心关心别人。

(13) 能使别人积极而又乐观地工作。

(14) 能实行集体领导。

(15) 能自我克制。

(16) 能自行做出决策。

(17) 能客观地听取各方面的意见。

(18) 对自己有正确评价，能以他人之长补己之短。

(19) 勤俭。

(20) 具有技术和管理的知识。

2. 哈佛的企业家素质清单。

(1) 创造性思考问题的能力：能突破传统的框框和常规思维方式，进行创造性的思维活动；敢于创新，能辨识事物的规律和形式，能举一反三，从个别事例中引出一般性的结论；既能把握局部，又能控制全局。

(2) 解决问题的能力：在研究问题时，以应用所学的概念、理论、方法、发挥创造性，运用判断能力，找出问题的症结所在，并能设计出恰当的解决方案。

(3) 综合能力：能认识并综合一项工作或一个问题的两个不同的方面，认知它们之间的关联及对整体的影响，学会从整体考虑问题。

(4) 严密推理的能力：能在理论指导下运用逻辑分析，立假设，摆论据，定出明确的评估标准；能综合不同的观点，所得的结论能经得起逻辑推理和实践检验。

(5) 表达能力和谈判能力：能有效地进行谈判。能筛选、组织各种纷繁的信息，能在口头和文字上清晰地表达自己，能简洁地解释复杂的问题；能据理服人，在谈判时能建设性地与对方对话，有效地引导两方共同解决问题。

(6) 领导才能：能制定和表达自己的目标和理想；能鼓舞和激励别人；能创造条件给予他人排除困难，争取成功的动力。

（7）团队精神：能以成员和领导的身份与各种不同的群体一起有效地、有创造性地工作；能理解他人不同的背景和看待事物有不同的角度，能理解他人的动机感情和所关心的问题；善于识辨他人的才能；善于获取他人的支持、合作和尊重；善于影响群体和社会。

（8）企业家精神：目光远大，能构想未来，能认识并创造机会，而且不受条件的限制去追求这些机会，能担负起促变的责任。

（9）知识结构：精通至少一种专业，对工商企业分工有全面的、系统的基本知识，充分理解各个专业的作用和它们相互间的关系；对工商企业活动的各种环境和层面有明确的认识。懂得并致力于技术的生产性应用，懂得产品技术工作和它的应用，以及它们对工商企业、社会所产生的普遍影响。

（10）道德准则：坚持基本道德准则，身体力行；对工商环境和商策中涉及的道德问题有敏锐的认识。

（11）对个人、企业、社会有义不容辞的责任感；用对别人一样的标准来要求自己。

（12）超越自我的能力：努力提高和超越自我，保持求知欲，尊重知识和学习，不怕承认缺点和无知；能作自我反省，也能省察他人；关心社会，关心自然环境；善于实践和从经验中学习；能锲而不舍地为寻找正确答案而努力。

3. 德国关于企业家素质的观点。德国的戈延格教授提出，新世纪的企业家应具备 10 个方面的素质：

（1）开阔视野，要具有全球性眼光。

（2）要向前看，改进战略性思想。

（3）将远见卓识和具体目标结合起来。

（4）要有适应新的形势，不断变革的能力。

（5）要具有较强的协调和沟通的能力和知识。

（6）具有管理各种不同人物和各种不同资源的能力。

（7）要能不断改进质量、成本、生产程序和新品种。

（8）要具有创造性管理的才能。

（9）要善于掌握情况、各种信息，并通晓决策过程。

（10）具有准确的判断力，富于创新精神，并能造就社会新的变革。

4. 日本关于企业家素质的观点。日本的企业异军突起，备受世人瞩目，他们认为优秀企业家应具备的素质包括“十项品德”和“十项能力”。

十项品德是：

（1）使命感，非要完成任务不可。

（2）信赖感，上下左右相互信任和支持。

（3）诚实，在上下级和周围关系中，都能以诚相待。

（4）忍耐，不随便发脾气。

（5）热情，对人热情体贴，对工作专心负责。

（6）责任感，对工作敢于负责任，能充分发挥主观能动性。

（7）积极性，以主人翁精神主动做任何工作。

（8）进取心，不满足现状，积极上进。

（9）公平，对人对事秉公处理，不徇私情。

（10）勇气，对于危险的工作能亲自处理，有向困难挑战的勇气。

十项能力是：

（1）思维、决策能力。

（2）规划能力。

（3）判断能力。

（4）创造能力。

（5）洞察力。

（6）劝说能力。

（7）对人的理解能力。

（8）解决问题的能力。

（9）培养下级的能力。

（10）调动积极性的能力。

（二）中国关于企业家素质的研究

目前我国理论界对企业家素质的要求表述，和以上观点有相似点，也有不同之处。中央党校李兴山教授主编的《现代管理学》指出：一般地说，管理的领导者的素质包括以下内容：

（1）政治素质：要能用马克思主义的基本原理解决实际问题，要坚持党的基本路线和全心全意为人民服务。

（2）品德素质：有强烈的事业心和高度的责任感；公道正派，与人为善；谦虚谨慎，作风民主；以身作则，清正廉洁。

(3) 知识素质：应该力求掌握相关的自然科学、社会科学和各类专业知识。

(4) 业务素质：主要包括科学决策能力、知人善任能力、组织协调能力和开拓创新能力等。

中国企业家协会和企业管理协会原会长袁宝华认为，中国企业家应具备五条基本素质：

(1) 强烈的事业心。

(2) 能够正确处理职工、企业和国家三者的利益关系。

(3) 能够不断提高经济效率，确保企业在竞争中立于不败之地。

(4) 具有正确决策的能力，能够实现决策的民主化、科学化。

(5) 是一个政治家和社会活动家，善于调节和解决企业内外部矛盾，调动好各方面的积极性。

我国学者张新华在1992年出版的《企业家，美国的英雄》一书中写道："从工业革命以来，企业家就一直是一群发现人类面临的问题和需要，并寻求解决这些问题，满足人类需要的天才。他们把当代的科技成果转化成产品，变成社会生产力并通过'企业'这种社会组织使劳动者的力量和智慧得到施展，从而创造了经济奇迹，推动了社会进步。"

另外，西北工业大学的韩廷香教授认为，中国经济改革过程的企业家，应该具备以下能力：

(1) 企业家必须自信、有强烈的成功欲。

(2) 具备很强的解决问题的能力。

(3) 重视他人观点的同时，能用自己的看法去正确、客观估价的能力。

(4) 爱护部下，对外成为部下的代言人。

(5) 企业家应该有全球性眼光。

(6) 企业家应该有改进战略的思想。

(7) 企业家应该具有将自己的远见卓识与具体目标结合起来的能力。

(8) 企业家要有适应变革的能力。

(9) 企业家应该有协调、沟通能力。

(10) 企业家要有管理不同资源的能力。

（11）企业家要有开发适销对路产品的能力。

（12）企业家还要有创造性的管理才能。

（13）企业家还要有科学决策能力。

（14）企业家要有对市场需求的判断能力。

综上所述可见，中外理论界对于企业家的素质要求，由于社会制度和经济体制的不同以及东西方文化观念的不同，确实是存在差异的。但无论对于企业家的具体素质、能力怎样描述，有一点是确信无疑的，即企业家是任何一个企业都不可缺少的、在企业中起决定性影响的管理要素。作为一个现代企业管理者，企业家的素质和能力必须符合现代社会发展的客观要求。

我们认为中国式企业家应具备以下若干方面的素质：

1. 政治思想素质。表现为政治上要坚定，认真贯彻执行党的路线、方针和政策，维护国家的利益，有良好的思想作风和工作作风，不以权谋私，品德高尚。

2. 道德情操素质。培养良好的道德情操素质，形成优秀的职业道德和工作风格是企业家发挥知识、才能作用的重要保证。

3. 个性、气质修养。具有远大的志向，坚定的信念，强烈的事业心和责任感，果断的作风，诚实、公正、以身作则的品格等。其中，又以志气、毅力与事业心最为重要。

4. 知识素质。企业家应具备较高的现代化的经济、技术知识，眼界开阔，思路敏捷，敢于吸收国内外先进技术和成功的管理经验。企业家的知识素质包括许多方面，最基本的有科学文化基础知识、专业技术知识、现代经营管理知识和领导科学知识，等等。

5. 竞争素质。企业家的竞争素质是企业家的创造思维和创新能力的体现。

6. 能力素质。企业家要掌握管理企业的多方面能力和技能。如决策能力、思维能力、分析能力、组织指挥能力、协调能力、用人能力及自制能力等。技能方面主要有：文字技能、语言技能、外语技能和计算机操作等方面。

7. 心理素质。表现为兴趣、情趣、意志、风度、决断、魄力、性格、作风等非智力因素。坚忍不拔，富于创新，敢于承担风险，在任何困境中勇于开拓进取是企业家应具有的普遍心理素质。

8. 身体素质。良好的身体素质是企业家成长和发展的物质基础，是企业家做好领导工作的最基本的条件。

9. 社会活动素质。企业要生存和发展，就要与政府、新闻单位、传媒机构、业务单位、社区等方面搞好关系，以塑造良好的企业形象。为此，要求企业家具有高超的社会活动与交往的素质，特别是精通与灵活运用公关、人际交往、礼仪等方面的技巧和方法。

10. 善于利用“外脑”、重用专家的素质。咨询顾问机构的不断出现，是当代发达国家的显著特点之一。在西方国家，国家和企业的决策者，越来越倚重于智囊机构，业已成为现代西方社会运转不可缺少的一个重要环节。各个企业都把发挥智囊组织的作用视为提高企业声誉和竞争力的重要手段。

三、当前我国国有企业激励与约束存在的主要问题

根据激励理论，从方向上，激励可分为正激励和负激励。激励不仅仅是奖励，还包括约束和惩罚，广义的激励机制应该包括约束机制。与此相对应，目前国有企业经营管理者的激励机制，在激励与约束两方面都存在问题：一方面，对经营管理者的各种奖励规定和作用强调得不少，却没有形成有效的激励机制；另一方面，来自各方面的对经营管理者的约束规定虽然掣肘也不少，但仍然漏洞很多，没有形成有效的约束机制。一言以蔽之，就是激励不足、约束不力。

（一）对国企经营管理者激励不足问题普遍存在

改革开放以来，国有企业经营管理者收入水平有了较大提高，收入形式日趋多样化，特别是有的企业实行年薪制、持股和股票期权等分配形式，使经营管理者的收入与其对企业的贡献相联系，增长较快。但是，从总体上看，国企经营管理者收入水平还比较低，这表现在：

1. 企业经营者收入不是过高而是激励不足。一直以来，高管收入尤其是国企高管收入与职工和其他社会群体收入差距就是公众热议的话题，如金融保险行业、房地产行业的“天价薪酬”已经成为众矢之的。为此，2009 年 9 月 16 日，人力资源和社会保障部会同财政部、审计

署、国资委等6部委单位联合下发了《关于进一步规范中央企业负责人薪酬管理的指导意见》，即社会各界所称的“限薪令”，对央企负责人的薪酬设置了较多的限控措施。2014年8月18日中央全面深化改革领导小组第四次会议审议的《中央管理企业主要负责人薪酬制度改革方案》包括“完善制度、调整结构、加强监管、调节水平、规范待遇”五方面内容，但在社会上多数人理解就是进一步限制央企年薪。

从国际上看，在控制倍数方面，20世纪30年代美国经济大萧条后，罗斯福总统建议，对超过最低工资10倍的收入要征100%的税。但近20多年来发达国家的情况是，美国公司CEO的平均年薪与普通员工的倍数，1980年是42倍，1990年是85倍，2004年是282倍。德国大公司CEO平均年薪为200万欧元，是普通员工的74倍。从我国上市公司看，A股市场四大上市险企已全部披露2014年年报，我们根据年报数据对上市险企高管（含董事、监事以及高级管理人员，下同）的平均年薪统计显示，中国平安高管以平均年薪344万元居首位，新华保险高管以平均薪酬为244.59万元居于第二位，中国太保高管以平均年薪156万元位于第三，中国人寿高管的年薪平均为60.46万元。从险企员工薪酬来看，2014年中国平安员工平均年薪以17.61万元位列第一，中国人寿以13.64万元排名第二，中国太保以13.27万元居于第三位，新华保险以13.2万元垫底。

从高管与员工的薪酬差距来看，中国平安高管平均年薪是员工的19.53倍，新华保险为18.5倍，中国太保为11.76倍，中国人寿为4.43倍。可见，为适应经济全球化和信息化的发展，发达国家CEO收入的增长是非常快的，与发达国家相比较，我国高管的薪酬水平很难说达到了吸引人才、激励人才的水平。

从法人治理结构理论看，经营者年薪主要是研究总经理的年薪。现在社会公众对企业经营者收入的议论，首先集中在收入水平的高低之争上。如果仅仅停留在收入高低上进行争论，很难找到问题的症结。从理论上讲，问题的核心在于经营者收入高低的依据究竟是什么，分配原则应当是按劳分配还是按要素分配，分配机制应当是行政方式还是市场配置。所以，从这个角度来讲，当前企业尤其是国企经营者收入分配存在的根本问题，是理论上还没有真正解决经营者收入的依据，实践中还没有建立起与现代企业制度相适应的分配原则和分配机制。

2. 薪酬激励机制不合理。

首先，是薪酬决定机制的错位。由于我们总是在经营管理者激励与职工现有利益两者关系的政策导向上游离不定，政府有关国有企业厂长（经理）的收入不能高出本企业员工平均收入若干倍的规定，实际上更多的是考虑国有企业内部经营管理者与员工之间的薪酬数量的平衡，突出的是薪酬的保障功能，而在很大程度上忽视了薪酬的激励和补偿作用，从而在决定薪酬水平和薪酬构成时，脱离了市场经济条件下企业经营管理者薪酬决定的一般原则。

对经营管理者而言，其薪酬水平与员工收入水平之间的倍数关系实际上是分配的结果，而不能把它作为核定经营者薪酬水平的依据。从所有者的角度而言，为了使经营管理者的行为与自己期望的目标保持一致，应依据经营难度和业绩表现来确定其薪酬水平。将经营管理者的薪酬与员工的收入水平挂钩，一方面，会造成经营管理者为提高自己的收入而提高员工工资的可能，从而使人力成本不合理上涨，削弱企业的竞争力和发展后劲；另一方面，经营管理者的薪酬水平脱离了市场定价，产生激励力度不足问题，甚至导致经营管理者为了满足自身利益，通过过度的职位消费、以权谋私等较为隐蔽的手段，损害所有者的利益。

在市场经济环境下，企业经营管理者薪酬决定的主要依据应该是：经营管理者的劳动所创造的价值、他们的人力资本价值以及经营管理者市场的供需状况。显然，薪酬决定的首要因素应该是他们对所有者的贡献。

其次，薪酬分配机制极不合理。在国有企业中，业绩优秀的企业经营者不一定获得高收入，业绩很差的企业的经营者却有不少获得极不相称的高收入；该得到的人很可能得不到，不该得到的人却有不少得到的。这种现象在上市企业甚至堂而皇之地大量存在。

所有者的代表有权无责，导致无人对国有产权最终负责，结果是企业的经营成果与经营者的利益无关。有了业绩是经营者努力的结果，更是政府管理部门的业绩；企业经营不善，经营者不但没有能力承担损失的责任，反而会有充足的理由把责任推向政府，企业只负盈不负亏。作为国有资产所有者代表的政府，实际上承担了国有企业经营风险的无限责任。企业效益好时要发奖金，企业效益不好时也要发奖金，甚至企业严重亏损时向上级单位要钱或做假账也要发奖金。这种极不健康的薪酬分配现象，进一步增加了解决企业“内部人控制”等问题的难度。

3. 薪酬结构中缺乏中长期激励机制。目前，大多数国有企业经营管理者的收入构成不合理，政策导向上较为重视短期激励，而忽视长期激励。一方面，与经营管理者的名义收入总体上偏低形成鲜明对比的是，“在职消费”“扩大个人账户支出”等隐性收入过大的现象也普遍存在；另一方面，大多数国有企业对经营管理者的激励措施主要是月度工资的提升、季度或年度奖励等，而促使经营管理者与公司良性互动、协同发展的期权期股等长期激励机制却少有实行。对经营管理者激励构成的不合理，是造成经营管理者短期行为，导致公司经营战略缺失、发展后劲不足的重要原因。

此外，对经营管理者只有在岗时的激励，而没有根据其在岗期间对企业的长期业绩贡献和有利于企业未来持久发展的行为，给予离职退休后的奖励机制，也是不容忽视的问题。这个问题是“59 岁现象”产生的原因之一。

（二）对经营管理者约束不力问题同样普遍存在

1. 政府监控的低效率使得国有企业约束软化。这表现在两个方面：一是“内部人控制失控问题”。由于行使国有企业所有者权利和承担所有者责任的主体难以真正明确（“所有者缺位”），使得政府部门在实行“政企分开”，下放企业经营管理权后，难以有效地控制和监督企业经营管理者的行为，导致部分企业的经营管理者为谋取个人私利而损害所有者的利益，从而产生“内部人控制失控问题”。二是作为代理人的经营管理者有了利用信息不对称的可能，向委托人即所有者隐瞒事实，包括隐瞒企业真实的经营状况和财务信息，借以减少经营压力，或保护既得利益，或谋取私利。

2. “共同治理”的扭曲造成国有企业内部无制衡。按照民主集中制原则建立起来的国有企业领导体制，似乎体现了社会主义与生俱来的共同治理精神。现行法律法规确立的国有企业“厂长经理负责、党委保证监督、职工民主参与相结合”的决策机制，既体现了厂长经理的责任主导地位，又保证了党委与职工参与决策和监督的权利。这种理想模式在实际运作中效率和效果如何？在企业内部管理监督方面，党委和职工的监督职能如何清晰、有效地发挥有待进一步探索。因为在国有企业，

“经营管理者”从来都是自上而下地被作为一个“党政领导班子”来管理的，不仅包括董事会成员和经理人员，也包括党委负责人在内。再加上企业职工在企业经营管理中的作用长期以来被高度政治化，以致国有企业在建立现代企业制度时只能在现有治理结构上叠床架屋，角色定位混淆不清，不到位、越位现象并存。目前，绝大多数国有企业实行的“党政交叉任职”，即经理兼党委副书记，党委书记兼副经理，虽然在现行体制下一定程度上缓解了决策信息不对称的矛盾，但却进一步强化了经营管理者们自己监督自己的局面。事实上，职工也无法真正行使决策参与和监督权。据有关资料显示，近几年来企业职代会建议率呈下降趋势，并且大多数职工认为职代会只不过是走形式的工具。

3. 已建立法人治理结构的企业多数未发挥有效的分权与制衡作用。一般说来，现代公司的法人治理结构包括股东大会、董事会（包括经理阶层）、监事会，分别行使决策权、执行权与监督权，形成相互分立、相互制约、相互合作的特点。但目前我国改制企业的股东大会、董事会和监事会大多没有起到公司法所规定的作用，对企业经营管理者缺乏有效的监督与制衡。尤其是作为监督机构的监事会如何起到作用问题更大，如监事会成员的选择、任命依据不规范，造成监事缺乏履行监督职能所必须具备的能力，在监事职权行使上也缺乏实际有效的手段，作用形同虚设。

4. 缺乏外部市场竞争机制的约束。由于我国还处于社会主义初级阶段，较为完善的市场经济环境尚未建立起来，产品市场、资本市场还不成熟，职业经理人市场还没有形成，因此由市场竞争而产生的优胜劣汰机制还没有普遍形成对企业经营管理者的硬约束。竞争机制是一种隐性约束机制，它能把不便于内部人完全、准确观测到的隐性信息还原给企业经营管理者，从而形成一种外部的、公开的压力，强制其自我约束。

四、完善国有企业经营管理者激励机制的基本思路

（一）承认人力资本也是资本

如果我们承认劳动力资本的作用，以及经济学关于“经济人”的假设，那么就应当在国有企业制度安排中使其和其他形式的生产资本一

样，享有企业的剩余索取权和控制权，从而在一种全新的公有制分配关系的基础上，将金融资本、人力资本的利益有机结合起来，共享企业经济增长和发展的成果。只有这样，才能使企业所有者、经营者和职工的根本利益和目标统一起来，达到一致。

（二）严格按照公司法，建立有效的法人治理结构

公司法人治理结构是公司制的核心，也是经营者激励机制建设的必要基础。有效的法人治理结构的作用，在于通过明确出资者、董事会、监事会、经理层和一般职工的职责，形成各负其责、协调运转、有效制衡的关系。这种相互制衡的关系本质上就是一种约束机制。

（三）科学培养选拔经营管理者，造就职业经理人

随着社会经济的发展，生产力水平的不断提高，生产与经营的社会化程度不断增强，企业的规模日益增大，企业管理及经营决策的难度也越来越大。精明的企业主认识到具有专业知识技能人才的价值，在追求经济利益最大化的利益驱动下，开始放弃直接控制和经营管理企业的职能，把企业控制权转移到经理手中。这就是始于 19 世纪后期、以美国为策源地的西方国家的“经理革命”，实质上是一次管理上的革命，也是生产力解放的革命。时至今日，西方国家企业的经理一般都由职业化的经营管理专家担任，而大多数职业经理人都把成为一名优秀企业家作为自身的价值追求。

我国国有企业改革至今，经营管理人员职业化的呼声越来越高。专家学者普遍认为，要解决国有企业积重难返的矛盾和问题，必须建立和完善现代企业制度；而用现代企业制度来改造国有企业，最迫切的任务就是造就一批职业经理人。现实情况也表明，职业化是我国社会主义企业家成长的必由之路。

（四）建立有效的激励制度，增强经营管理者的工作动力

1. 选择合适、科学的薪酬模式，强化激励力度。发达国家公司对经营者（代理阶层）的付酬方式大致有工资、奖金、职务消费、股票和股票期权等几种基本形式。这几种形式的激励功能各有特色。工资作为稳定的现期收入，是一种相对固定的收入，相对而言刺激作用较小；奖

金特别是与利润指标挂钩的现金提成，激励作用最为强烈，但容易导致经营者的短期行为；职务消费有特定的支出范围，激励作用有限；股票和股票期权，由于能将经营者的收益与企业未来更大的回报联系在一起，激励作用较大，且不会导致短期行为。由于不同报酬形式的激励作用的差别，各国公司一般将几种报酬形式结合起来。据一项对美国200家最大公司的调查资料显示，公司总裁的报酬基本上是由21%的工资、27%的奖金、16%的长期激励、36%的股票类收入构成。从中可以看出，固定收入在收入总额中的比例相对较小，激励性收入的比例则占绝大部分。这种分配方式的直接后果就是企业领导人经营业绩的好坏将导致收入的高低悬殊。应该说，西方公司经理薪酬模式作为经过检验的比较成熟的做法，为我国企业薪酬的设计提供了现成的参考。

2. 建立多元的立体化的激励体系，丰富激励手段。人们在提到激励的时候，首先想到的是薪酬待遇的提高。实际上，激励两字内涵丰富，决非如此简单。薪酬并非激励体系的全部，而只是其中的一部分。因此，还要合理地运用非物质激励。

3. 建立科学的考核体系，正确评价经营管理者的业绩。如果说企业经营管理者创造了价值，那么科学的价值评价是合理进行价值分配的前提，同时也是进行激励或处罚的重要依据。因此，设计科学的评价标准、建立完善的考核体系十分重要。而当前不论是国有中央企业还是地方企业，普遍存在企业负责人“任命没有任期，任期没有目标，目标缺乏考核，考核与奖惩不挂钩”等问题。在对经营管理者的评价上，一方面，要建立科学的目标责任制度、企业经营业绩考核制度和决策失误追究制度，实行企业领导人员任期经济责任审计；另一方面，要注意到由于政府、市场、历史等方面的原因，国有企业改革的成本不应该由企业全部负担，更不应该由经营管理者独立承担。

推荐阅读书目：

1. 〔美〕切斯特·I. 巴纳德著，王永贵译：《经理人员的职能》，机械工业出版社2007年版。

2. 潘云良主编：《现代企业管理》，中共中央党校出版社2006年版。

3. 潘云良：《管理的理论与实践》，中共中央党校出版社2010年版。

备课参考书目：

1.〔美〕彼得·德鲁克著，齐若兰译：《管理的实践》，机械工业出版社2006年版。

2. 李兴山主编：《现代管理学》，中共中央党校出版社2003年版。

3. 周三多主编：《管理学原理》，复旦大学出版社2005年版。

4. 李兴山主编：《西方管理理论的产生与发展》，中共中央党校出版社2009年版。

5.〔德〕乌尔里希·森德勒主编，邓敏、李现民译：《工业4.0——即将来袭的第四次工业革命》，机械工业出版社2014年版。

从无锡尚德破产案看政府与市场的关系*

——中央党校案例教学

全面深化改革是十八届三中全会的主题。经济体制改革是全面深化改革的重点，其核心问题是处理好政府和市场的关系，使市场在资源配置中起决定性作用和更好发挥政府作用。如何处理好两者关系？必须从企业入手。企业是社会主义市场经济的细胞，是处理好政府与市场关系的基本着力点。从企业这个微观层面理解两者关系，有助于理解政府与市场在资源配置中的定位，把握政府与市场的边界。

本案例教学以无锡尚德为研究对象。无锡尚德是我国光伏产业发展的典型代表。光伏产业是具有巨大发展潜力的朝阳产业，是我国具有国际竞争优势的战略性新兴产业。无锡尚德为我国光伏产业的发展做出重大贡献。从 2001 年到 2011 年，它仅用了 10 年时间，就从一个小企业成长为世界最大的光伏产品制造商，带动了整个光伏产业的发展，但是，2 年之后，它却不得不进行破产重整。其破产重整引起中央政府、地方政府、学术界、企业界、国内外媒体等社会各界的高度关注。因此，探究无锡尚德产生、发展和破产重整的全部过程，分析无锡市政府在其中所起的作用，有助于理解政府在促进经济发展中的职责和作用，完善社会主义市场经济体制。

---

* 这是 2015 年 5 月 12 日在中央党校中青二班的授课讲稿。

一、创业和上市

（一）创业

施正荣[1]是无锡尚德的创始人。1998年开始，施正荣利用回国学术交流的时机，开始在国内寻找创业机会。他走访了大连、秦皇岛、上海、深圳等多个城市，大家都认为“概念很好”，但当时国内光伏产业几乎没有市场和规模化生产，没有人敢贸然投资。2000年8月8日，施正荣应邀到无锡作学术报告。报告结束后，无锡新区的一位领导当即表示：“我们就是要吸引像施博士这样的科学家到无锡做老板。”市委一位领导甚至指出：“谁要是把施博士放走了，市委和市政府将追究其责任。”[2]

无锡市政府全力支持施正荣回国创业：一是协调解决资金问题。成立公司的资本金不能由政府直接投资，为此政府委派当时即将退休的经委主任李延人出面协调资金。李延人最初联系私营企业，但私营企业都不敢贸然进入光伏行业，于是，在无锡市委、市政府的支持下，李延人最终促成无锡小天鹅集团、无锡山禾制药集团、无锡高新技术风险投资股份有限公司、无锡国联信托投资公司、无锡水星集团、无锡市创业投资公司六家企业共同出资600万美元，施正荣以40万美元现金和价值160万美元的技术参股。2001年1月22日，无锡尚德（全称：无锡尚德太阳能电力有限公司）成立，经营期限50年，为中外合资企业，施正荣担任总裁，李延人担任董事长。二是解决公司创立的各项具体事务。无锡新区政府帮助企业解决公司组建方案、工商注册、税务登记、银行开户、信息发布、人员招聘等相关工作，为企业提供厂房用地，并减免房租，减轻企业运营成本。三是积极为企业物色一批会经营、懂管

---

① 施正荣，男，1963年生于江苏镇江扬中市，1983年毕业于长春理工大学（原长春光学精密机械学院）光学仪器专业，获学士学位。1986年毕业于中国科学院上海光学精密机械研究所，获硕士学位。1988年以访问学者身份赴澳大利亚新南威尔士大学物理系进修，后师从马丁·格林教授研究太阳能电池，1991年获博士学位。毕业后留任新南威尔士大学光伏器件和系统研究中心，先后担任中心副研究员、项目科学家和研究组经理。1993年加入澳大利亚国籍。1995年担任澳大利亚太平洋太阳能研究中心执行董事。2000年回国创办无锡尚德。

② 施正荣：《创业孵化的阳光奇迹》，《江苏科技信息》2007年第3期。

理的人才。公司正式投产前，国企小天鹅公司副总裁徐源和负责销售的马衡铨被派到无锡尚德协助建立销售渠道。四是对企业技术创新予以支持。通过支持尚德承担国家级、江苏省和无锡市各类科技项目，既为尚德技术进步提供支撑，也为尚德发展提供了宝贵的资金支持。施正荣深有感触地说："人生难得逢知音，而在无锡我遇到了知音……是无锡的领导和股东们为我搭建了施展聪明才智的舞台，并冒着巨大的商业风险，给尚德公司注入了'第一桶金'。每当公司发展举步维艰的时刻，各级领导为公司的发展多方奔走，想方设法解决实际困难。对此，我终生不忘，铭记在心，倍加珍惜。"①

在无锡市政府的大力支持下，施正荣带领无锡尚德不断发展壮大。生产方面，在创业初期，施正荣投入全部精力进行建厂工作，画图纸，买设备，安装调试设备。2002 年 9 月，无锡尚德第一条电池生产线正式投产，首批生产的多晶硅太阳能电池生产能力达到 10MW，是此前我国晶体太阳能电池 4 年产量的总和。随后，又连续扩大产能，到 2005 年上市前，其产能达到 150MW。技术方面，施正荣作为太阳能领域一流的专家，在创办尚德前已获得多项专利。公司成立后，尚德电力生产的太阳能电池技术达到世界同行的领先水平，产品先后通过了 CE、TUV、UL 等国外权威机构的认证。市场方面，由于当时国内市场规模很小，因此，尚德的原材料采购和销售市场主要在国外。随着德国等欧洲国家加大太阳能光伏补贴力度，全球光伏市场迅速扩大，无锡尚德借此机遇迅速发展壮大。2005 年实现销售收入 2.2 亿美元，净利润 3000 万美元。无锡尚德从名不见经传的小企业一跃成为世界瞩目的行业新星。

（二）上市

由于市场的快速扩张和生产规模的扩大，为解决资金问题，提高企业的综合竞争力，无锡尚德开始谋求到证券交易所上市。当时，如果选择国内上市，需要等待较长的时间，因此，无锡尚德最终选择到纽约证券交易所上市。由于美国对我国国有企业上市有许多法规和程序上的特别要求，为了在短时间内完成上市工作，无锡尚德选择了红筹股上市的

① 施正荣：《创业孵化的阳光奇迹》，《江苏科技信息》2007 年第 3 期。

模式。所谓红筹股上市，是指国内企业在国外注册一个上市主体，法律层面由这一主体上市，执行层面的资产和运营管理留在国内。采用这一模式上市，需要国有股退出，完成一系列的股权变更。

要买断国有股，施正荣个人财力是不够的，因此，施正荣寻找海外投资者为其提供过桥贷款。过桥贷款属于短期贷款，可以用于满足并购方实施并购前的短期融资需求。施正荣获得贷款后，与国有股东洽谈国有股退出事宜时，有一些股东期望能到海外上市，不愿意退出。如果国有股不能全部退出，无锡尚德就无法在短期内到纽交所上市，这样，不仅前期努力将付诸东流，而且还面临“过桥贷款”毁约赔偿的风险。此时，无锡市政府主要领导明确表示，要支持无锡尚德在海外上市。无锡市政府提出 2 条基本意见：一是要满足尚德上市的要求，国有股应该退出。二是要满足各投资方的利益要求。无锡市政府的明确表态和大力支持，推动了股权重组的进程。通过与各国有股东一对一的谈判，国有股东在获得高额投资回报后，全部退出。2005 年 8 月 8 日，施正荣在开曼群岛注册成立尚德电力控股公司（以下简称尚德电力），该公司作为母公司（某种意义上可以看成是虚拟公司），控制着无锡尚德这个实体公司，以母公司为上市主体，2005 年 12 月 14 日，尚德电力在纽交所成功上市，募集资金近 4 亿美元。

尚德电力的成功上市带来了一系列积极反应：一是施正荣、海外投资者、国有股、公司管理层实现了高额回报。二是作为先行者，无锡尚德成功上市引起强烈的示范效应，推动我国光伏产业蓬勃发展。2005 年 2 月，国家颁布《可再生能源法》，设立可再生能源发展专项资金，支持光伏发电等可再生能源发展。各地方政府纷纷出台各项优惠政策，推动光伏企业如雨后春笋般出现。三是无锡市从尚德创业成功受益良多。其一，解决就业，提供税收。其二，带动了无锡市相关产业发展，形成了较为完整的光伏产业链，无锡市出现了海润光伏、高佳太阳能等一批龙头企业。其三，催生了 530 计划。2006 年 5 月，无锡市出台《关于引进领军型海外留学归国创业人才计划的实施意见》，简称 530 计划，即 5 年内引进不少于 30 名领军型海外留学归国创业人才，以软件园、留学人员创业园、信息产业园、工业设计园、科技创业园、大学科技园、国际科技合作园、动漫产业基地等为主要载体，从资金、工作场地、生活待遇等方面对海外留学人员创业予以实际支持。530 计划的实施为中央实施海外高层次人才引进计划（简称“千人计划”）起到了重要的先导作用。

二、辉煌和陷入困境

（一）辉煌

纽交所成功上市，施正荣一跃成为2006年中国大陆首富，尚德也一跃成为光伏行业具有国际影响力的大公司。尚德迎来了黄金发展期：

1. 生产能力和销售市场快速扩张。就生产而言，除在无锡继续扩张产能外[①]，还在上海、洛阳、扬州、青海、苏州、镇江建立生产基地，同时，通过在美国设立工厂、在日本兼并收购MSK公司生产少量产品。到2010年，太阳能电池产能达到1.8GW，成为世界上最大的光伏电池制造商。产能的扩大与销售市场的扩大是相互配合的。就市场而言，除继续扩大在德国、西班牙这两个市场的优势外，还逐渐扩大意大利、法国、荷兰等欧洲市场以及美国、澳大利亚、南非、韩国等其他国家市场。

2. 重视科技创新。尚德海外研发中心分别在德国、日本和澳大利亚，国内研发中心位于上海和无锡，其中无锡是研发中枢。2008年在无锡成立江苏省（尚德电力）光伏技术研究院，承担国家和江苏省、无锡市多项研发项目，其自主研发的Pluto（冥王星）技术，转换效率达到国际领先。截至2013年12月，尚德共拥有专利354项，其中，发明专利101项。尚德还参与了多项国家标准、行业标准和地方标准制定工作。

3. 从专注于电池及其组件生产逐渐向全产业链延伸。目前，太阳能光伏发电产业链的主要环节是：将原材料石英砂经过提纯后变为硅原料，原料通过拉制变为硅棒、浇注变为硅锭，硅棒硅锭通过切割变成硅片，硅片制作成电池，电池通过封装成为电池组件，组件组成发电系

① 尚德电力产能70%以上来自无锡新区。从2001年开始，先后建有4个生产产区，企业内部称为P1、P2、P3、P4工厂。P1、P2为早期建设的工厂，P3工厂2008年建成投产，均为尚德全资工厂。P4工厂由无锡尚德、无锡产业发展集团有限公司和无锡新区经济发展集团总公司合资建立，无锡尚德占有40%的股份。

统，用于独立发电、分布式并网发电或集中式并网发电（光伏电站）。尚德上市前主要专注于电池及其组件生产，上市后，尚德逐渐向光伏发电产业的上下游延伸。在上游，收购亚洲硅业生产硅原料，收购镇江荣德公司生产硅片；在下游，在我国新疆、青海、内蒙古和意大利、美国等国家投资建设光伏电站。

4. 从光伏产业向其他行业拓展。在一体化发展的同时，尚德实施了多元化发展战略。收购德国库特勒公司生产太阳能电池专用设备等产品，进入光伏设备生产领域；还投资成立无锡尚德电力教育集团公司，进入教育领域；建立无锡尚德电力低碳理念馆，为进入工业旅游领域打下基础；成立新加坡尚德、澳大利亚尚德、塞浦路斯尚德、瑞士尚德、光明道路控股公司（注册地在英属维尔京群岛，下辖环球太阳能基金 Global Solar Fund Partners，GSF 基金）等一系列公司，从事相关投资和销售业务。

（二）困境

从 2006 年到 2009 年，随着尚德电力的发展，其产能和销售收入同步扩张，利润也呈现较好的增长势头。但是，从 2010 年起，尚德形势出现急剧变化。2010 年销售收入达到 29 亿美元，但收入的扩张并没有伴随利润的同步增长，反而税后利润出现亏损，2011 年更是曝出高达 9 亿美元的亏损。2012 年根据未经确认的审计报告草稿，无锡尚德销售收入为 93.47 亿元，净利润为－0.72 亿元。尚德陷入困境，这是尚德不得不进行破产重组的根本原因。

为什么尚德会陷入困境，归纳起来，其原因是多方面的：

第一，企业内部经营管理不善。这表现在多个方面：尚德在全球最多时有 70 多家公司，但母公司和子公司的管理架构却不断变动；尚德电力高层管理团队具有海外背景，他们与国内生产经营人员在工作的态度、方法、理念上存在冲突，在薪酬待遇上存在较大差别；为维持股价，存在通过关联交易维持上市公司业绩的不规范行为。

第二，一些投资决策没有达到预期效果。这表现在：为扩大产能，尚德不断向银行借债，在资本市场发行债券，为此背负沉重债务利息。相关生产经营决策失误，造成重大损失。这包括在硅原料价格高涨时期与 MEMC 签订长达 10 年的合约，但随后硅料价格暴跌，导致该长单出现巨额损失；收购荣德公司生产硅片，由于硅片价格下降，其生产成本高于市场成本，导致荣德公司不得不停产；在上海生产薄膜电池，由于多晶硅电池价格迅速下跌，导致其失去竞争力，不得不停止生产。

第三，光伏产业产能急剧扩张，出现全行业产能过剩。尚德的成功上市导致我国光伏行业呈现井喷式发展，有 300 座城市提出要大力发展光伏产业，出现了江西赛维、保利协鑫、常州天合等一大批光伏企业，导致光伏产能迅速扩张。据中国光伏产业联盟不完全统计，全国 156 家电池组件企业 2011 年电池片产能已超过 35GW，2012 年产能在 40GW 以上。而光伏市场的需求量增长则显得相形见绌。2011 年时欧洲光伏工业协会预计，2012 年和 2013 年光伏市场需求为 30GW 左右，因此，仅我国的产能就能够满足全球光伏市场需求。这种供远大于求的局面导致尚德电池及其组件销售价格快速下降，极大地挤压了企业的利润空间。

第四，补贴和贸易壁垒影响企业生产。由于光伏发电成本目前仍高于传统的煤电和水电成本，因此，光伏产业的发展极大地依赖于政府补贴。受国际金融危机影响，欧洲各主要光伏应用安装国家对光伏产品的财政补贴大幅减少，这导致欧洲光伏装机量下降，市场需求减少。2012 年 5 月，美国商务部宣布向中国太阳能电池板制造商征收 31%至 250%的“反倾销”关税，2013 年 6 月，欧盟宣布对产自中国的光伏产品征收临时反倾销税。这都进一步加剧了尚德生产经营的困难局面。

因此，一方面，产能过剩、补贴减少、贸易壁垒导致企业利润减少；另一方面，由于管理不善、投资决策失误、一味扩大产能导致债务高企。两种因素的叠加，导致尚德资不抵债，不得不走向破产重整。

三、破产重整

（一）提出方案

无锡尚德破产重组的导火索是债务危机。截至 2012 年 12 月 31 日，无锡尚德总负债为 118.79 亿元，其中长期银行借款 4.88 亿元，短期银行借款为 65.45 亿元，可使用货币资金余额仅为长短期银行借款总额的 6.24%，出现严重的流动性风险，资金链随时有断裂的可能。为清还债务，尚德电力决定将其所持有的 GSF 基金 80%股权套现，用来偿还 2013 年 3 月到期的 5.41 亿美元可转债。但是，在进行撤资交易审查时，却发现 GSF 合作方的母公司 GSF Capital 向尚德电力提供的 5.6 亿欧元的等值德国政府债券担保系伪造而根本不存在，因此，尚德电力出售 GSF 基金股份的计划，因这桩诈骗案而暂停。这一事件相当于上市公司被自己的子公司欺骗，这引起投资者的愤怒，他们向美国法院申请立案调查。这导致尚德电力要在资本市场融资几无可能。施正荣也在这一事件后被迫辞去 CEO 职务，由原 CFO 金纬接任。

为挽救尚德，无锡市成立专门的领导小组和工作服务组，该小组成员不仅包括政府机构，而且包括金融机构、无锡国联和无锡产业发展集团有限公司这两大国有企业。政府提出两个方案：一是政府出面购买该公司 2013 年 3 月到期的 5.41 亿美元可转债，然后经国开行注资救助，但前提是施正荣将全部个人资产做无限责任担保。二是上市公司尚德电力退市，实施国有化。但是，这两个方案都被施正荣拒绝了。据分析，第一个方案之所以被拒绝，是因为根据 2011 年年报，施正荣及其家族在尚德电力拥有 30.2%股份，而外资基金持有的股份超过施正荣家族股份，这是施正荣被迫辞去 CEO 和随后辞去董事长的根本原因。施正荣已经对尚德电力不具有控制权，因此，要施正荣拿出全部个人资产为其不能够掌控的公司做担保，是不现实的。第二个方案之所以被拒绝，这是因为国有化意味着政府要全面清查和接管尚德电力的全部资产和债务，意味着施正荣家族在尚德电力的股份将全部退出，这也是施正荣不愿意看到的。

在拒绝了政府的救助方案后，尚德寻找新的救助方案。在寻找新的投资者无果的情况下，为了保全美国上市公司尚德电力，金纬提出了让尚德电力子公司无锡尚德破产的提议，该提议的实质是把全部债务包袱甩给无锡尚德，而让美国上市公司尚德电力则干干净净。这种保全美国投资者的利益，牺牲无锡尚德的做法是无锡市政府难以接受的。另外，无锡市政府担心，尚德管理层为了拉升股价，会冒着难以回款的风险，拼命签单出货以保证财报亮丽，最终的苦果也需要无锡尚德来咽下。

2013 年年初，尚德 5.41 亿美元的可转债所有人委托代表到中国银行江苏省分行，提议由中行继续给尚德贷款，然后，用这笔贷款偿还债务。该建议被中行拒绝。中行随即联合其他债权银行，向江苏省政府提出让尚德破产清算的建议。2013 年 3 月 14 日，尚德电力发布声明，无力于 3 月 15 日偿还到期的 5.41 亿美元可转债。发布该声明后，尚德电力股价大幅下跌，报收 0.67 美元。4 天之后，也就是 2013 年 3 月 18 日，债权银行联合向无锡市中级人民法院递交无锡尚德电力破产重整申请。3 月 20 日，无锡市中级人民法院根据《中华人民共和国破产法》裁定，无锡尚德进入破产重整程序。这使我国先于美国启动无锡尚德破产重整，从而使无锡尚德破产重整按照中国法律，而不是按照美国的破产法律进行，从而最大限度地保护国内方方面面的利益。

无锡市政府是经过反复权衡，才最终选择该方案的。如果政府直接花钱去救无锡尚德，会面临着诸多问题。首先，政府要拿出多少钱救、能否救活，这是个未知数。其次，政府以何种名义、通过何种渠道救助也是个难题。因为，这等于是政府拿财政的钱救企业，而且，尚德名义上是外资企业，这会使政府受到公众舆论的广泛质疑。再次，一旦救助，如果以后碰到类似企业，还要不要救，是否有违公平竞争的原则，舆论也有可能质疑是否企业一旦做大，就应该大而不能倒。因此，政府直接花钱救尚德会面临诸多挑战。但如果像债权银行建议的那样，走破产清算的路，那么，尚德品牌将会消失，这对于无锡市、江苏省的光伏产业发展都是不利的，也是无锡市政府不愿意看到的。因此，通过引进战略投资者进行破产重整，有利于维护无锡尚德的品牌、团队，有利于无锡市、江苏省乃至全国的光伏产业稳定发展。

（二）具体经过

无锡市政府提出按照法制化、市场化的原则推进破产重整：

第一，严格按照《中华人民共和国企业破产法》的规定推进破产重组。由无锡市中级人民法院负责案件审理，这就避免了采用法庭外协商重组方式，由于债务人不配合、债权人众多以及债权结构复杂导致破产重组难以推进的可能，使得破产重整依法进行。其主要工作是：

一是由无锡新区管委会推荐 10 人组成清算组，担任无锡尚德重整案件的管理人。管理人在无锡市政府和无锡新区管委会的领导下，聘请无锡国联团队维持公司生产经营，这就较好地维护了无锡尚德的销售渠道、市场基础与品牌价值，为未来企业恢复元气后的做大做强成功留存了火种和希望。

二是管理人聘请资深专业机构对无锡尚德进行清产核资。以重整受理日 2013 年 3 月 20 日为审计和评估的基准日，无锡尚德资产审计值为 103.84 亿元；在假设破产清算的前提下，无锡尚德资产评估值为 22.43 亿元；在假设持续经营的前提下，无锡尚德资产评估值为 36.93 亿元。

三是清理债权。共有 553 家债权人申报了 554 笔债权，申报金额为 21464241243.57 元。经管理人审查、确认的无锡尚德职工债权为 164414.29 元；税收债权为 43748702.42 元；担保债权为 79753817.76 元；普通债权为 9334550630.65 元。另外，无锡尚德账面记载，但债权人未依法申报的债权有 1374534064.57 元。

第二，根据市场化原则引进战略投资者。管理人从全球范围内筛选了约 50 家符合条件的潜在投资者，于 2013 年 7 月初开始向其发出了邀请函及投资项目简介。7 月底有常州天合、保定英利等企业明确表示有意向参与无锡尚德重整，但是，由于出价太低，且一旦由它们进入，尚德品牌有消失的风险，故无锡市政府没有同意。随后，江苏顺风光电有意出价 30 亿元现金接手。之所以顺风光电愿意出这个价格：一是因为顺风光电从事光伏电站业务，受中上游的影响很大，所以，它希望通过接手无锡尚德打通产业链。二是因为 2013 年 7 月国务院通过《关于促进光伏产业健康发展的若干意见》，国内光伏市场已经启动，且中欧双方光伏谈判已取得成效，国际光伏市场回暖，因此，收购能够使其尽快扩大产能，获取经济效益。30 亿的重组资金，使职工债权获得 100%清偿；普通债权人 10 万元以内的获得 100%清偿；10 万元以上的普通债权清偿比例提升至 31.55%，远高于破产清算条件下的 15%；顺风光电也承诺未来经营中继续沿用“尚德”品牌，深耕光伏行业，并持续专注于光伏电池组件的开发、生产和销售。因此，顺风光电的进入，最大限度地满足了政府、银行等债权人、企业的利益，其重组方案在债权人会议上获得高票通过。

截至 2014 年 1 月 6 日，顺风光电已分配偿债资金超 27.1 亿元，偿债率达 90.3%。2014 年 4 月 7 日，顺风光电召开特别股东大会，正式投票表决通过收购协议，无锡尚德成为公司的全资附属子公司，无锡尚德破产重整案收官。

作为一个典型案例，无锡尚德破产重整案错综复杂。无锡市政府以市场与司法两大手段，通过引进战略投资者，使得广大债权人得以公平、及时且最大限度地受偿，有效解决了众多债权人就无锡尚德有限财产如何受偿引发的利益冲突问题。同时，在继续保留无锡尚德的条件下，通过恢复无锡尚德的经营能力与盈利能力，最大限度地满足了职工等各关联主体的利益，达到社会稳定与经济效益的最大化。这一实际操作经验，对于新形势下处理好政府与市场关系具有重要启示，对于进一步完善社会主义市场经济也具有重要的借鉴意义。

坚持和完善社会主义基本经济制度与国企改革*

以公有制为主体，多种所有制经济共同发展，是我国社会主义初级阶段的一项基本经济制度。在新常态下，哪些该坚持，哪些该完善？国企是公有制主体的重要实现形式，国企改革到底怎样在制度层面实现共产党执政后的制度自信？本讲做些探讨。

一、社会主义基本经济制度的形成过程

传统的社会主义经济理论来源于经典作家对社会主义的设想。马克思、恩格斯认为，社会主义社会具有以下基本规定性设想：(1) 社会生产力大大提高，创造了高于资本主义的劳动生产率。(2) 消灭了一切私有制，生产资料归整个社会所有。(3) 在消费品分配上实行“各尽所能，按劳分配”的原则。(4) 消灭了一切阶级和阶级差别，造成了使资产阶级既不能存在也不能再产生的条件。(5) 国家不再具有压迫工具的性质，只具有社会管理职能。(6) 消灭了商品货币关系，实行产品经济。

新中国成立后，党内在如何对待多种经济成分问题上一直是有分歧的。分歧主要围绕两个问题产生：一是究竟需要多长时间能利用城乡私

---

* 这是2016年4月11日在中央党校中国特色社会主义理论专题研究班和2016年5月12日中青一班的授课讲稿。

人资本的积极性以利于生产力的发展。二是如何谨慎地、分步地引导个体农业和手工业走集体化的道路。一种观点认为，当时生产力比较落后，需要利用资本主义工商业，反对过早地动摇、削弱甚至否定新民主主义的多种经济成分，过早地在中国采取相当严重的社会主义步骤。在所有制问题上，强调多种经济成分并存的长期性，以及这种所有制结构有利于生产力发展的一面，并反对私人资本主义急于向社会主义过渡。另一种观点反对“确立新民主主义社会秩序”。今天看来，二者之间，表面上是在新民主主义社会及过渡时期的时间问题上存在分歧，但实际上是在对社会主义经济制度的认识上显然存在着差别。1953 年，中共中央提出了党在过渡时期的总路线。毛泽东认为：“党在过渡时期总路线的实质，就是使生产资料的社会主义所有制成为我国国家和社会的唯一的经济基础。”① 这段话实际上把非公有制经济与社会主义经济完全对立起来，并把是否完成从多种所有制到单一公有制的过渡作为判定我国是否进入社会主义社会的标志。在“文化大革命”中，所有制结构问题上的“左”倾错误发展到了顶点，个体手工业、商业和农民的家庭副业等分散经营被扫荡无遗，许多人把非公有制经济完全看作社会主义经济的对立物和异己力量。

改革开放以来，在实事求是思想路线的指引下，我们冲破了传统社会主义政治经济学中的“所有制教条”，把“三个有利于”作为判断和取舍的根本标准，完成了从“对立论”到“有益补充论”再到“共同发展论”的飞跃，从而形成了在以公有制为主体的前提下，发展多种所有制经济的理论和政策。这是马克思主义政治经济学原理在当代中国的创造性发展。

党的十三大（1987 年）首次把社会主义初级阶段的所有制结构描述为公有制为主体、多种所有制形式并存。但从党的十三大到十五大（1997 年）之前，非公有制经济一直被看作社会主义异己的东西，仅仅作为社会主义公有制经济的一种补充被排除在社会主义基本经济制度的规定之外。这种认识到党的十五大召开，有了本质的变化。党的十五大报告把非公有制经济确定为社会主义市场经济的重要组成部分，从而纳入了社会主义基本经济制度的规定之中，而不再被视为公有制的对立面。

---

① 《毛泽东文集》第 6 卷，人民出版社 1999 年版，第 317 页。

2002 年召开的党的十六大在思想解放的进程中又取得了重大突破。党的十六大报告提出两个毫不动摇：既要毫不动摇地巩固和发展公有制经济，又要毫不动摇地鼓励、支持和引导非公有制经济的发展。党的十六大报告还提出，既要保护合法的劳动收入，也要保护合法的非劳动收入，并进而强调要完善保护私人财产的法律制度。

中共十六届三中全会在十六大已有成果的基础上，在强调要大力发展和积极引导非公有制经济的同时，进一步明确“允许非公有资本进入法律法规未禁入的基础设施、公用事业及其他行业和领域”，并规定“非公有制企业在投融资、税收、土地使用和对外贸易等方面，与其他企业享受同等待遇”。这表明，中共十六届三中全会为非公有制经济的发展开辟了更广阔的空间。不仅如此，十六届三中全会还明确指出，“建立归属清晰、权责明确、保护严格、流转顺畅的现代产权制度”，这不仅“有利于维护公有财产权，巩固公有制经济的主体地位”，而且“有利于保护私有财产权，促进非公有制经济发展”，“是完善基本经济制度的内在要求，是构建现代企业制度的重要基础”。

2016 年 3 月 4 日，习近平总书记在看望全国政协民建、工商联界委员并参加联组会时发表了重要讲话，再次强调了我们要毫不动摇坚持我国基本经济制度，推动各种所有制经济健康发展，引起了广泛关注。

二、坚持和完善社会主义基本经济制度需要探讨的几个问题

（一）为什么坚持两个毫不动摇

习近平总书记在参加 2016 年两会联组讨论时强调，实行公有制为主体、多种所有制经济共同发展的基本经济制度，是中国共产党确立的一项大政方针，必须毫不动摇巩固和发展公有制经济，毫不动摇鼓励、支持和引导非公有制经济发展。在当下，为什么坚持两个毫不动摇呢？

第一，公有制的主体地位是社会主义市场经济的制度基础。生产资料所有制及其构成是一个社会基本经济制度的核心和基础，是决定一个社会基本性质和发展方向的根本性因素。我们建立的市场经济不仅是一

般意义上的现代市场经济，而且是具有中国特色的社会主义市场经济。公有制的主体地位是社会主义市场经济的核心要素。只有坚持公有制的主体地位，才能保证中国特色社会主义道路的正确航向。从现代市场经济的内在逻辑上讲，保持公有制的主体地位也有其理论上的科学性。我们建立的社会主义市场经济，必须能够克服和校正市场经济的重要缺陷。实践证明，市场经济在资源配置和利用效率上有优势，但它在若干重要领域存在失灵问题。公有制与市场经济的有机结合，提供了克服市场失灵问题的坚实制度基础。

第二，非公有制经济是社会主义市场经济的重要组成部分。我国是社会主义国家，必须坚持以公有制为主体。但我国的社会主义脱胎于经济发展极端落后的半殖民地半封建社会，虽然经过 60 多年的社会主义建设，特别是改革开放 30 多年的快速发展，综合国力有了显著增强，但我国仍处于并将长期处于社会主义初级阶段的基本国情没有变，人民日益增长的物质文化需要同落后的社会生产之间的矛盾这一社会主要矛盾没有变，这就决定了我国必须继续大力促进非公有制经济的发展。同时，随着我国经济发展水平的提高，居民的消费需求日趋多样化和个性化，各类服务业迅速发展。而非公有制经济在满足居民多样化需求和促进服务业发展上具有独特优势，其本身也会随着现代科学技术的发展不断提高自己的生产力水平。所有这些都决定了非公有制经济是我国建设社会主义现代化的一支重要力量。

（二）公有制和非公有制都需要完善

市场经济的充分发展，不仅需要完善的市场体系和市场机制的形成，而且还要有自主经营、自负盈亏的市场竞争主体。

从公有制改革来看，尽管改革取得了重大成就，但改革并没有解决根本问题，主要是：

第一，政企不分、政资不分的现象仍十分突出。

一是大量经营性国有资产仍分散在各个部门管理。目前中央政府层面上还有 80 多个部门对其下属的 3000 多家企业直接管理。烟草、邮政等实现“政企分开、政资分开”的企业没有纳入集中统一的国有资产监管体系。

二是一些政府公共管理部门仍在行使出资人的部分职责。一些部门仍在继续对国资委所监管企业行使着部分出资人权利，军工、电信、电力等行业部门甚至要求重新履行出资人职能。一些应该由企业自主决策的事项仍然需经政府部门审批。政府行政管理体制中职能错位、责任不清、权力不明等问题比较突出。

三是经营性国有资产的基础管理工作比较薄弱。金融类资产及159户其他中央企业的国有资产，都是功能属性和管理模式相同的经营性资产。但是，目前这些企业国有资产不但没有由专门的出资人机构集中统一监管，而且在清产核资、统计评价、资产评估、产权界定与纠纷调处等方面，也没有适用国资委制定的监管规则，导致国有资产数据不统一，企业国有资产基础管理工作较为混乱。

第二，国资委出资人机构的职能没有真正落实。

一是“三统一、三结合”的原则和我国《公司法》所规定的股东三项权利没有落实。在国有资本收益方面，国有资本经营预算制度尚未建立，难以有效履行出资人职责和推进国有经济布局结构调整；在选择企业经营管理者方面，现行的体制与《公司法》相矛盾，董事会选择经理层的权利也没有依法落实；在企业投融资、特殊资产监管等方面，一些部门仍然行使着属于出资人的职责权利。

二是国资委还承担着一些出资人以外的其他职能。国资委“三定”中规定了一些国务院交办事项，如行业协会管理指导、离退休干部管理保障等。近年来在“三定”规定之外又承办了不少交办事项，如中央企业安全生产工作，维护企业稳定和企业职工合法权益专项治理工作，中央企业自主创新协调监管工作，协调中央企业人才工作，指导监督中央企业保密工作，指导监管国资委直属和直管协会及部分中央企业所属出版社和出版物工作等。

三是有关部门把国资委视为“企业主管部门”或管理企业的“漏斗”。许多部门在日常工作中，要求国资委对涉及企业的审批事项出具意见或证明材料，或者牵头办理一些本应由其他部门直接与中央企业联系的工作。如卫生部要求国资委归口管理中央企业老干部医疗证，国管局要求国资委统一负责中央在京企业土地登记工作，其他部门要求国资委牵头指导中央企业的扶贫工作，53家以外的中央企业老干部工作，中央企业负责人因私出国备案工作等。

第三，地方国有资产管理体制改革存在的问题比较多。

一是地方国有资产监管的指导监督工作比较薄弱。近年来，地方国企改革和国有经济进退调整的力度较大，部分省市国资委组建以来主要忙于国有经济退出，没有转到履行出资人职责和发展壮大国有经济的轨道上来。地方国有资产监管工作中还存在不少违法违规问题。亟待中央政府加强指导监督，明确指导监督的事权，把“统一所有”原则落到实处。

二是“分级代表”原则还没有完全落实。按照中央政府和省、市（地）两级地方政府分别代表国家履行出资人职责原则，省、市国资委的监管范围应当由地方政府依法授权，但国务院有关部门对此仍加以干涉。

三是地方国资委的出资人职责定位更加不到位。由于上行下效，有些地方政府“政企分开、政资分开”和“三统一、三结合”的改革工作已经停滞，有的国资委至今只监管一个企业。有的省、市国资委没有转变工作方式，出现了新的“政企不分”。此外，不设国资委的市（地）、县（市）政府国有资产监管工作如何进行，还需要探索。

第四，经理层激励约束“双弱化”。

一是激励不到位。有效的报酬激励机制实际上是“空白”的，真正起作用的是控制权以及由于控制权而产生的过度“在职消费”和隐性收入。而当现有激励下获得的显性报酬不如约束以外的隐性收入时，经营者就会最大限度地获取控制权受益。

二是约束不到位。对经营者的约束实际上是“苍白无力”的，一是法人治理结构不健全不完善对经营者没有约束。二是有的经营者个人道德颓废丧失自我约束。

从非公有制来看，改革开放以来，党和国家出台了一系列关于非公有制经济发展的政策措施。特别是党的十八届三中、四中、五中全会推出了一系列扩大非公有制企业市场准入、平等发展的改革举措。但由于一些原因，这些政策的配套措施还不是很全，政策落地效果还不是很好，主要问题是：市场准入限制仍然较多；政策执行中“玻璃门”“弹簧门”“旋转门”现象大量存在；一些政府部门为民营企业办事效率仍然不高；民营企业特别是中小企业、小微企业融资渠道狭窄，民营企业资金链紧张，等等。

三、混合所有制是社会主义基本经济制度重要实现形式

混合经济是现代市场经济的一种有效产权组织形式，也是公有制经济的一种有效实现形式。党的十五大报告提出了“混合所有制经济”的概念，党的十六大报告提出发展混合所有制经济，党的十八届三中全会提出“积极发展混合所有制经济”，体现了我们党关于公有制理论的与时俱进。

（一）发达国家股权多元化企业出资人监督的主要做法

发达国家的企业形式大多为股权多元化企业，虽然国有控股企业很少，但控股股东也多为银行、基金会或企业法人等机构投资者，这与我国由国资委这一机构履行国有资本出资人职责相比，并无原则性的差异。所以，从出资人监督的角度考察，发达国家股权多元化企业资产监督的主要做法对我们有一定的参考意义。

1.“用手投票”与“用脚投票”。在发达国家，出资人对股权多元化企业中资产的监管主要是通过两种形式，一种是“用手投票”，另一种是“用脚投票”。“用手投票”是指在股份公司中，出资人以其投入资本的比重，参与公司的利润分配，享有所有者权益；以其股权比重，通过公司股东代表大会、董事会，参与公司的重要决策，其中包括选择经理层；通过监事会或独立董事监督董事会或执行董事以及经理层。“用脚投票”是指出资人直接在资本市场上通过股票买卖、企业兼并重组等方式对该公司经营状况进行评价，对经营者施加间接影响。行使“用手投票”权的是大股东，他们实际控制着公司并且承担监督的主要成本；行使“用脚投票”权的一般是小股东，他们无力也不愿意负担监督成本，往往通过这种方式对企业施加间接影响，达到监督的目的。

“用脚投票”对“用手投票”具有积极的补充作用。单纯从资产监督的角度来看，“用手投票”着重于在公司治理架构内就近全程监督，“用脚投票”则以外部资本市场上的无形压力对经营者起到约束作用。由于发达国家的资本市场和经理人市场都比较发达，“用脚投票”的结果往往会对经营者的经营资格及身价形成巨大影响力，因而，“用脚投票”对“用手投票”具有积极的补充作用。

“用脚投票”发挥作用的基本条件是资本市场、经理人市场充分发达，这样，资本市场上股票买卖的结果往往就会给经理人重新定价，导致经理人“市值”的波动。在我国，股权分置改革还在进行，资本市场发育还不健全，经理人市场发育得也不好，党管干部与市场选择经营者的方式还处在探索阶段。因而，在股权多元化企业特别是国有控股企业中，由行政部门任命国有股代表人的做法还比较普遍。在这种情况下，资本市场上“用脚投票”的方式很难有效发挥作用，我国股权多元化企业中国有资产的监督现在还只能倚重“用手投票”。

2. 独立董事模式、监事会模式与任意选择制

（1）独立董事模式。该模式以美国、英国为代表，在股东大会下只设董事会，不设监事会，实行“单委员会”制。资产监督职能由董事会中的独立董事行使。董事会下设的审计、提名、薪酬等委员会主要由独立董事领导，一方面从结构上对董事会中的执行董事形成制衡，另一方面通过专业委员会对经理层进行监督。独立董事的比例各国有所不同，美国法律规定独立董事要占董事会成员的50%以上；英国规定独立董事与执行董事应保持平衡，以确保董事会不被哪一类人所控制；澳大利亚要求董事会中至少要有1/3的独立董事。独立董事除享有一般董事职权外，还拥有特别职权。

美国独立董事模式的实质是对“单委员会”制条件下解决日益严重的内部人控制问题的创造性措施。“安然事件”后，美国制定颁布了《萨班斯法案》，对独立董事制度加以强化，规定董事会中必须由独立董事占多数，董事会薪酬委员会必须由独立董事构成。

（2）监事会模式。该模式以德国为代表，在股东大会下设监事会、董事会（相当于英美国家的经营层），实行“双委员会”制，监事会权力高于董事会。根据德国1978年修订的《股份公司法》第95条的规定，监事会一般由3名成员组成，公司章程可以规定更多的人数，人数必须能够被3整除。监事会成员的最多人数限定为：公司股本在150万欧元以下的为9人；150万欧元以上的为15人；1000万欧元以上的为21人。根据《股份公司法》规定，监事会拥有以下职权：（1）任免权。监事会有权任命董事会成员，同时任命一名董事为董事会主席。如果董事粗暴地违反董事义务，没有能力执行业务，或股东大会丧失了对他的信任时，监事会有权撤销任命和更换董事会主席。此外，董事的薪酬由

监事会决定。(2) 监督权。监事会有权检查公司财务状况，可以随时要求董事会报告公司的重要业务执行情况。(3) 公司代表权。公司的代表权原则上属于董事会，但在特殊情况下，例如董事与公司之间产生诉讼时，监事会可以代表公司。(4) 股东大会的临时召集权。如果公司利益需要，监事会有权临时召集股东大会。

德国监事会模式的实质是在德国企业股权比较集中的条件下，大股东为维护自己的资产安全不得不担负起监督成本的必然结果。德国监事会起源于由大股东组成的“经营管理会”，又称“大股东会”。“大股东会”任免董事会的董事，监督其业务执行。可以看出，德国监事会模式的形成符合德国企业股权比较集中条件下的实际要求，为维护大股东在股份公司中的资产安全起到了积极作用。

（二）混合所有制实质是完善按要素分配制度

按劳分配还是按资分配是关系到阶级立场和阶级利益的根本问题。马克思主义政治经济学理论的核心是劳动价值理论，有了劳动价值理论才有了劳动者阶级分配剩余价值的依据。用马克思主义理论武装起来的共产党代表的是无产阶级，革资本主义制度的命靠的就是劳动价值理论这个理论武器。

上述阶级矛盾在资本主义国家并没有解决。阶级斗争虽然不再是暴力革命了，但阶级斗争一刻也没停止。工人阶级通过工会有组织的和资本家阶级斗争，这种斗争对生产力的发展产生巨大的阻碍和破坏，有时是某一个行业的瘫痪，有时是整个社会的动荡。另外，资本家阶级和职业经理人的权利斗争最终表现为“职业经理革命”，其结果是“两权分离”，即所有权和经营权的分离。所有权和占有权、使用权、支配权分离以后虽然暂时缓和了矛盾，但利益斗争并没有停止。信息不对称、道德风险及内部人控制始终是经济学难题。

问题是，共产党带领工人阶级夺取政权以后，共产党消灭了阶级，革命党变成了执政党，共产党掌握了资本，管理了劳动力，委托了职业经理人，共产党如何平衡这三种要素的利益关系和化解它们的矛盾呢？首先，共产党执政以后必须依靠资本才能发展生产力，无论是国有资本还是民间资本以及国外资本，我们都得给予法律保护，都得确保资本投资回报应得的利益。但当执政党用执政权力控制资源分配的时候，尤其是权力和资本发生关系的时候，资本很容易腐蚀和绑架权力。其次，按劳分配是共产党的旗帜，劳动必须参与剩余价值的分配。但当权力成为分配主体的时候，执政者往往为了发展而牺牲劳动者的当前利益，更危险的还在于，执政者代表劳动者阶级参与分配不是劳动者直接参与分配，这让劳动者感到参与剩余价值分配的权力被剥夺了，这个阶级慢慢脱离了执政党。再次，国企的管理者是一个特殊的群体或阶层，他们的贡献也必须和剩余价值相联系，但执政者往往把这些人看成干部，他们不能直接参与剩余价值的分配而是由政府再分配决定他们的报酬，其结果是损害和打击他们的积极性。如果说上述矛盾在计划经济体制下并不明显的话，那么，在改革开放后尤其在市场经济体制下则凸显出来。如何处理好三者利益关系是今后困扰我们党的大问题。

试想：共产党执政以后能让工人阶级和资本斗争吗？共产党能让职业经理革命吗？显然不能！但我们不能回避的是：市场经济条件下的劳动力是主人吗？劳动如果不分享剩余价值，主人翁的地位怎么体现？还有职业经理人，如果他们的管理劳动不和剩余价值相联系，不直接参与分配，他们的动力从哪里来？如果劳动者和职业经理没有积极性，国有资本怎么会增值？现在急需要我们党设计一个制度来解决这个矛盾。这个制度框架的核心是调动各个要素的积极性，形成利益共同体！研究发现，要素的混合所有制能帮我们党破解这个难题。

其实，我们党的十六大就提出按要素分配的设想了，只是没有变成制度设计。当时的提法叫：按劳分配＋按生产要素分配。我理解，按劳分配的劳应该是价值创造，这是我们党继承和坚持马克思的劳动价值理论，我们只承认劳动创造价值。而按要素分配里的劳动应是和资本、技术、管理同等的生产要素，按要素分配应该是按形成商品的使用价值和市场价值来分配。

按上面的思路理解混合所有制就不是国有资本和民间资本的“混”，也不是国有资本和国外资本的“混”，而是要素的“混”。“混”的关键是解决每个要素和剩余价值的关系。党的十八届三中全会确定的“让市场在资源配置中发挥决定性作用”为混合所有制设计奠定了重要的理论支撑。每个要素在剩余价值分配的份额和比例取决于两个方面：其一，要素的市场供求。要素稀缺，要素的交换价值就高，要素过剩，要素的交换价值就低。其二，要素对剩余价值的贡献率。贡献率高，分配的份额和比例就高，贡献率低，分配的份额和比例就低。

现在的关键是，选哪类企业进行改革和试点以及该在哪部分混。需要明确的是，关系国防安全、军工、重大生产力布局、特殊资源等，我们必须毫不动摇地坚持国家控制。这类企业可以党委派党委书记，书记不参与企业经营活动，但有一票否决权、有监督权、有职工利益保障权；由行政主管部门任命董事会成员，董事会成员实行准公务员制度；职业经理人则由董事会按法定程序公开招聘，职业经理人实行年薪制加业绩奖励制度。

实行混合所有制的企业主要是市场竞争类国有企业及其他各类企业。为慎重起见，可混增量不混存量。假定某国企核定资产 100 亿，这 100 亿作为资本要素，加劳动要素及管理要素，实现增量 50 亿剩余价值，这 50 亿应该是要素形成的，应该按要素分配。至于每种要素应按什么比例来分，那要看不同企业的类型。比如是劳动密集型的，劳动占比就要高；如果是经营型的，管理者分的比例就要高。有了要素混合所有制，国家就可以不再控制企业而控制资本。国有资本保值增值的动力来源于劳动者的积极性和企业家的积极性。道理很简单，农业的发展不就是来源于农民的积极性吗？而农业土地所有制不还是集体所有吗？改的其实是分配制度！交足了国家的、留够集体的、剩下全是自己的！执政党设计的要素的混合所有制，让各要素都有利益保障，各要素都有积极性，我们党就有了执政的牢固制度基础了。

推荐阅读书目：

1. 〔法〕托马斯·皮凯蒂著，巴曙松译：《21 世纪资本论》，中信出版社 2014 年版。

2. 郇一龙等：《大道之行——中国共产党与中国社会主义》，中国人民大学出版社 2015 年版。

3. 潘云良：《管理的理论与实践》，中共中央党校出版社 2010 年版。

备课参考书目：

1. 贾康、苏京春：《新供给经济学》，山西经济出版社 2015 年版。

2. 潘云良主编：《现代企业管理》，中共中央党校出版社 2006 年版。

3. 潘云良：《社会主义剩余价值到底该怎样分?》，《中国经济观察》

2011 年第 4 期。

4. 潘云良：《换一种思路改革国企产权》，《中国经济观察》2010 年第 3 期。

5. 潘云良：《提高劳动报酬比重的理论依据与制度保证》，《中央党校学报》2011 年第 3 期。

附件一　从无锡尚德破产案看政府与市场的关系教学安排

一、教学时间、地点

5 月 24 日上午 8：30 在中央党校东区研讨楼 2009 室

二、教学分三阶段进行

1. 由主讲教师介绍案例教学的目的、案例情况介绍、分析。（35 分钟）

2. 案例讨论：案例教学采取角色扮演形式进行，讨论时间 80 分钟。共分 4 组，每组发言时间 20 分钟。

要求：学员事先阅读案例及资料，下班组与学习委员对学员进行分组

一组：中央政府

参考建议：（1）中央政府在产业规划及宏观预警方面有哪些值得总结的经验教训？

（2）对地方政府的行为如何看？

二组：地方政府

参考建议：（1）你作为地方主要领导如何看无锡市政府的做法？

（2）你对中央政府有哪些建议？

三组：企业

参考建议：（1）如何理解企业是市场运行主体？

（2）接下来在化解僵尸企业方面希望政府如何做？

四组：媒体：对一组、二组、三组的发言进行评论。

附件二　案例教学课件

从无锡尚德破产案
看政府与市场的关系
中央党校经济学教研部副主任
潘云良教授

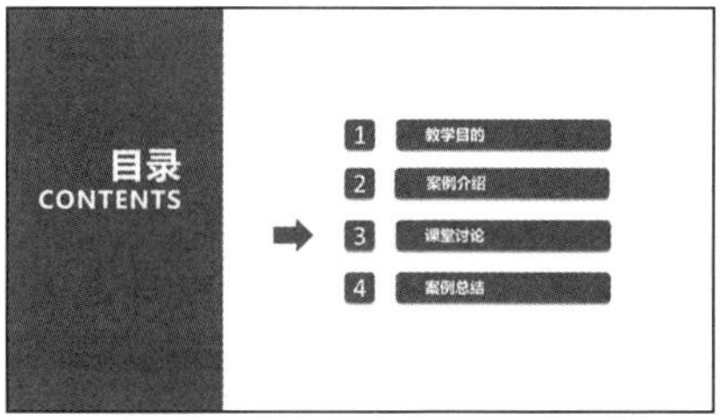
目录
CONTENTS
1 教学目的
2 案例介绍
3 课堂讨论
4 案例总结

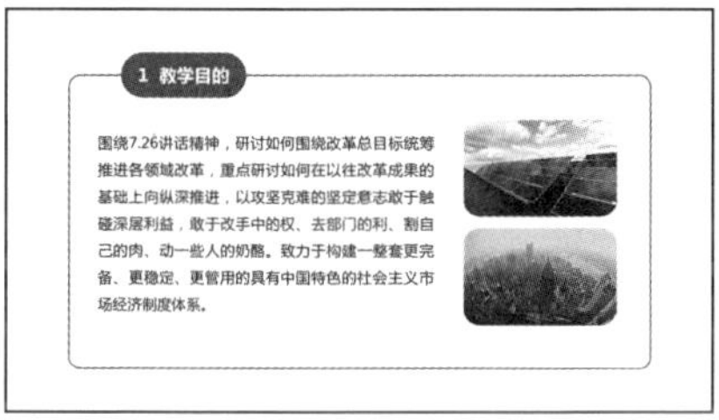
1 教学目的
围绕7.26讲话精神，研讨如何围绕改革总目标统筹推进各领域改革，重点研讨如何在以往改革成果的基础上向纵深推进，以攻坚克难的坚定意志敢于触碰深层利益，敢于改手中的权、去部门的利、割自己的肉、动一些人的奶酪。致力于构建一整套更完备、更稳定、更管用的具有中国特色的社会主义市场经济制度体系。

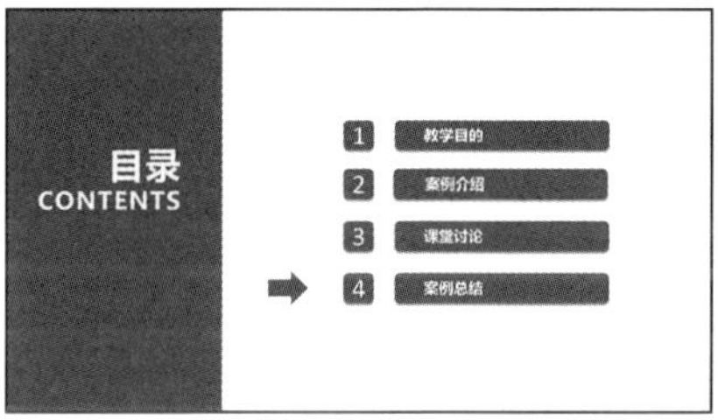
目录
CONTENTS
1 教学目的
2 案例介绍
3 课堂讨论
4 案例总结

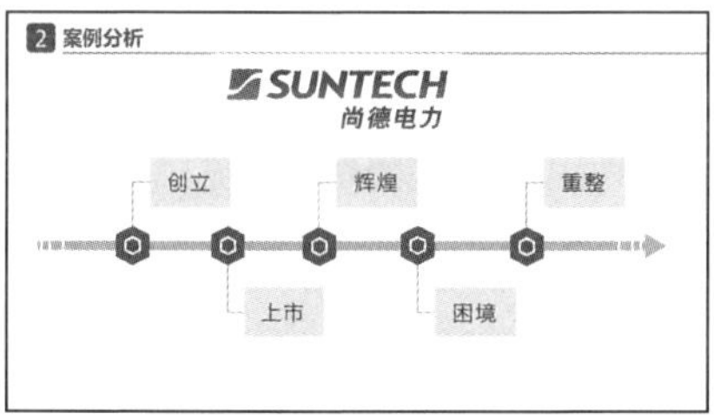
2 案例分析
SUNTECH
尚德电力
创立
辉煌
重整
上市
困境

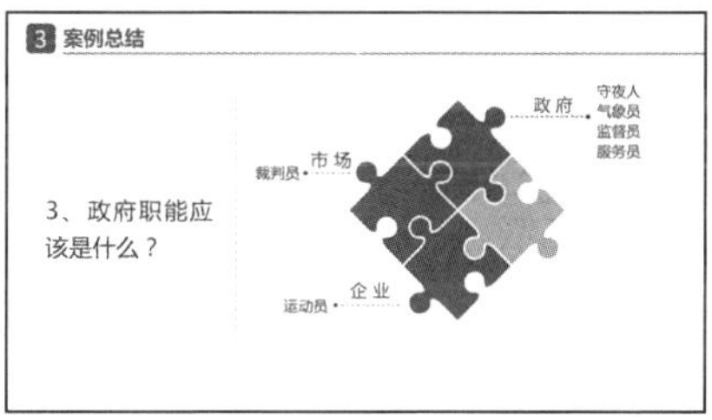
3 案例总结
3、政府职能应该是什么？
政 府
守夜人
气象员
监督员
服务员
市 场
裁判员
企 业
运动员

2 案例分析
（二）上市
国有股退出
纽交所上市（2005.12.14）
各地跟进
SUNTECH
尚德电力
STP
NYSE

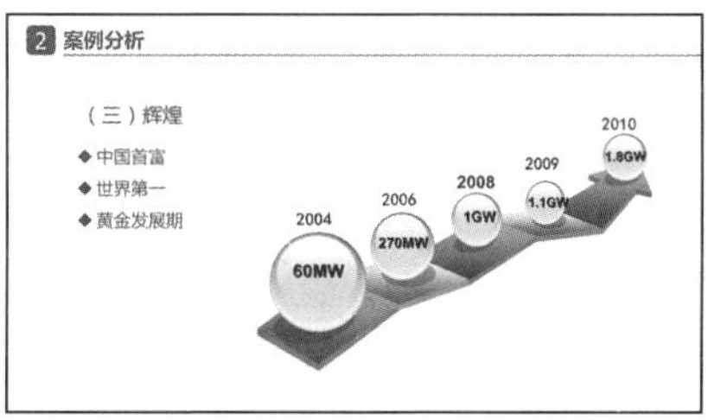
2 案例分析
（三）辉煌
◆中国首富
◆世界第一
◆黄金发展期
2004
60MW
2006
270MW
2008
1GW
2009
1.1GW
2010
1.8GW

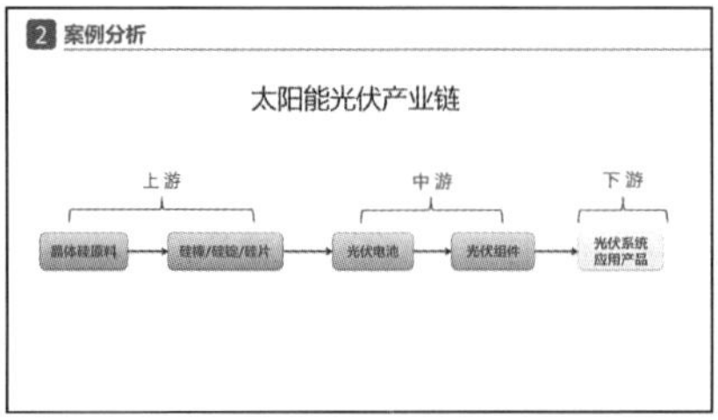
2 案例分析
太阳能光伏产业链
上游
中游
下游
晶体硅原料
硅棒/硅锭/硅片
光伏电池
光伏组件
光伏系统应用产品

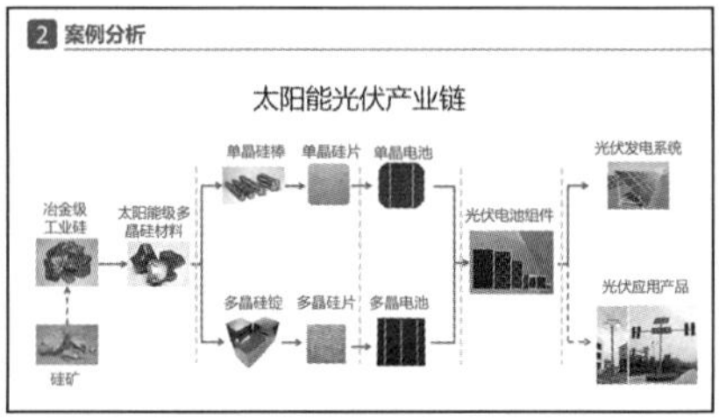
2 案例分析
太阳能光伏产业链
冶金级工业硅
太阳能级多晶硅材料
硅矿
单晶硅棒
单晶硅片
单晶电池
多晶硅锭
多晶硅片
多晶电池
光伏电池组件
光伏发电系统
光伏应用产品

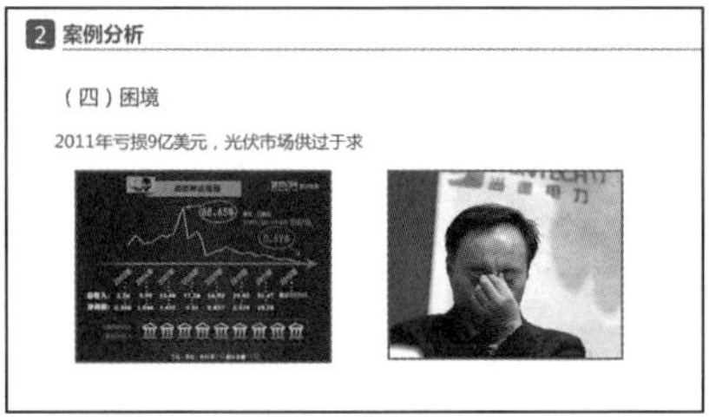
2 案例分析
（四）困境
2011年亏损9亿美元，光伏市场供过于求

2 案例分析
SUNTECH
尚德电力
导火索：债务危机（总负债118.79亿）
方案选择：政府有条件救助；
破产清算；
破产重整；
具体经过：
法制化：成立清算组；清产核资；清理债权
市场化：引进战略投资者顺风光电
2016年全年销售量为1.8GW；销售收入48亿，净利润2.1亿元，现金利润4.3亿，毛利率12%，资产负债率33%
（五）重整

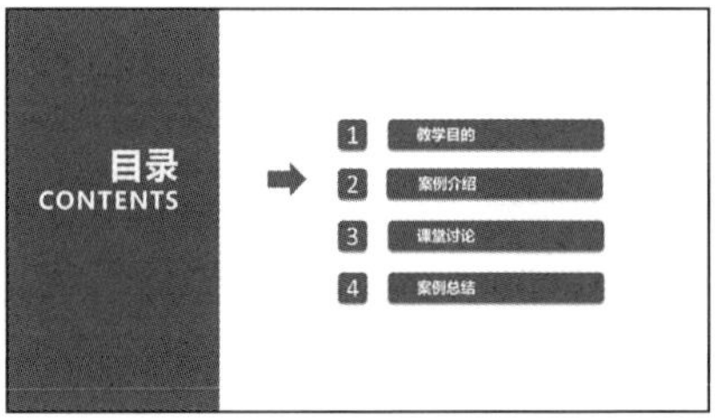
目录
CONTENTS
1 教学目的
2 案例介绍
3 课堂讨论
4 案例总结

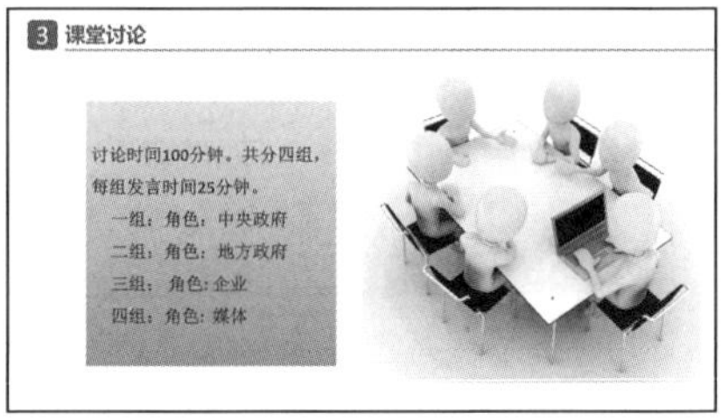
3 课堂讨论
讨论时间100分钟，共分四组，
每组发言时间25分钟。
一组：角色：中央政府
二组：角色：地方政府
三组：角色：企业
四组：角色：媒体

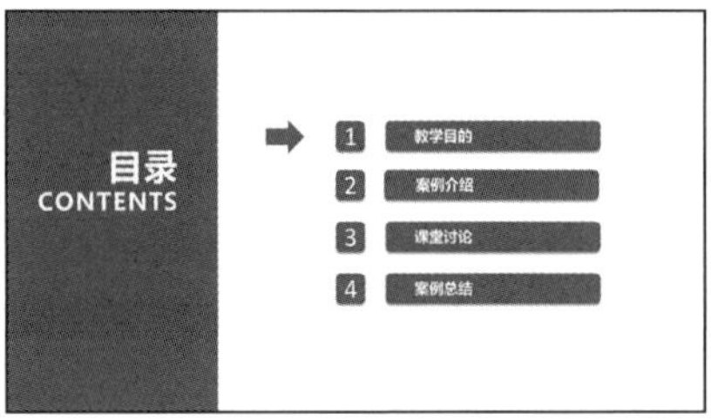
目录
CONTENTS
1 教学目的
2 案例介绍
3 课堂讨论
4 案例总结

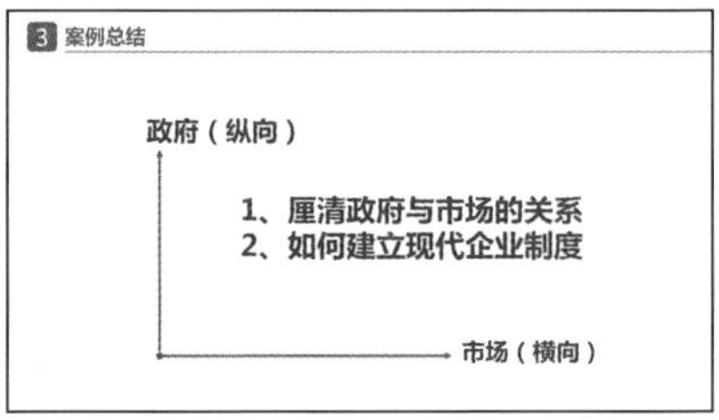
3 案例总结
政府（纵向）
1、厘清政府与市场的关系
2、如何建立现代企业制度
市场（横向）

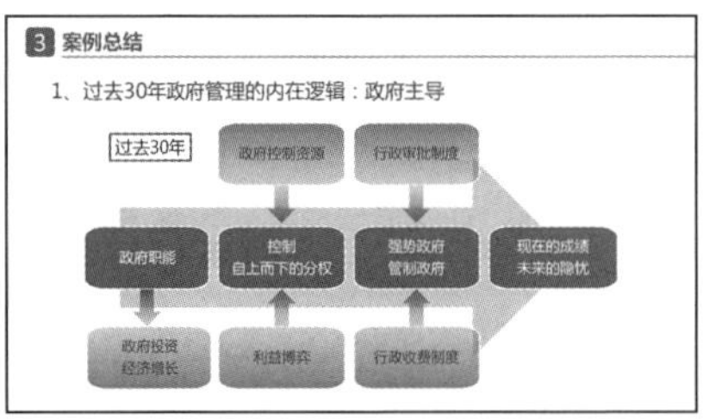
3 案例总结
1、过去30年政府管理的内在逻辑：政府主导
过去30年
政府控制资源
行政审批制度
政府职能
控制
自上而下的分权
强势政府
管制政府
现在的成绩
未来的隐忧
政府投资
经济增长
利益博弈
行政收费制度

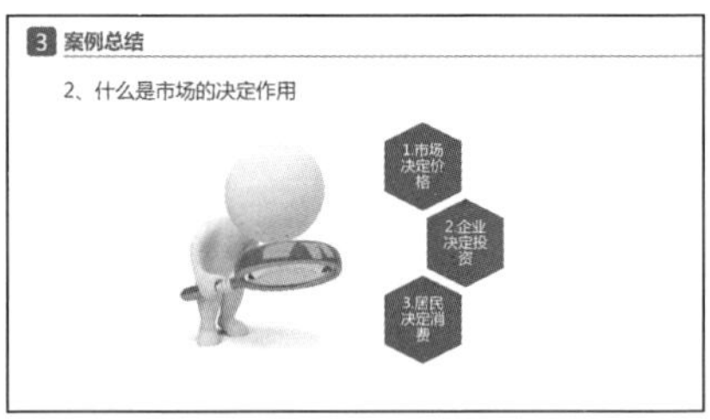
3 案例总结
2、什么是市场的决定作用
1.市场决定价格
2.企业决定投资
3.居民决定消费

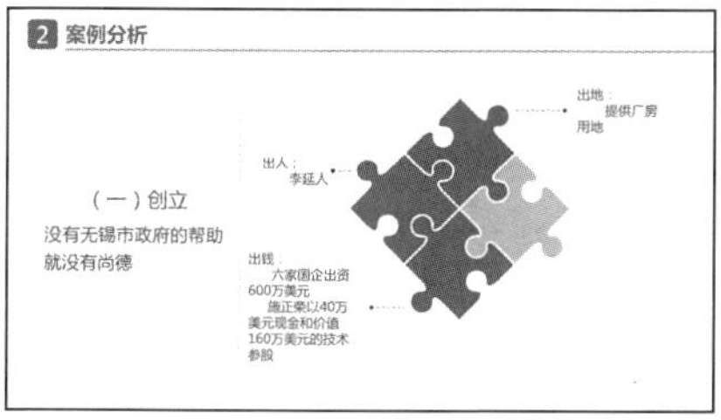
2 案例分析
（一）创立
没有无锡市政府的帮助
就没有尚德
出地：
提供厂房
用地
出人：
李延人
出钱：
六家国企出资
600万美元
施正荣以40万
美元现金和价值
160万美元的技术
参股

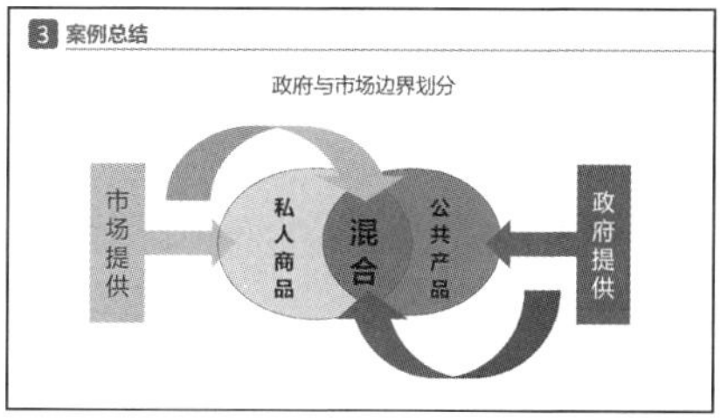
3 案例总结
政府与市场边界划分
市场提供
私人商品
混合
公共产品
政府提供

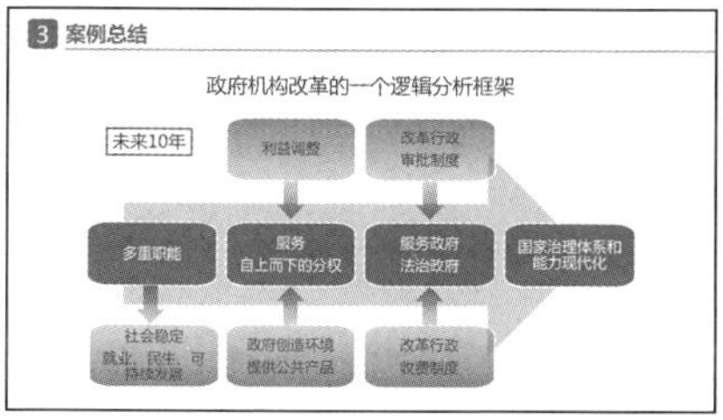
3 案例总结
政府机构改革的一个逻辑分析框架
未来10年
利益调整
改革行政审批制度
多重职能
服务
自上而下的分权
服务政府
法治政府
国家治理体系和能力现代化
社会稳定
就业、民生、可持续发展
政府创造环境
提供公共产品
改革行政收费制度

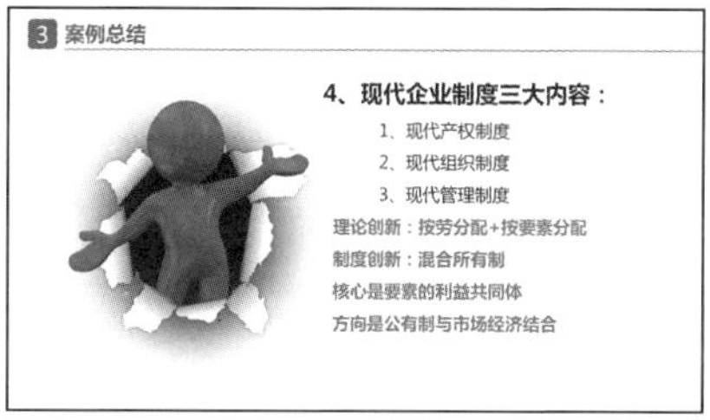
3 案例总结
4、现代企业制度三大内容：
1、现代产权制度
2、现代组织制度
3、现代管理制度
理论创新：按劳分配+按要素分配
制度创新：混合所有制
核心是要素的利益共同体
方向是公有制与市场经济结合

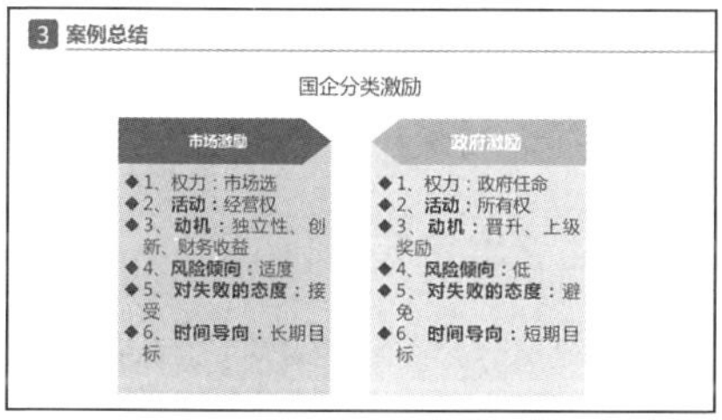
3 案例总结
国企分类激励
市场激励
◆1、权力：市场选
◆2、活动：经营权
◆3、动机：独立性、创新、财务收益
◆4、风险倾向：适度
◆5、对失败的态度：接受
◆6、时间导向：长期目标
政府激励
◆1、权力：政府任命
◆2、活动：所有权
◆3、动机：晋升、上级奖励
◆4、风险倾向：低
◆5、对失败的态度：避免
◆6、时间导向：短期目标

谢谢！

附件三　华为公司制度创新

案例选择理由。

第一，8月24日，全国工商联对外公布2017年中国民营企业500强榜单，根据榜单显示，华为排名第一。

第二，一个完全意义上的民营公司，能够在28年内快速成长为全球通信行业的领导者，其案例具有研究价值。

第三，中央党校课题组在暑期深入华为公司调研，我们认为华为公司的制度创新可解决困扰国企的两个根本问题。一是，国企做强做优做大的动力问题。二是，国企混合所有制改革问题。

一、华为公司概况

华为公司成立于1987年，在28年里，呈现出这样几个阶段：

1987—1992年，这个阶段的华为是一个贸易类的公司。华为的创业资本金只有21000元人民币，5年时间，从3个员工发展到1992年的200多个员工。这时候主要从事的是通信交换机产品的贸易代理。1990年开始华为有了自己的交换机产品，但是技术和产品质量都比较低端，当时中国的通信市场主要被西方公司所占据，处于绝对垄断地位。华为的产品主要用于中小企业内部通信方面，但是技术和产品质量都比较低端，当时中国的通信市场主要被西方公司所占据，甚至处于垄断地位。华为的产品主要在中国农村市场销售。

1997—2000年，华为进入了中国城市市场，即地级市以上的市场。2000年是华为国际化的标志性年份。华为从1996年开始向中国之外的市场开拓，但是持续多年屡战屡败，然而华为却屡败屡战。

2000—2004年，华为在全球新兴市场，比如俄罗斯、东南亚、非洲市场有了重大突破。

到今天，华为已经全面进入全球各大市场，包括西方发达国家市场。过去7年，华为65%以上的销售收入来自中国之外的海外市场，业务遍及全球170多个国家和地区，在全球绝大多数国家有代表处、办事处，有16个研究所、45个培训中心、38个共享中心、12个技术支持中心。

未来几年的发展预测：2015年收入预期3900亿元人民币，2019年收入预期1000亿美元以上。

一个完全意义上的民营公司，能够在28年内快速成长为全球通信行业的领导者，主要依靠的是什么？在我们对华为考察、研究过程中，我们认为华为的成功之道可概括为以下几点：

1. 重视自主研发。华为并没有停留在产品代理的层面上，而是投入超多的资金进行产品的研发。即使是在资金最困难的状况下，任正非也把大部分的资金投入在研发上方。

2. 重视人才。华为重视人才主要表现在以下方面：（1）高薪。华为的工资待遇很高，这样才能吸引住人才。（2）给足够的资金进行研发。很多华为人以前是高校教师、科研所的科研人员，由于长期不受重视，最后转投华为门下，从而如鱼得水，能够尽情工作了。（3）对人才的利用，不分辈分，只分潜质。这与现在的事业单位、国企差别是明显的。

3. 重视管理。华为长期以来，十分重视管理，引进了很多MBA人才进入企业，并且花了5000万美元从IBM专门请人指导企业的管理。

4. 重视客户，产品物美价廉。在不断自主创新的过程中，华为的产品价格明显低于对手，这是华为制胜的重要法宝之一。

5. 制度创新。我们认为这是华为成功最重要的经验。

二、华为制度创新具体做法

（一）华为是真正意义的混合所有制

党的十八届三中全会提出：国有资本、集体资本、非公有资本等交叉持股、相互融合的混合所有制经济，是基本经济制度的重要实现形式，有利于国有资本放大功能、保值增值、提高竞争力，有利于各种所有制资本取长补短、相互促进、共同发展。我们认为，华为公司的制度创新在于，它实现了要素的“混”。华为所选择的“以奋斗为本”的价值评价和分配的理念，某种程度上，是重大的创新。

华为并不否认货币资本在企业发展中的重要贡献，华为发展的动力支撑机制是货币资本和劳动资本的融合。但华为的股权结构中没有任何纯粹的财务股东，15 万华为员工，有 8 万多个人股东。任正非目前只有 1.4%的股权，其他 98.6%的股权被华为 8 万多员工持有。创始人任正非和华为的 8 万多人构成了华为的货币资本群体加劳动资本群体，他们既是股东又是劳动者、奋斗者，这也带来了巨大的、持续的效应："人人做老板，共同打天下。"按照进入公司的排序看，前 1000 位华为人里的 90%都是从学校一毕业就来到华为公司的，一干就是 20 多年。老实讲，当我听到这个数字时很震惊。在全球科技企业中，很少有这么大的群体能够持续 20 年只在一个公司工作。劳动者普遍持股的价值分配的机制，承载着个人的雄心和成长的愿景，把他们凝聚到了同一个平台上。从某种意义上来讲，华为之所以能发展到今天，"劳动者普遍持股制"的确产生了核能效应，这是华为成功的最重要要素之一。

（二）华为实现了权力制衡

华为的公司治理结构是一个三权制衡的治理结构。董事会、监事会、道德遵从委员会，三个权力体系在华为的发展中，各自承担不同的角色和职责。华为的经营体系是董事会，监管体系是监事会，都由股东代表大会选举产生。8 万多股东分布在全球 170 多个国家，在同一时间投票选举出 51 个股东代表、9 个候补代表。由 51 个股东代表和 9 个候补代表选举公司的董事和监事。董事和监事有一个候选人名单，由 60 人进行投票，选出董事会和监事会成员。董事会的主要职能是公司经营管理的决策、战略决策、各体系高级干部的人事任免等。监事会是代表全体股东对董事和各级高管履行监督权，对经营管理层的财务经营状况履行检查权，对内外部合规履行监督权。由于华为是全球化公司，党委的另外一块牌子是道德遵从委员会，它是公司员工的政治核心，职能是引导全体员工热爱国家、拥护共产党，遵守各国道德规则，这是华为 20 多年以来坚定不移的准则。举例而言，华为很早就规定任何员工不得参与社会上的游行、示威、集会活动，甚至不能参与小区里的非正式组织的活动。华为南京研究所曾有员工说，游行示威是宪法赋予公民的权力，你公司党委没有权力做这样的规定。公司领导就说，宪法赋予了你权力，你是公民。你是员工的话，你可以选择自由，华为也有权力不雇用你。28 年来，在任何重大社会风波发生时，很少有华为员工参加，这和党委在员工思想引领、思想教育、全球道德遵从方面的作用密不可分。

最独特的是党委还有干部任命的一票否决权。华为的干部任命，用人部门有推荐权，上级部门有决定权，党委有一票否决权。全部过关了，还有 15 天公示，这 15 天公示会不会因为有人告假状而带来对干部的误判？华为不会因为有人告状不做调查就对这个干部否决，而是先搁置，由审计部门和党委等联合调查，如果问题是无中生有或者扩大化，就照用不误。当然如果有严重经营失误或道德问题，还是会被否决。

三、需要思考的理论问题

按劳分配还是按资分配是关系到阶级立场和阶级利益的根本问题。马克思主义政治经济学理论的核心是劳动价值理论，有了劳动价值理论才有了劳动者阶级分配剩余价值的依据。用马克思主义理论武装起来的共产党代表的是无产阶级，革资本主义制度的命靠的就是劳动价值理论这个理论武器。

（一）按资分配的不合理性

按资分配，顾名思义，就是按照个人所拥有的资本多少进行分配，即按股分红，这是资本主义社会资产的主要分配方式。萨伊不同意斯密的劳动价值论。他认为，物质是一个既定的量，不能增加也不能减少，并非人力所能创造。人力能够做的，只是改变已经存在的物质形态，使之提供以前所不具有的效用，或者扩大原有的效用。效用作为物品满足人类需要的内在力量，是物品价值的基础，人们之所以承认某东西有价值，完全是因为它的有用性。财富就是由各种具有效用的物品组成，因此，创造效用便是创造财富。

既然生产就是创造效用，那么，在生产过程中对效用作出贡献的，不仅有劳动，还有资本和土地。因此，物品的价值，是由资本、土地和劳动这三种生产要素协同创造的。在此基础上，萨伊得出了他的分配理论：既然价值由三种生产要素共同创造，那么，三要素的所有者理应取得相应的报酬，即工人得到工资，资本所有者得到利息，土地所有者得到地租。因为工资是劳动创造效用的收入，地租是土地创造效用的收入，利息是资本创造效用的收入，所以这三种收入便是效用的生产费用，生产费用是对生产三要素进行生产性服务所支付的代价，是它们各自贡献的合理报酬，至于生产费用的价格，则由市场供求决定。这样，萨伊建立了他的三位一体公式：资本—利息；土地—地租劳动—工资。

马克思的《资本论》就是对政治经济学的批判，不仅是对古典政治经济学的批判，更重要的是对庸俗政治经济学的批判。马克思认为：资本不是积累起来的劳动，不是商品货币，不是生产资料和生活资料，而是一种关系、一种生产关系。这种关系就是：资本就是在商品经济环境中用钱赚钱的活动。在这种活动中，用钱赚钱的人格化就是资本家，资本家把工业生产，农业生产作为赚钱的工具。为了赚钱，资本家要购买生产资料组织生产。为了赚钱，资本家要有立足之地，所以他就要租借或者购买土地，自然就要交给土地所有者租金。为了赚钱，资本家就要招雇工人来为他生产，自然就要付给工人工资。这样一来三位一体的公式就把本来是生产的关系变成了物的关系。马克思说："资本，土地，劳动！但资本不是物，而是一定的、社会的、属于一定历史社会形态的生产关系，它体现在一个物上，并赋予这个物以特有的社会性质。资本不是物质的和生产出来的生产资料的总和。资本是已经转化为资本的生产资料，这种生产资料本身不是资本，就像金和银本身不是货币一样。"三位一体的公式"是符合统治阶级的利益的，因为它宣布统治阶级的收入源泉具有自然的必然性和永恒的合理性，并把这个观点推崇为教条"。马克思的《资本论》就是对资本主义生产方式的批判。马克思批判的立足点就是：工人出卖的不是劳动，而是劳动力！他确立了价值作为商品经济的一个最重要最根本的范畴。他明确了使用价值和交换价值间存在的对立统一的关系，指出使用价值是交换价值的物质承担者。在考察交换价值时，他第一次把价值从交换价值中抽象出来。马克思首创了劳动二重性的理论，指出具体劳动创造使用价值，抽象劳动创造价值；抽象劳动创造新的价值，具体劳动则实现包含在生产资料和原料中原有价值到新商品的转移，这就彻底批判了资产阶级经济学家把资本说成和劳动一起创造价值的辩解企图。

既然资本不创造价值，在资本主义条件下剩余价值又全部归资本所有，显然这是不合理的。

需要指出的是，工资不是分配，工资是交换。在资本主义制度下，工人劳动一段时间后，资本家支付给工人一定数量的工资。从现象上看，工人好像是出卖劳动，工资是劳动的报酬。实质上工人向资本家出卖的并不是劳动，而是劳动力。这是因为：①如果劳动要作为商品在市场上出卖，它必须在出卖以前就已存在。可是，当工人与资本家在市场上进行交换时，存在的是劳动力，而当劳动过程开始时，劳动已经不再属于工人，也就不能把它当作自己的商品出卖了。②如果说工人出卖的是劳动，劳动这一商品必然要有价值。那么，它的价值如何决定呢？如果劳动的价值由劳动时间来决定，那是同义反复。③如果作为商品出卖的是劳动，按照等价交换的原则，资本家付给工人的应该是工人劳动所创造的全部价值，这样资本家就得不到任何剩余价值，从而否定了剩余价值规律。如果不是等价交换，那就否定了价值规律。可见，说买卖的是劳动，说工资是劳动的价值或价格，是讲不通的。马克思说："工资不是它表面上呈现的那种东西，不是劳动的价值或价格，而只是劳动力的价值或价格的掩蔽形式。"

（二）按劳分配与按生产要素分配不是一回事

在任何社会形态中，劳动过程都是劳动者通过有目的的活动，运用劳动资料作用于劳动对象，生产能够满足人们某种需要的使用价值的过程，是人与自然之间物质变换的过程。在资本主义制度下，由于资本家购买了劳动力，劳动过程的一切要素归资本家所有，因此，劳动过程是资本家消费他所购买的劳动力的过程。它具有以下两个特点：一是劳动者在资本家的监督和支配下劳动。二是劳动者的劳动产品全部归资本家所有。在资本主义劳动过程中，资本家让劳动者生产某种使用价值，并不是资本主义生产的根本目的。资本家的目的是生产出比他预付资本的价值更大的价值，即生产剩余价值。所以，资本主义生产过程，不仅是创造使用价值的劳动过程，同时也是价值形成过程和价值增殖过程。

价值增殖过程是超过一定点而延长的价值形成过程。这个"一定点"就是劳动者补偿劳动力自身价值所需要的劳动时间。因此，价值形成过程与价值增殖过程的区别就在于：劳动者创造的新价值等于劳动力自身的价值，这就是价值形成过程；劳动者创造的新价值超过劳动力自身的价值，就是价值增殖过程。资本家购买了劳动者一天的劳动力，也就获得了一天的劳动使用权。如果把劳动者的劳动时间分为两部分，一部分是再生产劳动力价值的时间即必要劳动时间，另一部分是无偿地为资本家生产剩余价值的时间即剩余劳动时间，那么，劳动者在必要劳动时间中生产的是自身的价值，在剩余劳动时间内生产的是剩余价值。可见，剩余价值就是雇佣劳动者在剩余劳动时间内创造的、被资本家无偿占有的超过劳动力价值的那部分价值。剩余价值直接体现了资本家对雇用劳动者的剥削关系，资本家获得了剩余价值，也就实现了价值增殖的目的。

资本主义条件下劳动不能参与剩余价值分配全部秘密在于劳动力成为商品。由于劳动力是特殊商品，它的价值和使用价值又具有不同于普通商品的特点。劳动力的价值是由生产和再生产劳动力所必需的社会必要劳动时间决定的。生产和再生产劳动力所必需的劳动时间可以归结为维持和发展劳动力所必需的生活资料的价值。具体包括3个方面：一是维持劳动力自身生存所必需的生活资料的价值。二是劳动者繁衍后代所必需的生活资料的价值。三是劳动者接受教育和训练所支出的费用。和其他商品不同的是，劳动力价值还包含着历史的和道德的因素。劳动者的物质文化生活的水平，受到劳动者所在国家的自然条件、历史发展和文化水平的影响。同时，劳动者的物质文化生活需要在数量上和质量上都会发生变化。在资本主义社会的发展过程中，一方面，随着生产力的发展和劳动生产率的提高，各种生活资料的价值不断降低，从而使劳动力价值趋于下降；另一方面，随着社会生产力和社会文化水平的提高，维持劳动者和家庭正常生活所必需的生活资料的数量和质量也在日益提高，从而使劳动力价值趋于提高。总之，在劳动力价值决定问题上，这两个方面起着相反的作用，后一个方面是影响劳动力价值变化的主要因素。显然，在一定时期，各国的劳动力价值是可以确定的。

劳动力商品的使用价值就是劳动力的支出，也就是劳动。劳动力商品的使用具有与其他商品不同的特点。其他商品的使用价值在消费过程中逐渐消失，随着使用价值的消失，价值也消失或转移到新产品中去。劳动力使用价值的消费过程就是劳动过程，劳动力的劳动过程能够创造价值，不仅能够创造自身的价值，而且能够创造比它自身价值更大的价值，这个价值的差额就是剩余价值。因此，劳动力商品使用价值的特殊性就在于它是价值的源泉。正因为劳动力商品使用价值具有这样的特殊性，资本购买了劳动力商品以后，就可以实现价值增殖，就可以获得剩余价值。

在资本主义社会，由于劳动力变成商品，所以劳动从来没有作为生产要素参与剩余价值的分配。工资不是分配的结果而是交换的结果。

在社会主义条件下则不同，劳动力不是商品，他的劳动不仅可以体现为工资收入，而且可以有财产性收入。党的十五大提出了“坚持按劳分配为主体、多种分配方式并存的制度”，“把按劳分配和按生产要素分配结合起来”，“允许和鼓励资本、技术等生产要素参与收益分配”的新的分配理论。这对于丰富、充实、完善社会主义分配制度，促进经济的发展必将起着积极的推动作用。

需要指出的是，按劳分配与按生产要素分配是两种性质不同的问题，不能混为一谈。前者指的是价值创造，后者指的是使用价值形成。

（三）混合所有制企业利润按要素贡献率分配

在混合所有制企业里，直接分配该怎样进行呢？经济学大师科斯在1937年写了一篇《企业的性质》的论文，发表在《经济学季刊》上。在科斯看来，建立企业的目的在于弥补市场交易费用过高的缺陷，企业家来配置生产要素要比完全在市场进行个人交易成本更低。也就是说，市场并不是配置资源的唯一方式，企业照样可以一显身手。不过，企业在市场经济中发挥作用是有条件的，那就是产权必须清晰，不能你的也是我的，我的也是你的。

在私有公司，资产的委托人就是直接的所有者，产权清晰而落实，委托代理机制是有效率的。但是在混合制企业要取得私有公司那样高的管理效率，是十分困难的。因为混合所有制虽然表面上国有资产的产权是清晰的，即所有权属于全民，但全民是一个十分空泛抽象的概念，在微观层面上却是难以落实的，不可能直接管理经营企业中的国有资产，国有资产的最终委托人——国资委及其相关机构不是实际的所有者，只是名义上的所有者，或者说是国有资产的名义代表，国资委本身也是政府这个一级代表任命的代理人，而且这种二级代理人是随时都有可能被换掉的。由这样的二级代理人做委托人再委托他人来代理经营国有资产，其委托责任和代理责任是不充分、不落实的。虽然这样的委托人和代理人在经济上和政治上有较高的待遇，但并不能足以弥补由此而引起的责任的缺失，使委托代理制度流于形式。国有资产的经济利益和经济责任对每个具体人来说绝对没有私有资产那样直接和具体，容易发生抽象化和空洞化的现象。国有资产损失个几千亿，很少有人会感觉到对自己有多大损失，而个人要是丢失掉几千块钱都是个十分痛心的事情。

按照科斯定理：当交易费用不为零时，初始产权界定和经济组织形式就会对资源配置产生影响。在现实企业活动中，由于信息不对称的客观存在，企业内部交易费用存在，只有建立明晰的产权制度才能降低交易成本，实现资源的优化配置，保证委托人与代理人双方的权益。如果产权界定不清楚，竞争越激烈负效用可能越大，如我们的一些国有企业相互之间进行“价格战”，产品价格低于成本，原因就在于产权界定不清楚。产权的意义在于使每个人对自己的行为后果承担相应的责任。产权是最基础的治理结构，是最一般也是最重要的激励机制。改革的过程不能绕过产权制度改革这一环节，这里不是互补关系。

因此，混合所有制企业产权改革的关键是让主人在场。怎样才能真正做到这一点？我们可依据党的十八届三中全会报告来设计产权改革方案。健全资本、知识、技术、管理等由要素市场决定的报酬机制。所以，要确立劳动、资本、技术和管理等生产要素按贡献参与分配，应先确立劳动、资本、技术和管理在生产关系中各自的产权，要把要素纳入混合所有制产权制度安排。

在混合所有制企业中，产权制度首先要保证资本的保值增值。无论是国有资本还是社会资本其权利不能超过行业平均利润率。考虑不同行业的投资风险，再适当增加风险系数。其他生产要素的产权要根据其稀缺程度和在使用价值形成过程中的贡献率来确定。

四、借鉴华为经验破解国企改革难题

关于国有企业权力分配问题也是长期困扰国企发展的重大问题。就国有企业来说，核心是要解决公有制和市场经济结合问题。需要明确的是，国有企业必须姓“国”；同时，国有企业是市场运行主体，它又必须姓“市”。所以，国企改革必须解决即姓“国”又姓“市”难题。

说国有企业姓“国”，是因为出资人是由国家来代表全体人民实现全体利益的。因此，代表出资者的权力必然属于国家。因为共产党是执政党，所以，这个权力自然划分为党的领导和政府领导。说国有企业姓“市”，是因为市场经济条件下“两权”是分离的，经营权是属于市场的。

在计划经济体制下，党政垄断了两个权力，结果是国有企业姓“党”姓“国”不姓“市”。改革开放以来，我们试图通过建立现代企业制度解决这一难题，但效果不理想。

国有企业实现所有权和经营权分离又要制衡，华为公司的做法可借鉴，党委派党委书记，书记不参与企业经营活动，但有一票否决权、有监督权、有职工利益保障权；由行政主管部门任命董事会成员，董事会成员实行准公务员制度；职业经理人则由董事会按法定程序公开招聘，职业经理人实行年薪制加业绩奖励制度。

中央党校经济学部课题组

课题组成员：

潘云良　中央党校经济学部副主任、教授、博士生导师

鲍永升　中央党校经济学部党总支书记（正局）

张玉杰　中央党校经济学部教授、博士生导师

孙小兰　中央党校经济学部教授、《经济观察》编辑部主任

刘淑琴　中央党校经济学部办公室主任（正处）

李　蕾　中央党校经济学部管理学室主任、副教授

袁　辉　中央党校经济学部管理学室副主任、副教授

高惺惟　中央党校经济学部管理学室讲师

杨　振　中央党校经济学部宏观室讲师

执笔：潘云良

后　记

我来中央党校工作已经34年了，分别在省部班、地厅班、中青班、县委书记班讲了十几个专题，也在校外讲了几十个专题。这次中共中央党校出版社决定选择其中的一些讲稿进行出版，我既高兴，又有些诚惶诚恐。高兴的是能对自己几十年的教学做个总结，惶恐的是讲稿的水平尚有不足。就当丑媳妇见公婆吧！这次编选的讲稿主要是我在校内外讲授的专题，按照宏观篇、管理篇、改革篇作为大的结构。在内容上，为了让读者比较全面地了解讲稿的准备过程，我把写讲稿时准备的资料和有关考察调研报告以附件的形式供大家参考，希望能对读者有所帮助。

潘云良

2019年2月